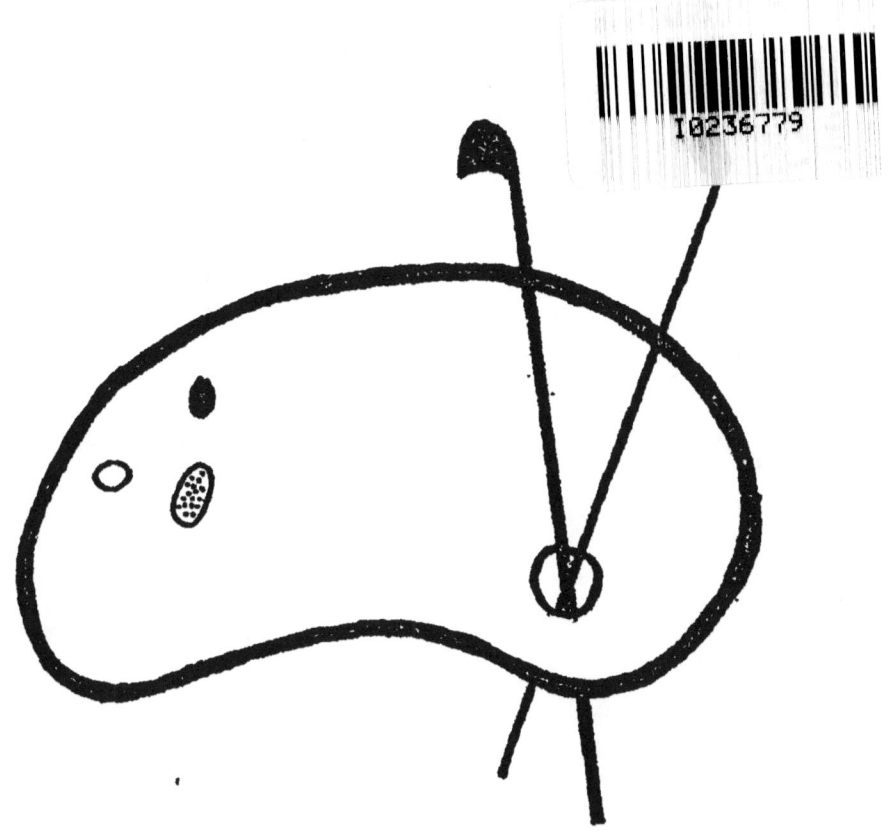

**COUVERTURE SUPERIEURE ET INFERIEURE
EN COULEUR**

TRAITÉ DE L'EXISTENCE
ET DES
ATTRIBUTS DE DIEU

MÊME LIBRAIRIE :

Envoi franco au reçu du prix en timbres-poste.

Résumés d'un cours de philosophie classique, et d'une histoire de la philosophie, indiquant, dans un ordre méthodique, la division et la discussion des matières, les sources à consulter, les lectures à faire, l'historique des principales questions, avec un appendice renfermant une liste de sujets de discussions et de dissertations françaises et latines, *conforme au dernier programme*, à l'usage des élèves de la classe de philosophie et des aspirants au baccalauréat ès lettres et ès sciences; par M. Cl. Gindre de Mancy, agrégé de l'Université, professeur de philosophie au lycée de Rouen. 1 vol. in-12, br. 3 fr. 50 c.

Éléments de philosophie, concordant avec le programme officiel pour l'enseignement des lycées, et suivis de notions d'histoire de la philosophie et de l'analyse des auteurs exigés pour l'examen du baccalauréat; par M. Alp. Aulard, ancien professeur de philosophie, inspecteur de l'Université. Cinquième édition corrigée. 1 vol. in-12, br. 4 fr.

La Logique ou l'Art de penser de MM. de Port-Royal, avec analyses et notes, par le même. In-12, br. 90 c.

DESCARTES. — Discours sur la méthode, avec analyses et notes; par le même. In-12, br.

BOSSUET. — Traité de la connaissance de Dieu et de soi-même, édition imprimée en gros caractères, et conforme au manuscrit original, précédée d'une introduction et accompagnée de notes analytiques et philosophiques; par M. Hébert-Duperron, docteur ès lettres, inspecteur de l'Université. In-12, br. 1 fr. 50 c.

CICÉRO. — Tusculanarum disputationum libri quinque, nouvelle édition imprimée en gros caractères, avec une notice, un argument analytique et des notes en français; par M. Charles, docteur ès lettres, maître de conférences à l'École normale supérieure. In-12, cart. 1 fr. 60 c.

— **De Officiis ad Marcum filium libri tres.** Nouvelle édition, imprimée en gros caractères, contenant une introduction, des sommaires analytiques et des notes historiques, géographiques, philosophiques et littéraires en français; par M. Hébert-Duperron, docteur ès lettres, inspecteur de l'Université. In-12, cart. 1 fr. 25 c.

— **De re publica.** Nouvelle édition imprimée en gros caractères, avec notes et sommaires, par M. Cl. Gindre de Mancy, agrégé de l'Université, professeur de philosophie au lycée de Rouen. 1 vol. in-12, cart. » »

— **La république.** Traduction nouvelle, à l'usage des élèves de philosophie, avec des notes critiques, historiques et littéraires; par le même. 1 vol. in-12. br. 1 fr. 50 c.

PLATON. — Le Gorgias, traduction de Grou, précédée d'une introduction sur les sophistes et suivie d'extraits de Platon, Aristote, Cicéron, etc., propres à éclairer le Gorgias; par M. Fouillée, agrégé de l'Université, maître de conférences à l'école normale supérieure. 1 vol. in-12, br. 2 fr. 25 c.

XÉNOPHON. — Entretiens mémorables de Socrate, livres I à IV (texte grec), imprimés en gros caractères, avec des sommaires, des notes inédites de Paul-Louis Courier et des remarques explicatives; par L. de Sinner. 1 vol. in-12, cart. 2 fr.

Le même, traduction française de J.-B. Gail. Nouvelle édition précédée d'une étude sur Socrate et accompagnée de sommaires et de notes; par M. Gérard, professeur agrégé des lettres et de philosophie. 1 vol. in-12, br. 1 fr. 75 c.

TRAITÉ DE L'EXISTENCE

ET DES

ATTRIBUTS DE DIEU

PAR FÉNELON

NOUVELLE ÉDITION

ACCOMPAGNÉE DE NOTES

ET PRÉCÉDÉE

D'UNE INTRODUCTION ET D'UNE ANALYSE DES CHAPITRES

PAR

M. ALPH. AULARD

ANCIEN PROFESSEUR DE PHILOSOPHIE, INSPECTEUR DE L'UNIVERSITÉ.

PARIS
LIBRAIRIE CLASSIQUE D'EUGÈNE BELIN
RUE DE VAUGIRARD, N° 52.

—

1878

Toutes mes éditions sont revêtues de ma griffe.

Eug. Belin

INTRODUCTION

I.

L'évidence est le *criterium* ou la marque distinctive de la vérité : partant plus d'autorité dans les points qui sont accessibles à notre entendement ; plus de foi aveugle au maître, ce maître fût-il Aristote ou Platon, fût-il Descartes lui-même[1] ; plus de préjugés traditionnels touchant les grandes questions qui intéressent l'humanité ; liberté pleine et entière d'examen partout où on a le droit d'examiner[2]. Voilà tout à la fois le fondement de la logique cartésienne et le point de départ de la philosophie moderne. Les plus grands esprits du XVIIe siècle admettent ces principes, et s'en font les propagateurs. Arnauld et Nicole les introduisent à Port-Royal, Malebranche à l'Oratoire, Bossuet et Fénelon dans les écrits consacrés à l'éducation des princes, la Bruyère et Madame de Sévigné dans le monde et à la cour.

Mais, pourrait-on dire (et on l'a dit), ils furent trompés par une commune illusion et rêvèrent la conciliation de deux choses inconciliables, la foi et le libre examen. En effet, admettre cette indépendance de la raison, ce doute provisoire, cette prétention de ne recevoir pour vrai que ce qui est évident en soi ou rendu évident par la démonstration, n'est-ce pas nier implicitement la vérité religieuse en renversant l'autorité qui en est le fondement ? Point de milieu. Il faut opter entre la parole de Dieu et la parole humaine, entre l'enseignement de la révélation et celui de la raison.

A une pareille objection la réponse est courte et facile. Nous mettons notre foi bien au-dessus de toutes les philosophies ima-

---

1. C'est une véritable révolution. Il faut se rappeler l'arrêt du 4 septembre 1624, par lequel le Parlement « défend, sous peine de vie, tenir ni enseigner aucune maxime contre les auteurs anciens et approuvés. »

2. « Car la raison ne trouve pas étrange qu'on la soumette à l'autorité dans les sciences qui, traitant des choses qui sont au-dessus de la raison, doivent suivre une autre lumière qui ne peut être que celle de l'autorité divine ; mais il semble qu'elle soit bien fondée à ne pas souffrir que, dans les sciences humaines qui font profession de ne s'appuyer que sur la raison, on l'asservisse à l'autorité contre la raison. » Log. de Port-Royal, 2e discours. Voir aussi le morceau de Pascal, intitulé : *De l'autorité en matière de philosophie.*

ginables. Il y a entre le catholicisme et les systèmes la même distance qu'entre Dieu et l'homme. Mais, de même que l'être infini et parfait coexiste avec des êtres imparfaits et bornés, de même la portion de vérité découverte par notre entendement se concilie avec la vérité enseignée par Dieu. Nous ne pouvons ni apercevoir ni concevoir une contradiction entre la révélation et la raison. Ce serait, dit Leibnitz, Dieu combattant contre Dieu.

Nous ne regardons comme vrai que ce qui est évident ; et si nous adhérons de toutes les forces de notre esprit et de notre cœur à la doctrine catholique, c'est qu'elle nous semble évidente, et qu'elle s'impose à nous au même titre et avec la même puissance que nos autres convictions. — Ne craignons pas d'insister. Lorsque nous n'atteignons pas directement ou que nous ne comprenons pas la vérité qui nous est enseignée, nous percevons les motifs de crédibilité. Il n'y a point deux critériums, comme on le dit vulgairement, l'évidence et l'autorité ; il n'y a que l'évidence. Mais cette évidence se partage en autant de catégories qu'il y a de moyens de connaître : de là, l'évidence morale, physique ou métaphysique, et l'évidence du témoignage, laquelle est le fondement de l'autorité. A ce point de vue, la religion est une science, et la justification de l'autorité est un fait scientifique. La grande et invincible preuve de l'existence du Christ, de sa vie, de sa mort, de sa divinité, des mystères qu'elle implique et des miracles qui la manifestent, de la prédication des Apôtres, de la constance et de l'infaillibilité de l'Eglise, c'est l'histoire qui la donne, et c'est la raison qui constate l'exactitude de l'histoire.

Que quelques âmes sincères et timorées s'effraient de cette intervention de la raison dans les questions religieuses, nous comprenons leurs craintes sans les pouvoir partager. Nous demeurons persuadés que notre foi n'a rien à redouter d'un examen fait avec droiture, si sérieux et si approfondi qu'il soit. Nous n'avons peur que de la frivolité et du parti pris, et nous répéterions volontiers avec Bacon : « Un peu de philosophie nous éloigne de la religion, beaucoup de philosophie nous y ramène. » Pour tout homme intelligent et réfléchi qui étudie avec soin la nature et les limites de l'entendement, la prétendue contrariété de la foi et de la raison est une fiction inventée par les ignorants et propagée par les sophistes [1].

Interrogez les grands hommes que nous avons cités, évêques, docteurs, moralistes, tous chrétiens sincères, qui accordent une

---

[1]. Voir nos Eléments de Logique, *Introduction*.

puissance réelle mais bornée à la raison, et qui n'hésitent pas à lui demander des armes pour combattre les incrédules ; ils vous tiendront le même langage : *sit rationabile obsequium vestrum*. — Lisez leurs ouvrages, et vous demeurerez convaincu que les principes cartésiens ne sont nullement opposés aux croyances religieuses.

Aucun écrivain du XVIIe siècle ne représente mieux que Fénelon cet esprit de conciliation, ce sage mélange de confiance et de réserve, cette indépendance dans la spéculation philosophique, et cette soumission à l'autorité reconnue légitime ; et nul ouvrage, considéré à ce point de vue, n'est plus digne d'être médité que la seconde partie du traité de l'existence de Dieu.

Fénelon [1] n'hésite point. Il accepte, sans chercher à l'affaiblir, la maxime fondamentale du *Discours de la méthode*. « Il me semble que la seule manière d'éviter toute erreur est de douter sans exception de toutes les choses dans lesquelles je ne trouverai pas une pleine évidence. Je me défie donc de tous mes préjugés : la clarté avec laquelle j'ai cru jusqu'ici voir diverses choses n'est point une raison de les supposer vraies. Je me défie de tout ce qu'on appelle impressions des sens, principes accoutumés, vraisemblances : je ne veux rien croire, s'il n'y a rien qui soit parfaitement certain ; je veux que ce soit la seule évidence et l'entière certitude des choses qui me force à y acquiescer, faute de quoi je les laisserai au nombre des douteuses. »

Plus hardi que Bossuet [2], Fénelon ne craint pas de s'engager dans le doute universel ; et, quoiqu'il sente le danger qu'il y a à prolonger cet état de l'âme, si violent et si douloureux, il y demeure jusqu'au moment où il aura conquis le droit d'en sortir. « Cet état de suspension, il est vrai, m'étonne et m'effraie ; il me jette au dedans de moi dans une solitude profonde et pleine d'horreur... il ne saurait durer, j'en conviens, *mais il est le seul raisonnable*. » — Il est le seul raisonnable ! Parole audacieuse que Descartes ni ses autres dis-

---

1. François de Salignac de la Mothe-Fénelon, né au château de Fénelon, en Périgord, le 6 août 1651 ; successivement attaché à la paroisse de Saint-Sulpice, chargé d'une mission en Saintonge et en Poitou, mission où il prouva que la douceur, la charité et les bons exemples sont des moyens de conversion bien plus efficaces que les persécutions et les dragonnades ; précepteur du duc de Bourgogne, jeune prince altier et indocile dont il sut corriger les défauts et gagner l'amitié ; archevêque de Cambrai où il reçut l'ordre de se retirer à la suite de la querelle du Quiétisme, et où il demeura seize ans, séparé de ceux qu'il aimait le plus, calme, résigné à la disgrâce, s'en consolant par le bien qu'il faisait ; mourut le 7 janvier 1715. — Ses principaux écrits sont, outre ses *Œuvres spirituelles*, le traité de l'*Éducation des filles*, le *Télémaque*, les *Dialogues des morts*, les *Dialogues sur l'Éloquence*, la *Lettre à l'Académie*, la *Réfutation du P. Malebranche*, le traité de l'*Existence de Dieu* et les *Lettres sur la métaphysique*.

2. Voir la seconde partie, p. 112, note 1.

ciples n'avaient osé prononcer, et qui témoigne de la foi profonde de Fénelon en la puissance de la raison. Et la raison justifie sa confiance, c'est par elle et avec elle seule qu'il reconstruit l'édifice tout entier de la connaissance humaine. Tout était perdu et tout est sauvé, et les éternels fondements de la vérité, qui ont semblé un instant ébranlés, apparaissent plus solides et plus incontestables, comme ces remparts taillés dans le roc que le bélier a battus de ses vains efforts. Le *cogito, ergo sum*, anéantit le doute; la certitude de l'existence devient le point de départ des autres certitudes.

Du reste, Fénelon se plait à expliquer cette méthode qui nous fait passer par le doute pour arriver à la vérité. On en retrouve le développement et l'application dans ses *Lettres sur divers sujets de métaphysique et de religion*. Pour convertir le prince libertin et sceptique qui devait être plus tard le régent, il se propose de le conduire, progressivement et par la seule raison, du pyrrhonisme absolu à la foi catholique, en lui faisant pour ainsi dire traverser le déisme et le judaïsme. Nous avons des fragments de ce beau et infructueux travail, qui ne laissent aucune incertitude à cet égard et qui nous autorisent à répéter que nul, plus que le pieux archevêque de Cambrai, n'a cru à la conciliation de la révélation et de la raison, c'est-à-dire à la communauté d'origine des deux lumières qui nous éclairent ici-bas.

Qu'on nous pardonne d'avoir insisté sur les considérations préliminaires. Nous tenions à signaler l'influence (trop peu remarquée) que le cartésianisme a exercée sur Fénelon, et à prémunir nos jeunes lecteurs contre un préjugé assez généralement répandu, à savoir, que la philosophie engendre nécessairement l'incrédulité religieuse, et qu'il est périlleux ou impie d'examiner les motifs de crédibilité.

II.

Le traité de l'*Existence et des attributs de Dieu* comprend deux parties : l'une est consacrée à l'exposition des preuves physiques, l'autre à l'exposition des preuves morales. Mais si nous ne nous trompons, ces deux parties, écrites en des temps divers, n'étaient pas destinées à former un même livre. Ce sont deux ouvrages réunis en un seul, non par celui qui les a composés, mais par les premiers éditeurs de ses œuvres posthumes. Les pages intitulées par eux : *Démonstration de l'existence et des attributs de Dieu, tirée des idées intellectuelles*, ne nous paraissent qu'un fragment considérable d'un travail qui n'a pas été achevé[1]. L'histoire même de la

---

1. Quel était l'objet de ce travail ? Fénelon se proposait-il, comme on l'a prétendu, de donner une démonstration des principales vérités du christianisme en s'appuyant sur les principes cartésiens, et de suivre dans un traité com-

publication de ce traité semble fortifier notre hypothèse. Qu'est-il arrivé? On a imprimé une copie fautive de la prétendue première partie, Fénelon se décide alors à donner lui-même une édition correcte de son ouvrage. Pourquoi ne la donne-t-il pas complète? Pourquoi n'avertit-il pas le public qu'il n'a sous les yeux qu'un commencement de livre, et que la suite paraîtra plus tard? Pourquoi ne laisse-t-il pas même entrevoir l'achèvement de son travail?

Mais, dira-t-on, la suite n'était peut-être pas encore composée, et l'auteur ne voulait pas prendre des engagements qu'il n'était pas assuré de tenir.

Il se peut; mais qui dissipera les nouveaux doutes que fait naître l'étude comparative des deux morceaux? Jamais, dans les trois chapitres qui composent la première partie, il n'est fait allusion à la prochaine publication de la seconde; et, ce qui est plus étonnant, jamais, dans la seconde, il n'est fait mention de la première. Relisez la réfutation de l'atomisme et celle du spinosisme, vous serez frappé de la similitude des arguments et de l'emploi des mêmes termes, et vous vous expliquerez malaisément comment l'auteur ne marque point le rapprochement et ne renvoie pas le lecteur aux choses déjà dites, comme il le fait maintes fois dans les divers chapitres d'une même partie.

En outre que signifie ce lumineux exposé des arguments moraux, qui se trouve à la fin du deuxième chapitre de la première partie? Dans l'hypothèse de l'unité du livre, il y a superfétation.

Enfin, si l'on admet que les deux parties font suite l'une à l'autre, il y a dans l'œuvre entière un vice de plan qui nous choque, et que Fénelon n'a pas pu ne pas apercevoir. La première partie ne devrait-elle pas occuper la place de la seconde, et réciproquement? la preuve métaphysique n'est-elle pas sous-entendue dans la preuve physique, qui tire d'elle toute sa valeur? Quoi! après avoir fortement établi par la description des merveilles du monde l'existence de Celui qui l'a produit, après avoir combattu Epicure et avec lui toutes les doctrines qui mettent le hasard en la place de Dieu, après avoir éloquemment affirmé l'Être, l'auteur, changeant brusquement de point de vue et recommençant son œuvre, demandera au doute provisoire un périlleux appui? Nous comprenons qu'on commence par la table rase et qu'on aille de la suspension à l'affirmation, mais qu'on débute par l'affirmation pour faire en-

plet le plan dont nous avons déjà parlé et dont les *Lettres sur la métaphysique* nous présentent une ébauche? Ne songeait-il qu'à reproduire librement et avec les développements et les corrections convenables les principaux points de la philosophie de Descartes? Il serait fort difficile de décider.

suite appel au doute, et que par un jeu de dialectique on compromette les vérités conquises pour avoir le plaisir de les reconquérir, c'est ce que nous ne saurions admettre. De tels amusements n'auraient pas été du goût de Fénelon.

Nous avons dit notre sentiment et les raisons sur lesquelles il est fondé : insister davantage serait hors de propos. — Indiquons les points qui méritent particulièrement d'attirer l'attention de nos jeunes lecteurs. Nos remarques ou plutôt nos questions[1] ne porteront que sur la seconde partie du traité de l'*Existence de Dieu*. Pour apprécier la première, nous n'aurions qu'à écrire les mots que Voltaire voulait placer au bas de chaque page d'Athalie.

1° Fénelon a reproduit le doute cartésien. Déterminer les emprunts qu'il a faits au *Discours de la méthode* et aux *Méditations*. — Hypothèse d'un esprit malin qui prend plaisir à nous tromper; apprécier cette imagination.

2° Fénelon modifie la preuve de Descartes; à l'idée d'un être parfait et infini, il substitue celle d'un être nécessaire. Que faut-il penser de cette transformation ?

3° Fénelon n'a point donné une réfutation complète de la doctrine de Spinosa, il n'en parle qu'incidemment et pour protester contre ce qu'on a appelé depuis le *cartésianisme immodéré*. Apprécier l'argument tiré de notre volonté.

4° Fénelon incline en plusieurs endroits vers la théorie des *Causes occasionnelles et de la vision en Dieu*. Indiquer ces passages. Montrer comment il se rapproche et comment il se sépare de Malebranche.

5° Le chapitre sur les attributs de Dieu est incomplet ou inachevé. Signaler les lacunes; marquer la différence entre les attributs *métaphysiques* et les attributs *moraux*.

---

[1]. Ces questions peuvent être traitées par les élèves sous forme de dissertations. Il est souvent plus utile, nous en avons fait l'expérience, de mettre les jeunes gens sur le chemin de la vérité et de les laisser trouver, que de leur enseigner expressément ce qu'il faut croire ou rejeter. Le travail et le plaisir de la découverte sont pour eux comme une sorte d'expérience personnelle qui vaut mieux que toutes les leçons.

ANALYSE DU TRAITÉ
DE L'EXISTENCE ET DES ATTRIBUTS
DE DIEU.

PREMIÈRE PARTIE

PREUVES PHYSIQUES DE L'EXISTENCE DE DIEU (1).

CHAPITRE PREMIER. — Preuves tirées de l'aspect général de l'univers.

Les arguments métaphysiques, simples et directs, ne sont pas à la portée de tous les hommes, mais il n'est point d'intelligence qui ne soit capable d'entendre la preuve physique.

Deux causes nous empêchent d'être touchés des merveilles du monde : 1° Nos passions et nos préjugés ; 2° la répétition continuelle de ces merveilles.

Toute la nature montre l'art infini de son auteur. Quatre comparaisons empruntées aux anciens : 1° L'Iliade, 2° le son d'un instrument, 3° la statue, 4° le tableau. Nous ne pouvons nous résoudre à croire que ces choses aient été produites par le hasard : Comment nous persuaderions-nous que le monde, qui est un ouvrage d'un travail bien plus exquis et bien plus admirable, a été formé par le concours aveugle et fortuit des causes nécessaires et privées de raison ?

CHAP. II. — Preuves tirées de la considération des principales merveilles de la nature.

Entrons dans le détail de la nature. Considérons d'abord la structure générale de l'univers ; regardons cette voûte immense des cieux qui nous couvre, ces abîmes d'air et d'eau qui nous environnent, les astres qui nous éclairent ; parcourons ensuite la terre, les plantes, l'eau, l'air, le feu ; le ciel, le soleil, les étoiles, ces flambeaux de la terre, et nous serons frappés d'étonnement et d'admiration.

Mais les animaux sont encore plus dignes d'admiration que les cieux et les astres. Il y en a des espèces innombrables. On remarque qu'il existe un rapport constant entre leur organisation et la fin pour laquelle ils ont été créés. La machine de l'animal, même chez les infiniment petits, est un ouvrage achevé. Le ciron est aussi parfait que l'éléphant et la baleine.

---

1. Quel sens faut-il attacher à ces mots : *Démonstration* ou *Preuves de l'existence de Dieu?* Voir nos Eléments de Logique, ch. XVIII, p. 308.

Il y a dans cette machine trois choses qui ne peuvent être trop admirées : 1° Elle a en elle-même de quoi se défendre contre ceux qui l'attaquent pour la détruire ; 2° elle a de quoi se renouveler par la nourriture ; 3° elle a de quoi perpétuer son espèce par la génération.

L'instinct de la bête, sa nourriture, sa propagation, tout en elle atteste non sa propre sagesse, mais la sagesse de celui qui l'a faite. Cet instinct est fautif en certaines choses, et il ne faut pas en être étonné. Si les bêtes étaient toujours infaillibles, elles auraient une raison infiniment parfaite, elles seraient des divinités ; Dieu aurait fait des créatures semblables à lui, ce qui est impossible. Cette sagesse divine, qui meut toutes les parties du monde, avait tellement frappé les stoïciens, et avant eux Platon, qu'ils croyaient que le monde entier était un animal, mais un animal raisonnable, philosophe, sage, enfin le Dieu suprême.

Passons à l'homme. La nature ne renferme que deux sortes d'êtres : ceux qui ont de la connaissance et ceux qui n'en ont pas. L'homme rassemble en lui les deux manières d'être, car il a un corps et un esprit.

Ce corps est pétri de boue, mais admirons la main qui l'a façonné. Les os, les nerfs, les muscles, la peau, les artères, en un mot toutes les pièces de cette belle machine, concourent à la fin que son auteur s'est proposée. Quel arrangement et quelle proportion dans les membres ! comme tous les organes accomplissent régulièrement leurs fonctions ! comme toutes les parties de son corps sont harmonieusement disposées !

Mais le corps de l'homme, qui paraît le chef-d'œuvre de la nature, n'est point comparable à sa pensée. Seule entre les créatures, l'âme veut et connaît. La matière est incapable de penser. Le corps subit l'empire de l'esprit ; toutefois cette puissance, qui est si souveraine, est en même temps aveugle. Le paysan le plus ignorant fait aussi bien mouvoir son corps que le philosophe le mieux instruit de l'anatomie.

Il y a deux merveilles également incompréhensibles : l'une c'est que mon cerveau soit une espèce de livre où il y ait un nombre presque infini d'images et de caractères rangés avec un ordre que je n'ai point fait, et que le hasard n'a pu faire. L'autre, c'est que mon esprit lise avec tant de facilité tout ce qu'il lui plaît dans ce livre intérieur.

En un mot, notre esprit est un mélange incompréhensible de grandeur et de faiblesse. Il a l'idée des corps et celle des esprits, et c'est dans l'infini qu'il connaît le fini. Les idées sont universelles, éternelles et immuables ; elles ne peuvent jamais ni changer, ni s'effacer en nous, ni être altérées ; elles sont le fond de la raison. Jugeons de notre grandeur par l'infini immuable qui est empreint au dedans de nous, et qui ne peut y être effacé.

Mais de peur qu'une grandeur si réelle ne nous éblouisse, hâtons-nous de jeter les yeux sur notre faiblesse. L'homme ignore la plupart des objets qui l'environnent, il s'ignore profondément lui-même, il marche comme à tâtons dans un abîme de ténèbres, ne sachant avec certitude ni ce qu'il croit, ni ce qu'il veut, et joignant à l'erreur des pensées le dérèglement de la volonté.

Qui est-ce qui a mis l'idée de l'infini, c'est-à-dire du parfait, dans un sujet si borné et si rempli d'imperfections? la tire-t-il du néant? mais comment inventer l'infini, si l'infini n'est point? des objets extérieurs? mais ils sont tous bornés et imparfaits. Donc l'idée de l'infini nous vient de l'infini lui-même, ou de Dieu.

Il y a deux raisons en moi : l'une qui est moi-même; l'autre qui est au-dessus de moi. Celle qui est moi est très-imparfaite, fautive, changeante, ignorante et bornée. L'autre est commune à tous les hommes et supérieure à eux : elle est éternelle, parfaite, immuable, infinie. Où est-elle, cette raison suprême, qui est si près de moi et si différente de moi? N'est-elle pas le Dieu que je cherche? et l'idée d'une unité parfaite, modèle sur lequel je cherche partout quelque copie imparfaite de l'unité, que peut-elle être sinon l'idée de Dieu, être *un*, simple et indivisible par excellence?

Autre mystère. Je suis libre et je suis dépendant. Être dépendant, c'est être imparfait. Donc je ne suis pas l'être indépendant et parfait, qui perfectionne mon être en me rendant meilleur. — D'autre part, je suis libre, et ma liberté consiste dans l'élection entre le vouloir et le non-vouloir. D'où me vient cette liberté, fondement du mérite et du démérite, image de la liberté et de la puissance divine? Comment suis-je libre? quel profond mystère! ma liberté, dont je ne puis douter, montre ma perfection; ma dépendance montre le néant dont je suis sorti.

En résumé, toute la nature porte la trace d'une sagesse suprême, d'un esprit supérieur à l'homme, et qui mène tout à ses fins avec une force douce et insensible, mais toute-puissante. Voilà ce qui se présente sans discussion aux hommes les plus ignorants.

Chap. II. — Réponse aux objections des épicuriens.

J'entends certains philosophes qui répondent que tout ce discours sur l'art qui éclate dans la nature, n'est qu'un sophisme perpétuel. Toute la nature est à l'usage de l'homme, disent-ils, mais on conclut mal à propos qu'elle a été faite pour lui. Le monde entier a été formé par le hasard et sans dessein; mais les hommes ont su s'en servir.

Nous répondrons que cette assertion n'est pas soutenable, non plus que celle d'un philosophe qui, entrant dans une maison bien construite et bien distribuée, soutiendrait qu'elle est l'œuvre du hasard. La fable d'Amphion est moins incroyable. — Qu'un voyageur trouve en Egypte des colonnes, des pyramides, des obélisques avec des inscriptions en caractères inconnus, attribuera-t-il ces monuments au hasard? Le monde et les animaux sont infiniment plus parfaits.

Voici le raisonnement des épicuriens : Les atomes ont un mouvement éternel. Leur concours fortuit a déjà produit des combinaisons infinies, parmi lesquelles se trouve la combinaison qui fait le système présent du monde. Le concours qui l'a fait le défera plus tard, pour en faire d'autres à l'infini. Il en est de même de la combinaison des lettres qui composent l'Iliade.

Nous répondrons : 1° L'idée de combinaisons successives des atomes qui soient infinies en nombre est absurde. L'infini ne peut être ni successif, ni divisible.

2° Les épicuriens supposent sans preuve des atomes éternels. Être par soi-même, c'est la suprême perfection. Comment attribuer cette perfection à chaque atome, qui est fini et distinct des autres atomes ?

3° Les épicuriens supposent également sans preuve que les atomes se meuvent par eux-mêmes. Nul mouvement n'est essentiel à aucun corps.

Mais poussons la fiction jusques au dernier excès de complaisance : admettons que le mouvement est dans l'essence du corps, et que ce mouvement se fait en ligne directe; admettons que les atomes sont doués de l'intelligence et de la volonté; admettons enfin que les atomes sont de figures différentes. Plus on leur passera d'absurdités, plus ils seront pris par leurs propres principes.

D'abord, si les atomes sont obligés par leur essence d'aller toujours tout droit, ils ne pourront jamais s'accrocher, ni faire aucune composition. Deux lignes droites qu'on suppose parallèles ne se rencontrent jamais.

Pour obvier à cet inconvénient, les épicuriens ont inventé le *clinamen*, c'est-à-dire un mouvement qui décline de la ligne droite, et qui donne aux atomes le moyen de se rencontrer.

On leur peut faire cette objection : La ligne droite pour le mouvement est essentielle aux corps, et le *clinamen* viole l'essence de la matière; ou bien, il n'y a pas de lois éternelles, nécessaires et immuables du mouvement des atomes. Sans le *clinamen* point de combinaison possible; avec le *clinamen* le système se tourne en dérision. La ligne droite et le *clinamen* sont donc des suppositions en l'air.

Enfin, les épicuriens osent expliquer par le *clinamen* l'âme de l'homme et son libre arbitre. La volonté, selon eux, consiste dans ce mouvement où les atomes sont dans une espèce d'équilibre entre la ligne droite et la ligne un peu courbée. Quoi! un mouvement nécessaire, immuable et essentiel aux atomes, qu'il se fasse suivant la ligne droite ou la ligne courbe, pourra expliquer la véritable liberté de l'homme !

Il faut donc ou se démentir sans pudeur et dire que la liberté humaine est imaginaire, ou reconnaître que l'homme est véritablement libre et reconnaître Dieu.

SECONDE PARTIE

DÉMONSTRATION DE L'EXISTENCE ET DES ATTRIBUTS DE DIEU, TIRÉE DES IDÉES INTELLECTUELLES.

CHAPITRE PREMIER. — Méthode qu'il faut suivre dans la recherche de la vérité.

Il me semble que la seule manière d'éviter toute erreur est de douter sans exception de toutes les choses dans lesquelles je ne trouverai pas une pleine évidence. Je me défie donc de tous mes préjugés, des impressions des sens, des principes accoutumés, des vraisemblances. Je ne croirai rien, s'il n'y a rien qui soit parfaitement certain.

D'ailleurs, j'ai deux raisons de douter : 1° les illusions du sommeil ; 2° les illusions de la folie. Qui m'assure que je ne dors pas ou que je ne suis pas comme l'insensé ? Qui me dit qu'un être puissant, malin et trompeur ne m'ait pas formé ?

Mais dans cette incertitude, que je pousse aussi loin que possible, il y a une chose qui m'arrête tout court. J'ai beau vouloir douter de toutes choses, il m'est impossible *de douter si je suis.* Le néant ne saurait douter. Et c'est l'idée claire de la pensée qui me découvre l'incompatibilité qui est entre le néant et elle. D'où il s'ensuit que, *quand j'ai l'idée claire d'une chose, il ne dépend pas de moi d'aller contre l'évidence de cette idée.*

Qu'est-ce donc qu'une idée ? C'est quelque chose que je ne puis pas encore bien démêler ; c'est une lumière qui me dirige. Cette lumière fût-elle trompeuse, il faut que je me livre à elle. Ce qui importe, c'est de ne pas prendre une idée obscure pour une idée claire.

Mais peut-être suis-je trompé par un esprit puissant et trompeur qui est supérieur au mien ? — C'est impossible. L'esprit tout-puissant, eût-il voulu me tromper, ne l'aurait pas pu. Il n'était pas en son pouvoir de me donner quelque degré de l'être sans me donner aussi quelque degré d'intelligence de la vérité. A plus forte raison, le hasard n'aurait pas pu faire ce prodige.

D'ailleurs un être tout-puissant est nécessairement infiniment parfait, infiniment vrai, infiniment opposé à l'erreur et au mensonge. Il n'a donc pu me donner une raison fausse et trompeuse ; il en est incapable, ou il n'existe point.

Sans doute une illusion passagère est possible, et Dieu peut l'avoir permise pour me montrer ma faiblesse, mais une illusion perpétuelle ne se conçoit pas, soit que je considère ma nature bornée, soit que je considère la nature parfaite de celui qui m'a créé.

Chap. II. — Preuves métaphysiques de l'existence de Dieu.

Il y a quatre vérités incontestables : 1° je pense quand je doute ; 2° je suis un être pensant ; 3° une même chose ne peut tout-ensemble exister et n'exister pas ; vérité d'où les deux premières dépendent ; 4° ma raison ne consiste que dans mes idées claires.

Mais y a-t-il hors de moi d'autres esprits et d'autres corps ? je ne puis l'affirmer. — Cependant, si je consulte mes idées claires, je m'aperçois bien vite que la bonté et la vérité ne sont que l'être, car il n'y a d'autre réalité que l'être.

Première preuve, *tirée de l'imperfection de l'être humain.*

Ces principes posés, je reviens à l'être qui serait par lui-même. — Ce qui a l'être par lui est souverainement parfait, éternel, immuable. On ne peut rien ajouter à la vérité, à la bonté et à la perfection. Un être communiqué et dépendant, quelque parfait que vous le conceviez, est toujours infiniment au-dessous de celui qui est par lui-même.

Ce que j'appelle moi, ou mon esprit, est-il cet être immuable qui subsiste par lui-même? — Mes doutes, mes erreurs, mes changements, les caprices de ma volonté, tout m'atteste mon imperfection. Mais si je ne suis pas parfait, je ne suis pas par moi-même; et si je ne suis pas par moi-même, il faut que je sois par autrui. Il faut en outre que cet autrui, qui m'a fait passer du néant à l'être, soit par lui-même, et par conséquent parfait et tout-puissant. Et cet être, quel est-il sinon ce qu'on appelle Dieu?

DEUXIÈME PREUVE, *tirée de l'idée que nous avons de l'infini.*

Toutes les choses que j'ai déjà remarquées me font voir que j'ai en moi l'idée précise de l'infini et d'une infinie perfection, quoique mon intelligence ne puisse épuiser l'infini ni le comprendre.

Cette idée de l'infini n'est ni confuse ni négative. Le mot *infini*, négatif en apparence, est très-positif: le mot *fini*, au contraire, est négatif, puisqu'il marque une borne. — Je ne saurais confondre le fini avec l'infini, non plus que l'infini avec l'indéfini.

L'idée de l'infini et l'idée de la perfection sont unies dans mon esprit.

D'où me vient donc cette idée d'un être infini et parfait? de moi? — Mais c'est impossible, car je suis fini et imparfait. Du néant? — Mais comment le néant me donnerait-il ce que nul fini ne me peut donner? Cette idée, toujours présente à mon entendement, même lorsque je ne la cherche pas, cette merveilleuse représentation de l'infini qui est en moi, et que je n'y ai pas mise, qui me juge, me redresse et me corrige, cette image de la divinité, d'où me vient-elle, sinon de Dieu lui-même?

TROISIÈME PREUVE, *tirée de l'idée de l'être nécessaire.*

Le sens commun consiste dans les premières notions que tous les hommes ont également des mêmes choses. Ce sens commun, qui est toujours et partout le même, qui prévient tout examen, qui rend parfois l'examen ou le doute ridicule, et qui fait que malgré soi on rit au lieu d'examiner, ce sens qui se montre au premier coup d'œil, et qui découvre aussitôt l'évidence ou l'adversité de certaines questions, n'est-ce pas ce que j'appelle mes idées? Les voilà donc ses idées immuables, règles de tout, qui me font admettre ou rejeter ce qui est ou n'est pas conforme à elles. Mon principe constant est de suivre sans hésiter toutes mes idées claires, mais de prendre bien garder de regarder jamais comme une idée claire celle qui renferme quelque chose d'obscur.

Appliquons ce principe:

J'ai reconnu en moi l'idée d'un être infiniment parfait; j'ai vu clairement que cet être est par lui-même, qu'il est nécessairement, et par conséquent qu'on ne pourrait le mettre hors de l'existence au rang des choses simplement possibles, sans anéantir son idée, sans changer son essence.

Ainsi, j'ai d'une part l'idée d'un être nécessaire, auteur de mon existence; et d'autre part, l'idée d'un être nécessaire renferme l'existence actuelle de cet être, laquelle existence est contenue clairement dans son essence. Donc cet être ou Dieu existe.

Chap. III. — Réfutation du spinosisme.

Il me reste encore une difficulté à éclaircir. J'ai l'idée d'une infinie perfection, idée qui, je le crois, me vient d'un être infiniment parfait. Mais ne pourrais-je pas me tromper? Il se peut qu'il y ait quelque chose de parfait et d'infini, et que ce quelque chose se confonde avec la collection de tous les êtres. L'univers n'est-il pas un assemblage infini, un tout infini, indivisible et immuable, qui m'a donné l'idée d'une infinie perfection?

Deux remarques dissiperont cette difficulté : 1° L'infinie perfection ne peut être changeante et variable ; 2° l'infini étant indivisible, ne peut se composer de parties réellement distinctes les unes des autres. D'une part, s'il y a une identité réelle entre toutes les parties, il s'ensuit que les parties ne sont plus des parties, et que tout est confondu. D'autre part, si vous supprimez cette identité réelle des êtres, si vous attribuez à chacun d'eux une existence indépendante des autres, il n'y a plus d'unité véritable, plus d'être parfait et infini.

On essayera de se tirer d'embarras en disant qu'il y a dans l'infini des infinités d'infinis.

Mais c'est dénaturer l'infini que d'en imaginer plusieurs. Des infinis distincts se détruisent et se contredisent, puisqu'ils se bornent l'un l'autre, et en se bornant cessent d'être infinis. — On en pourrait dire autant de l'idée de perfection qui est incompatible avec l'idée de pluralité.

Chap. IV. — Nouvelle preuve de l'existence de Dieu tirée de la nature des idées.

Au premier abord, mes idées et le fond de moi-même ou de mon esprit ne me paraissent qu'une même chose. Mais quand je considère la mobilité, l'ignorance, l'incertitude de mon esprit, je m'aperçois qu'on ne le saurait confondre avec les idées, qui sont certaines et immuables. Mes idées ne sont donc pas moi ; elles sont Dieu lui-même. C'est la vérité universelle et indivisible qui me montre comme par morceaux, pour s'accommoder à ma portée, toutes les vérités que j'ai besoin d'apercevoir.

Il reste à expliquer plusieurs choses : Comment est-ce que Dieu étant parfait, nos idées sont néanmoins imparfaites et distinctes? — Nos idées sont la raison infinie de Dieu et sa vérité immuable qui se présente à nous à divers degrés, selon notre nature bornée. Dieu ne nous montre pas tous les degrés infinis d'êtres qui sont en lui, il nous borne à ceux que nous avons besoin de concevoir dans cette vie. Ainsi nous ne voyons l'infini que d'une manière finie.

Une autre raison de l'imperfection de nos idées, c'est que nous nous trompons souvent. Nos erreurs ne viennent pas de nos idées qui sont vraies ou immuables, mais de la précipitation de nos jugements.

Dieu ou la souveraine vérité étant souverainement intelligible, je l'aperçois immédiatement. C'est lui qui me rend les objets présents. L'individu est intelligible, et je suis intelligent, et c'est Dieu qui le rend l'objet immédiat de ma connaissance. En un mot, c'est à la lumière de Dieu que je vois tout ce qui peut être vu. Cette lumière, chacun la trouve en soi-même, et elle est la même pour tous.

Chap. V. — De la nature et des attributs de Dieu.

Dieu est l'être. Toutes les espèces d'êtres, êtres pensants et êtres étendus, sont en lui comme dans leur source. Tout ce qu'il y a d'être, de vérité et de bonté dans ces essences possibles, découle de lui. Il est tout ce qu'il y a de réel et de positif dans les esprits et dans les corps. Mais il ne peut lui-même être resserré dans aucune espèce ; d'où il suit qu'il n'est pas plus esprit que corps, ou mieux qu'il n'est ni l'un, ni l'autre. Quand l'Ecriture dit qu'il est un esprit, elle marque seulement qu'il est incorporel. Pour déclarer ce qu'il est véritablement, elle dit : *celui qui est*.

Article I. *Unité de Dieu*. — Voyons ce que je connais de Dieu en consultant l'idée de la suprême perfection.

1º L'être qui est par lui-même est un, parce qu'il est parfait, et qu'il y a plus de perfection dans ce qui est simple que dans ce qui est composé.

2º Il ne peut y avoir deux êtres infiniment parfaits ; car deux êtres également parfaits seraient parfaits en tout, et l'un ne serait qu'une répétition inutile de l'autre.

3º Il ne peut y avoir plusieurs êtres par eux-mêmes qui soient inégaux, par cette raison que tout être qui existe par lui-même est un souverain degré de l'être, et par conséquent de la perfection. Supposez qu'ils soient deux : les deux ensemble feraient la totalité de l'être par soi, et cette totalité serait une composition et une exclusion de l'infini. L'infini ne peut être qu'un, l'être suprême doit être la suprême unité, puisque être et unité sont synonymes. Concluons que plusieurs dieux seraient infiniment moins qu'un seul, et que plusieurs infinis seraient moins qu'un seul infini.

Article II. *Simplicité de Dieu*. — Dieu est infiniment intelligent, infiniment puissant, infiniment bon : son intelligence, sa volonté, sa bonté, sa puissance ne sont qu'une même chose. En lui tout est un d'une suprême unité.

Lorsque je distingue les perfections de Dieu, ce n'est pas pour me représenter qu'elles ont quelque ombre de distinction entre elles, mais pour les considérer par rapport à cette multitude de choses créées que l'unité souveraine surpasse infiniment. C'est un ordre et une méthode que je mets par nécessité dans les opérations bornées et successives de mon esprit, et pour contempler l'infini à diverses reprises, en le regardant par rapport aux diverses choses qu'il fait hors de lui.

Article III. *Immutabilité et éternité de Dieu*. — Etre par soi-même, c'est la source de tout ce que je trouve en Dieu : c'est par là que j'ai reconnu qu'il est infini et parfait. Tous les termes, *être par soi-même, être nécessaire, être infiniment parfait, première cause*, et *Dieu*, sont absolument synonymes.

Dieu est immuable. Dès qu'on le conçoit infini et infiniment simple, on ne peut plus lui attribuer aucune modification, et par conséquent aucun changement. — La créature est bornée et changeante. Le changement est la défaillance de l'être, et cette non-permanence de la créature est ce que j'appelle le temps. Toute durée est une existence divisible et bornée.

L'existence divine est infinie et, par suite, indivisible. En Dieu rien n'a été, rien ne sera; mais tout est. En un mot, il est éternel.

La création ne partage point l'éternité en deux parties; l'éternité est indivisible et incommensurable. Entre elle et le temps il n'y a aucun rapport, on ne les saurait comparer.

Sans doute Dieu a mis un ordre et un arrangement dans les créatures par le rapport de leurs bornes; mais cet ordre, cet arrangement, ce rapport qui résultent des bornes, ne peut jamais être en lui, qui n'est ni divisible, ni borné.

ARTICLE IV. *Immunité de Dieu.* — Puisque Dieu a tout l'être en lui, il a sans doute l'étendue : l'étendue est une manière d'être dont j'ai l'idée.

D'où vient donc que je ne le nomme pas étendu et corporel? C'est qu'il a tout le positif de l'étendue, sans avoir l'étendue avec une borne ou négation. L'étendue sans borne, c'est l'étendue sans la figure, sans la divisibilité, sans le mouvement, sans l'impénétrabilité; c'est l'immensité.

Où donc est Dieu? il est, mais il se faut bien garder de demander où il est. Il n'est en aucun lieu, puisqu'il est infini; mais il est présent partout par la même raison. Toutes les questions de temps et de lieux sont déplacées à son égard.

ARTICLE V. *Science de Dieu.* — Dieu qui m'a donné l'être pensant, n'aurait pu me le donner s'il ne l'avait pas. Il pense donc, et infiniment: puisqu'il a la plénitude de l'être, il doit avoir la plénitude de l'intelligence, qui est une sorte d'être. — L'objet de sa science, c'est lui-même. S'il ne connaissait pas sa propre essence il ne connaîtrait rien. C'est en lui-même qu'il voit tous les différents degrés auxquels il peut communiquer l'être à ce qui n'est pas.

Il voit: Il n'y a point de futur par rapport à lui; tout est présent à sa pensée, et la science ne fait pas les objets, mais les suppose existants. Quant aux futurs *conditionnels*, Dieu voit leur futurition absolue dans la volonté absolue qu'il a formée de faire arriver la condition à laquelle ils sont attachés.

TRAITÉ

DE

L'EXISTENCE ET DES ATTRIBUTS
DE DIEU.

PREMIÈRE PARTIE[1]

DÉMONSTRATION DE L'EXISTENCE DE DIEU TIRÉE DU SPECTACLE
DE LA NATURE ET DE LA CONNAISSANCE DE L'HOMME.

CHAPITRE PREMIER

Preuves de l'existence de Dieu, tirées de l'aspect général
de l'univers.

Je ne puis ouvrir les yeux sans admirer l'art qui éclate dans toute la nature : le moindre coup d'œil suffit pour apercevoir la main qui fait tout. Que les hommes accoutumés à méditer les vérités abstraites et à remonter aux premiers principes connaissent la Divinité par son idée, c'est un chemin sûr pour arriver à la source de toute vérité. Mais plus ce chemin est droit et court, plus il est rude et inaccessible au commun des hommes qui dépendent de leur imagination. C'est une démonstration si simple[2], qu'elle échappe par sa simplicité aux esprits incapables des opérations purement intellectuelles. Plus cette voie de trouver le premier Être est parfaite, moins il y a d'esprits capables de la suivre.

Mais il y a une autre voie moins parfaite[3], et qui est

---

1. Cette première partie parut en 1712, trois ans avant la mort de Fénelon; la seconde fut publiée en 1718, par les soins de M. de Ramsay et du marquis de Fénelon. (*Voir* notre Introduction.)
2. La démonstration la plus simple et la plus rationnelle, selon Fénelon, est celle qui se tire des arguments *à priori*.

Elle est contenue dans la deuxième partie de ce traité.
3. Kant est d'un autre avis. Il estime que la seule preuve incontestable de l'existence de Dieu est la preuve physique. « C'est l'argument le plus ancien, le plus clair, et celui qui convient le mieux à la raison de la plupart des hom-

proportionnée aux hommes les plus médiocres. Les hommes les moins exercés au raisonnement et les plus attachés aux préjugés sensibles peuvent d'un seul regard découvrir celui qui se peint dans tous ses ouvrages. La sagesse et la puissance qu'il a marquées dans tout ce qu'il a fait le font voir comme dans un miroir à ceux qui ne peuvent le contempler dans sa propre idée [1]. C'est une philosophie sensible et populaire, dont tout homme sans passions et sans préjugés est capable.

Si un grand nombre d'hommes d'un esprit subtil et pénétrant n'ont pas trouvé Dieu par ce coup d'œil jeté sur toute la nature, il ne faut pas s'en étonner : les passions qui les ont agités leur ont donné des distractions continuelles, ou bien les faux préjugés [2] qui naissent des passions ont fermé leurs yeux à ce grand spectacle. Un homme passionné pour une grande affaire, qui emporterait toute l'application de son esprit, passerait plusieurs jours dans une chambre en négociations pour ses intérêts, sans regarder ni les proportions de la chambre, ni les ornements de la cheminée, ni les tableaux qui seraient autour de lui : tous ces objets seraient sans cesse devant ses yeux, et aucun d'eux ne ferait impression sur lui.

Ainsi vivent les hommes. Tout leur présente Dieu, et ils ne le voient nulle part. Il était dans le monde, et le monde a été fait par lui : et cependant le monde ne l'a point connu [3]. Ils passent leur vie sans avoir aperçu cette représentation si sensible de la Divinité, tant la fascination du monde obscurcit leurs yeux [4]. Souvent même ils ne veulent pas les ouvrir, et ils affectent de les tenir fermés, de peur de trouver celui qu'ils ne cherchent pas. Enfin ce qui devrait le plus servir à leur ouvrir les yeux ne sert

mes. » C'est le seul qui ait résisté à la *Critique de la raison pure*.

1. Humana autem anima rationalis est, quæ, mortalibus vinculis peccati pœna tenebatur, ad hoc diminutionis redacta, ut per conjecturas rerum visibilium ad intelligenda invisibilia niteretur. Aug. *De lib. arb.*, lib. III, cap. x, 30.

2. Le mot *préjugé* signifie communément une opinion fausse ; philosophiquement et suivant l'étymologie, on appelle de ce nom une opinion reçue sans examen, qui peut être vraie, mais qui est le plus souvent erronée.

3. In mundo erat, et mundus per ipsum factus est, et mundus eum non cognovit. Joan., I, 10.

4. Fascinatio nugacitatis obscurat bona. Sap. IV, 12.

qu'à les leur fermer davantage, je veux dire la constance et la régularité des mouvements que la suprême sagesse a mis dans l'univers.

Saint Augustin[1] dit que ces merveilles se sont avilies par leur répétition continuelle[2]. Cicéron parle précisément de même. A force de voir tous les jours les mêmes choses, l'esprit s'y accoutume aussi bien que les yeux : il n'admire ni n'ose se mettre en aucune manière en peine de chercher la cause des effets qu'il voit toujours arriver de la même sorte ; comme si c'était la nouveauté, et non pas la grandeur de la chose même, qui dût nous porter à faire cette recherche[3].

Mais enfin toute la nature montre l'art infini de son auteur. Quand je parle d'un art, je veux dire un assemblage de moyens choisis tout exprès pour parvenir à une fin précise : c'est un ordre, un arrangement, une industrie, un dessein suivi. Le hasard est tout au contraire une cause aveugle et nécessaire, qui ne prépare, qui n'arrange, qui ne choisit rien, et qui n'a ni volonté ni intelligence. Or, je soutiens que l'univers porte le caractère d'une cause infiniment puissante et industrieuse. Je soutiens que le hasard, c'est-à-dire le concours aveugle et fortuit des causes nécessaires et privées de raison, ne peut avoir formé ce tout. C'est ici qu'il est bon de rappeler les célèbres comparaisons des anciens.

Qui croira que l'*Iliade* d'Homère, ce poëme si parfait, n'ait jamais été composé par un effort de génie d'un grand poëte, et que les caractères de l'alphabet ayant été jetés en confusion, un coup de pur hasard, comme un coup de dés,

---

1. Saint Augustin, évêque d'Hippone, né en 354 à Tagaste, ville d'Afrique, mort en 430, est le plus illustre des Pères latins. Versé dans la philosophie ancienne (qu'il connaissait surtout par les écrits de Cicéron), il se servit le premier, et avec un rare succès, de la dialectique platonicienne pour démontrer la vérité du christianisme et pour réfuter les erreurs propagées par la nouvelle Académie. Ses principaux ouvrages sont : les *Confessions*, les *Soliloques*, plusieurs traités *sur l'âme*, et la *Cité de Dieu*, qui est une magnifique esquisse de la philosophie de l'histoire.

2. Assiduitate viluerunt. *Tract.* XXIV in *Joan.*, n° 1.

3. Sed assiduitate quotidiana, et consuetudine oculorum assuescunt animi ; neque admirantur, neque requirunt rationes earum rerum quas semper vident : perinde quasi novitas nos magis, quam magnitudo rerum debeat ad exquirendas causas excitare. Cic., *de Nat. deor.*, lib. II, 38. — « L'accoutumance diminue l'admiration. (Mont.)

ait rassemblé toutes les lettres précisément dans l'arrangement nécessaire pour décrire dans des vers pleins d'harmonie et de variété tant de grands événements ; pour les placer et pour les lier si bien tous ensemble, pour peindre chaque objet avec tout ce qu'il a de plus gracieux, de plus noble et de plus touchant ; enfin, pour faire parler chaque personne selon son caractère, d'une manière si naïve et si passionnée ? Qu'on raisonne et qu'on subtilise tant qu'on voudra, jamais on ne persuadera à un homme sensé que l'*Iliade* n'ait point d'autre auteur que le hasard. Cicéron en disait autant des *Annales* d'Ennius [1] ; et il ajoutait que le hasard ne ferait jamais un seul vers, bien loin de faire tout un poëme [2]. Pourquoi donc cet homme sensé croirait-il de l'univers, sans doute encore plus merveilleux que l'*Iliade*, ce que son bon sens ne lui permettra jamais de croire de ce poëme ? Mais passons à une autre comparaison, qui est de saint Grégoire de Nazianze [3].

Si nous entendions dans une chambre, derrière un rideau, un instrument doux et harmonieux, croirions-nous que le hasard, sans aucune main d'homme, pourrait avoir formé cet instrument ? dirions-nous que les cordes d'un violon seraient venues d'elles-mêmes se ranger et se tendre sur un bois dont les pièces se seraient collées ensemble pour former une cavité avec des ouvertures régulières ? soutiendrions-nous que l'archet, formé sans art, serait poussé par le vent pour toucher chaque corde si diverse-

---

1. Quintus Ennius, célèbre poëte latin (né à Rudies en 240 av. J.-C., mort en 170), avait mis en vers l'histoire romaine. Les quelques fragments qui nous restent de ses *Annales*, se trouvent, en grande partie, dans les citations de Cicéron.

2. Non mirer esse quemquam, qui sibi persuadeat, corpora quædam solida, atque individua, vi et gravitate ferri, mundumque effici ornatissimum et pulcherrimum ex eorum corporum concursione fortuita ? hoc qui existimat fieri potuisse, non intelligo, cur non idem putet, si innumerabiles unius et viginti formæ litterarum vel aureæ, vel qualislibet, aliquo conjiciantur, posse ex his in terram excussis annales Ennii, ut deinceps legi possint, effici : quod nescio an ne in uno quidem versu possit tantum valere fortuna. Cic., *de Nat. deorum*, lib. II, 37.

3. Saint Grégoire de Nazianze, archevêque de Constantinople, né en Cappadoce vers 330, mort en 390. Il combattit avec énergie les Ariens. Nous avons de lui des Homélies, des Lettres et des Épigrammes. — Voici la comparaison que Fénelon lui a empruntée : « Quemadmodum enim quispiam citharam pulcherrime confectam et elaboratam conspiciens, ejus concinnitatem et constitutionem, aut etiam ipsius citharæ cantum audiens, nihil aliud quam ipsum citharæ conditorem atque citharædum mente reputat, atque ad eum cogitatione fertur... » Orat. xxxiv, 6. Edit. Ben.

ment et avec tant de justesse? Quel esprit raisonnable pourrait douter sérieusement si une main d'homme toucherait cet instrument avec tant d'harmonie? Ne s'écrierait-il pas d'abord, sans examen, qu'une main savante le toucherait? Ne nous lassons point de faire sentir la même vérité.

Qui trouverait dans une île déserte et inconnue à tous les hommes une belle statue de marbre, dirait aussitôt : Sans doute, il y a eu ici autrefois des hommes ; je reconnais la main d'un habile sculpteur ; j'admire avec quelle délicatesse il a su proportionner tous les membres de ce corps, pour leur donner tant de beauté, de grâce, de majesté, de vie, de tendresse, de mouvement et d'action.

Que répondrait cet homme, si quelqu'un s'avisait de lui dire : Non, un sculpteur ne fit jamais cette statue. Elle est faite, il est vrai, selon le goût le plus exquis, et dans les règles de la perfection ; mais c'est le hasard tout seul qui l'a faite. Parmi tant de morceaux de marbre, il y en a eu un qui s'est formé ainsi de lui-même ; les pluies et les vents l'ont détaché de la montagne ; un orage très-violent l'a jeté tout droit sur ce piédestal, qui s'était préparé de lui-même dans cette place. C'est un Apollon parfait comme celui du Belvédère ; c'est une Vénus qui égale celle de Médicis ; c'est un Hercule qui ressemble à celui de Farnèse [1]. Vous croiriez, il est vrai, que cette figure marche, qu'elle vit, qu'elle pense, et qu'elle va parler ; mais elle ne doit rien à l'art ; et c'est un coup aveugle du hasard qui l'a si bien finie et placée.

Si on avait devant les yeux un beau tableau qui représentât, par exemple, le passage de la mer Rouge, avec Moïse, à la voix duquel les eaux se fendent et s'élèvent comme deux murs pour faire passer les Israélites à pied sec au travers des abîmes, on verrait d'un côté cette multitude innombrable de peuples pleins de confiance et de

---

1. L'Apollon est une statue trouvée à Antium en 1503. Elle fut placée au Vatican dans le pavillon du Belvédère, d'où son nom moderne.— La Vénus dite de Médicis est une copie de la Vénus de Cnide par Praxitèle. — OEuvre de Glycon, l'Hercule Farnèse, ainsi appelé parce qu'il faisait partie de la collection de statues antiques formée par les Farnèse, se trouve maintenant à Naples.

joie, levant les mains au ciel ; de l'autre côté, on apercevrait Pharaon avec les Égyptiens, pleins de trouble et d'effroi à la vue des vagues qui se rassembleraient pour les engloutir. En vérité, où serait l'homme qui osât dire qu'une servante barbouillant au hasard cette toile avec un balai, les couleurs se seraient rangées d'elles-mêmes pour former ce vif coloris, ces attitudes si variées, ces airs de tête si passionnés, cette belle ordonnance de figures en si grand nombre sans confusion, ces accommodements de draperie, ces distributions de lumière, ces dégradations de couleurs, cette exacte perspective, enfin tout ce que le plus beau génie d'un peintre peut rassembler ?

Encore s'il n'était question que d'un peu d'écume à la bouche d'un cheval, j'avoue, suivant l'histoire qu'on en raconte, et que je suppose sans l'examiner, qu'un seul coup de pinceau jeté de dépit par le peintre pourrait une seule fois dans la suite des siècles la bien représenter. Mais au moins le peintre [1] avait-il déjà choisi avec dessein les couleurs les plus propres à représenter cette écume pour les préparer au bout du pinceau. Ainsi ce n'est qu'un peu de hasard qui a achevé ce que l'art avait déjà commencé. De plus, cet ouvrage de l'art et du hasard tout ensemble n'était qu'un peu d'écume, objet confus et propre à faire honneur à un coup de hasard ; objet informe, qui ne demande qu'un peu de couleur blanchâtre échappée au pinceau, sans aucune figure précise, ni aucune correction de dessin. Quelle comparaison de cette écume avec tout un dessin d'histoire suivie, où l'imagination la plus féconde et le génie le plus hardi, étant soutenus par la science des règles, suffisent à peine pour exécuter ce qui compose un tableau excellent ?

Je ne puis me résoudre à quitter ces exemples, sans prier le lecteur de remarquer que les hommes les plus sensés ont naturellement une peine extrême à croire que les bêtes n'aient aucune connaissance, et qu'elles soient de pures machines [2]. D'où vient cette répugnance invin-

---

[1]. Apelle ; c'est un trait attribué à ce peintre.

[2]. Les bêtes, selon Descartes, sont de pures machines, incapables de pensée

cible en tant de bons esprits ¹ ? C'est qu'ils supposent avec raison que des mouvements si justes et d'une si parfaite mécanique ne peuvent se faire sans quelque industrie, et que la matière seule, sans art, ne peut faire ce qui marque tant de connaissance. On voit par là que la raison la plus droite conclut naturellement que la matière seule ne peut, ni par les lois simples du mouvement, ni par les coups capricieux du hasard, faire des animaux qui ne soient que de pures machines. Les philosophes mêmes qui n'attribuent aucune connaissance aux animaux ne peuvent éviter de reconnaître que ce qu'ils supposent aveugle et sans art dans ces machines est plein de sagesse et d'art dans le premier moteur qui en a fait les ressorts et qui en a réglé les mouvements. Ainsi les philosophes les plus opposés reconnaissent également que la matière et le hasard ne peuvent produire sans art tout ce qu'on voit dans les animaux.

CHAPITRE II

Preuves de l'existence de Dieu, tirées de la considération des principales merveilles de la nature ².

Après ces comparaisons, sur lesquelles je prie le lecteur de se consulter simplement soi-même sans raisonner, je crois qu'il est temps d'entrer dans le détail de la nature. Je ne prétends pas la pénétrer tout entière ; qui le pourrait? Je ne prétends même entrer dans aucune discussion de physique ; ces discussions supposeraient certaines connaissances approfondies, que beaucoup de gens d'esprit n'ont jamais acquises ; et je ne veux leur proposer que le simple coup d'œil de la face de la nature ; je ne veux leur

et de sentiment. Malebranche partage cette opinion et Bossuet y incline. Fénelon, dans ce passage, marque son dissentiment, mais sans insister.

1. La Fontaine se moque agréablement de l'hypothèse cartésienne. Voir les fables, Liv. X, *Les deux Rats*, le *Renard et l'œuf*.

2. En réalité, les preuves de l'existence de Dieu contenues dans ces deux chapitres ne forment qu'une seule et même preuve : c'est toujours l'univers qui par sa merveilleuse harmonie et son infinie variété atteste et glorifie son auteur. Tantôt on considère la nature dans son ensemble (ch. 1ᵉʳ), tantôt dans ses détails (ch. 2ᵉ). — C'est ce qu'on appelle la preuve des *causes finales*.

parler que de ce que tout le monde sait, et qui ne demande qu'un peu d'attention tranquille et sérieuse.

Arrêtons-nous d'abord au grand objet qui attire nos premiers regards, je veux dire la structure générale de l'univers. Jetons les yeux sur cette terre qui nous porte ; regardons cette voûte immense des cieux qui nous couvre, ces abîmes d'air et d'eau qui nous environnent, et ces astres qui nous éclairent. Un homme qui vit sans réflexion ne pense qu'aux espaces qui sont auprès de lui ou qui ont quelque rapport à ses besoins : il ne regarde la terre entière que comme le plancher de sa chambre, et le soleil qui l'éclaire pendant le jour que comme la bougie qui l'éclaire pendant la nuit : ses pensées se renferment dans le lieu étroit qu'il habite. Au contraire, l'homme accoutumé à faire des réflexions étend ses regards plus loin, et considère avec curiosité les abîmes presque infinis dont il est environné de toutes parts. Un vaste royaume ne lui paraît alors qu'un petit coin de la terre ; la terre elle-même n'est, à ses yeux, qu'un point dans la masse de l'univers ; et il admire de s'y voir placé, sans savoir comment il y a été mis.

Qui est-ce qui a suspendu ce globe de la terre qui est immobile [1] ? qui est-ce qui en a posé les fondements ? Rien n'est, ce semble, plus vil qu'elle ; les plus malheureux la foulent aux pieds. Mais c'est pourtant pour la posséder qu'on donne tous les plus grands trésors. Si elle était plus dure, l'homme ne pourrait en ouvrir le sein pour la cultiver ; si elle était moins dure, elle ne pourrait le porter, il enfoncerait partout, comme il enfonce dans le sable ou dans un bourbier. C'est du sein inépuisable de la terre que sort tout ce qu'il y a de plus précieux. Cette masse informe, vile et grossière, prend toutes les formes les plus diverses, et elle seule devient tour à tour tous les biens que nous lui demandons : cette boue si sale se transforme en mille beaux objets qui charment les yeux ; en une seule année, elle devient branches, boutons, feuilles, fleurs, fruits et

---

[1] Il vaudrait mieux dire : « qui paraît immobile. »

semences, pour renouveler ses libéralités en faveur des hommes. Rien ne l'épuise. Plus on déchire ses entrailles, plus elle est libérale. Après tant de siècles, pendant lesquels tout est sorti d'elle, elle n'est point encore usée : elle ne ressent aucune vieillesse ; ses entrailles sont encore pleines des mêmes trésors. Mille générations ont passé dans son sein : tout vieillit, excepté elle seule ; elle se rajeunit chaque année au printemps. Elle ne manque jamais aux hommes ; mais les hommes insensés se manquent à eux-mêmes en négligeant de la cultiver ; c'est par leur paresse et par leurs désordres qu'ils laissent croître les ronces et les épines en la place des vendanges et des moissons : ils se disputent un bien qu'ils laissent perdre. Les conquérants laissent en friche la terre pour la possession de laquelle ils ont fait périr tant de milliers d'hommes et ont passé leur vie dans une si terrible agitation. Les hommes ont devant eux des terres immenses qui sont vides et incultes ; et ils renversent le genre humain pour un coin de cette terre si négligée !

La terre, si elle était bien cultivée, nourrirait cent fois plus d'hommes qu'elle n'en nourrit. L'inégalité même des terroirs, qui paraît d'abord un défaut, se tourne en ornement et en utilité. Les montagnes se sont élevées, et les vallons sont descendus en la place que le Seigneur leur a marquée. Ces diverses terres, suivant les divers aspects du soleil, ont leurs avantages. Dans ces profondes vallées, on voit croître l'herbe fraîche pour nourrir les troupeaux ; auprès d'elles s'ouvrent de vastes campagnes revêtues de riches moissons. Ici, des coteaux s'élèvent comme en amphithéâtre, et sont couronnés de vignobles et d'arbres fruitiers ; là, de hautes montagnes vont porter leur front glacé jusque dans les nues, et les torrents qui en tombent sont les sources des rivières. Les rochers, qui montrent leur cime escarpée, soutiennent la terre des montagnes, comme les os du corps humain en soutiennent les chairs. Cette variété fait le charme des paysages, et en même temps elle satisfait aux divers besoins des peuples.

Il n'y a point de terroir si ingrat qui n'ait quelque propriété[1]. Non-seulement les terres noires et fertiles, mais encore les argileuses et les graveleuses, récompensent l'homme de ses peines ; les marais desséchés deviennent fertiles, les sables ne couvrent d'ordinaire que la surface de la terre; et quand le laboureur a la patience d'enfoncer, il trouve un terroir neuf qui se fertilise à mesure qu'on le remue et qu'on l'expose aux rayons du soleil. Il n'y a presque point de terre entièrement ingrate, si l'homme ne se lasse point de la remuer pour l'exposer au soleil[2], et s'il ne lui demande que ce qu'elle est propre à porter. Au milieu des pierres et des rochers, on trouve d'excellents pâturages; il y a dans leurs cavités des veines que les rayons du soleil pénètrent, et qui fournissent aux plantes, pour nourrir les troupeaux, des sucs très-savoureux. Les côtes mêmes qui paraissent les plus stériles et les plus sauvages offrent souvent des fruits délicieux ou des remèdes très-salutaires qui manquent dans les plus fertiles pays.

D'ailleurs, c'est par un effet de la providence divine[3] que nulle terre ne porte tout ce qui sert à la vie humaine; car le besoin invite les hommes au commerce, pour se donner mutuellement ce qui leur manque, et ce besoin est le lien naturel de la société entre les nations : autrement tous les peuples du monde seraient réduits à une seule sorte d'habits et d'aliments, rien ne les inviterait à se connaître et à s'entrevoir.

Tout ce que la terre produit, se corrompant, rentre dans son sein et devient le germe d'une nouvelle fécondité. Ainsi elle reprend tout ce qu'elle a donné, pour le rendre encore. Ainsi la corruption des plantes et les excréments des animaux qu'elle nourrit la nourrissent elle-même et perpétuent sa fertilité. Ainsi plus elle donne, plus elle reprend ; et elle ne s'épuise jamais; pourvu qu'on sache dans la

---

1. C'est-à-dire qui ne présente quelque avantage. Chaque progrès de la science est une réfutation de l'athéisme. Plus on étudie la nature, plus on trouve des marques de cette sagesse admirable qui a tout ordonné.
2. XÉNOPH., Œconom.

3. La Providence est l'action de Dieu veillant sur son œuvre. L'idée de conservation et celle de création sont si étroitement unies qu'on emploie indifféremment ces deux mots : *Dieu et la Providence*, l'un pour l'autre.

culture lui rendre ce qu'elle a donné. Tout sort de son sein, tout y rentre, et rien ne s'y perd. Toutes les semences qui y retournent se multiplient. Confiez à la terre des grains de blé ; en se pourrissant ils germent, et cette mère féconde vous rend avec usure plus d'épis qu'elle n'a reçu de grains. Creusez dans ses entrailles, vous y trouverez la pierre et le marbre pour les plus superbes édifices. Mais qui est-ce qui a renfermé tant de trésors dans son sein, à condition qu'ils se reproduisent sans cesse? Voyez tant de métaux précieux et utiles, tant de minéraux destinés à la commodité de l'homme.

Admirez les plantes qui naissent de la terre [1] ; elles fournissent des aliments aux sains, et des remèdes aux malades. Leurs espèces et leurs vertus sont innombrables : elles ornent la terre ; elles donnent de la verdure, des fleurs odoriférantes et des fruits délicieux. Voyez-vous ces vastes forêts qui paraissent aussi anciennes que le monde? Ces arbres s'enfoncent dans la terre par leurs racines, comme leurs branches s'élèvent vers le ciel ; leurs racines les défendent contre les vents, et vont chercher, comme par de petits tuyaux souterrains, tous les sucs destinés à la nourriture de leur tige ; la tige elle-même se revêt d'une dure écorce qui met le bois tendre à l'abri des injures de l'air ; les branches distribuent en divers canaux la séve que les racines avaient réunie dans le tronc. En été, ces rameaux nous protégent de leur ombre contre les rayons du soleil ; en hiver, ils nourrissent la flamme qui conserve en nous la chaleur naturelle. Leur bois n'est pas seulement utile pour le feu ; c'est une matière douce, quoique solide et durable, à laquelle la main de l'homme donne sans peine toutes les formes qu'il lui plaît, pour les plus grands ouvrages de l'architecture et de la navigation. De plus, les arbres fruitiers, en penchant leurs rameaux vers la terre, semblent offrir leurs fruits à l'homme. Les arbres et les plantes, en laissant tomber leurs fruits ou leurs graines, se préparent autour d'eux une nombreuse postérité. La

---

1. Comparez ce morceau sur le développement des Plantes avec le passage du *Traité de la connaissance de Dieu* sur le même sujet, ch. v, 2.

plus faible plante, le moindre légume contient en petit volume, dans une graine, le germe de tout ce qui se déploie dans les plus hautes plantes et dans les plus grands arbres. La terre, qui ne change jamais, fait tous ces changements dans son sein.

Regardons maintenant ce qu'on appelle l'eau : c'est un corps liquide, clair et transparent. D'un côté il coule, il échappe, il s'enfuit; de l'autre, il prend toutes les formes des corps qui l'environnent, n'en ayant aucune par lui-même. Si l'eau était un peu plus raréfiée, elle deviendrait une espèce d'air; toute la face de la terre serait sèche et stérile; il n'y aurait que des animaux volatiles; nulle espèce d'animal ne pourrait nager, nul poisson ne pourrait vivre; il n'y aurait aucun commerce par la navigation. Quelle main industrieuse a su épaissir l'eau en subtilisant l'air, et distinguer si bien ces deux espèces de corps fluides?

Si l'eau était un peu plus raréfiée [1], elle ne pourrait plus soutenir ces prodigieux édifices flottants qu'on nomme vaisseaux; les corps les moins pesants s'enfonceraient d'abord dans l'eau. Qui est-ce qui a pris le soin de choisir une si juste configuration de parties et un degré si précis de mouvement pour rendre l'eau si fluide, si insinuante, si propre à échapper, si incapable de toute consistance, et néanmoins si forte pour porter et si impétueuse pour entraîner les plus pesantes masses? Elle est docile : l'homme la mène comme un cavalier mène un cheval sur la pointe des rênes; il la distribue comme il lui plaît; il l'élève sur les montagnes escarpées et se sert de son poids même pour lui faire faire des chutes qui la font remonter autant qu'elle est descendue. Mais l'homme, qui mène les eaux avec tant d'empire, est à son tour mené par elles. L'eau est une des plus grandes forces mouvantes que l'homme sache employer, pour suppléer à ce qui lui manque, dans les arts les plus nécessaires, par la petitesse et par la faiblesse de son corps.

Mais ces eaux qui, nonobstant leur fluidité, sont des

---

1. C'est-à-dire, moins dense.

masses si pesantes, ne laissent pas de s'élever au-dessus de nos têtes et d'y demeurer longtemps suspendues. Voyez-vous ces nuages qui volent comme sur les ailes des vents [1] ? S'ils tombaient tout à coup par de grosses colonnes d'eaux, rapides comme des torrents, ils submergeraient et détruiraient tout dans l'endroit de leur chute, et le reste des terres demeurerait aride. Quelle main les tient dans ces réservoirs suspendus, et ne leur permet de tomber que goutte à goutte, comme si on les distillait par un arrosoir? D'où vient qu'en certains pays chauds, où il ne pleut presque jamais, les rosées de la nuit sont si abondantes, qu'elles suppléent au défaut de la pluie; et qu'en d'autres pays, tels que les bords du Nil et du Gange [2], l'inondation régulière des fleuves, en certaines saisons, pourvoit à point nommé aux besoins des peuples pour arroser les terres? Peut-on imaginer des mesures mieux prises pour rendre tous les pays fertiles?

Ainsi l'eau désaltère non-seulement les hommes, mais encore les campagnes arides; et celui qui nous a donné ce corps fluide l'a distribué avec soin sur la terre, comme les canaux d'un jardin. Les eaux tombent des hautes montagnes où leurs réservoirs sont placés; elles s'assemblent en gros ruisseaux dans les vallées : les rivières serpentent dans les vastes campagnes pour les mieux arroser; elles vont enfin se précipiter dans la mer pour en faire le centre du commerce à toutes les nations. Cet Océan, qui semble mis au milieu des terres pour en faire une éternelle séparation, est au contraire le rendez-vous de tous les peuples, qui ne pourraient aller par terre d'un bout du monde à l'autre qu'avec des fatigues, des longueurs et des dangers incroyables. C'est par ce chemin sans traces, au travers des abîmes, que l'ancien monde donne la main au nouveau, et que le nouveau prête à l'ancien tant de commodités et de richesses.

---

1. Super pennas ventorum. *Ps.* CIII, 4.
2. Le Nil, fleuve d'Egypte, se jette dans la mer Rouge. Chaque année, il inonde toute la contrée et la fertilise. C'est ce qui a fait dire à Hérodote que l'Egypte est un présent de son fleuve, δῶρον ποταμοῦ. — Le Gange arrose l'Hindoustan et se jette dans le golfe du Bengale. Ses inondations sont moins régulières que celles du Nil.

Les eaux, distribuées avec tant d'art, font une circulation dans la terre, comme le sang circule dans le corps humain. Mais, outre cette circulation perpétuelle de l'eau, il y a encore le flux et le reflux de la mer. Ne cherchons point les causes de cet effet si mystérieux. Ce qui est certain, c'est que la mer vous porte et vous reporte précisément aux mêmes lieux à certaines heures. Qui est-ce qui la fait se retirer et puis revenir sur ses pas avec tant de régularité? Un peu plus ou un peu moins de mouvement dans cette masse fluide déconcerterait toute la nature; un peu plus de mouvement dans les eaux qui remontent inonderait des royaumes entiers. Qui est-ce qui a su prendre des mesures si justes dans des corps immenses? qui est-ce qui a su éviter le trop et le trop peu? Quel doigt a marqué à la mer, sur son rivage, la borne immobile qu'elle doit respecter dans la suite de tous les siècles, en lui disant: *Là, vous viendrez briser l'orgueil de vos vagues* [1] ?

Mais ces eaux si coulantes deviennent tout à coup, pendant l'hiver, dures comme des rochers : les sommets des hautes montagnes ont même en tout temps des glaces et des neiges, qui sont les sources des rivières et qui, abreuvant les pâturages, les rendent plus fertiles. Ici, les eaux sont douces pour désaltérer l'homme, là elles ont un sel qui assaisonne et rend incorruptibles nos aliments. Enfin, si je lève la tête, j'aperçois dans les nuées, qui volent au-dessus de nous, des espèces de mers suspendues pour tempérer l'air, pour arrêter les rayons enflammés du soleil, et pour arroser la terre quand elle est trop sèche. Quelle main a pu suspendre sur nos têtes ces grands réservoirs d'eaux? Quelle main prend soin de ne les laisser jamais tomber que par des pluies modérées?

Après avoir considéré les eaux, appliquons-nous à examiner d'autres masses encore plus étendues. Voyez-vous ce qu'on nomme l'air? c'est un corps si pur, si subtil et si transparent, que les rayons des astres, situés dans une distance presque infinie de nous, le percent tout entier sans

---

1. Et dixi : Usque huc venies, et non procedes amplius, et hic confringes tumentes fluctus tuos. Job, xxxviii, 11.

peine et en un seul instant pour venir éclairer nos yeux. Un peu moins de subtilité dans ce corps fluide nous aurait dérobé le jour, ou ne nous aurait laissé tout au plus qu'une lumière sombre et confuse, comme quand l'air est plein de brouillards épais. Nous vivons plongés dans des abîmes d'air[1], comme les poissons dans des abîmes d'eau. De même que l'eau, si elle se subtilisait, deviendrait une espèce d'air qui ferait mourir les poissons ; l'air, de son côté, nous ôterait la respiration s'il devenait plus épais et plus humide : alors nous nous noierions dans les flots de cet air épaissi, comme un animal terrestre se noie dans la mer. Qui est-ce qui a purifié avec tant de justesse cet air que nous respirons? S'il était plus épais, il nous suffoquerait, comme s'il était plus subtil, il n'aurait pas cette douceur qui fait une nourriture continuelle au dedans de l'homme: nous éprouverions partout ce qu'on éprouve sur le sommet des montagnes les plus hautes, où la subtilité de l'air ne fournit rien d'assez humide et d'assez nourrissant pour les poumons.

Mais quelle puissance invisible excite et apaise si soudainement les tempêtes de ce grand corps fluide? Celles de la mer n'en sont que les suites. De quels trésors sont tirés les vents qui purifient l'air, qui attiédissent les saisons brûlantes, qui tempèrent la rigueur des hivers, et qui changent en un instant la face du ciel? Sur les ailes de ces vents volent les nuées d'un bout de l'horizon à l'autre. On sait que certains vents règnent en certaines mers dans des saisons précises : ils durent un temps réglé, et il leur en succède d'autres, comme tout exprès, pour rendre les navigations commodes et régulières. Pourvu que les hommes soient patients et aussi ponctuels que les vents, ils feront sans peine les plus longues navigations.

Voyez-vous ce feu qui paraît allumé dans les astres et qui répand partout la lumière? Voyez-vous cette flamme que certaines montagnes vomissent et que la terre nourrit de soufre dans ses entrailles? Ce même feu demeure pai-

---

[1]. La hauteur de cette couche d'air qu'on appelle l'atmosphère est d'environ 15 lieues métriques.

siblement caché dans les veines des cailloux, et il y attend à éclater jusqu'à ce que le choc d'un autre corps l'excite pour ébranler les villes et les montagnes. L'homme a su l'allumer et l'attacher à tous ses usages, pour plier les plus durs métaux et pour nourrir avec du bois, jusque dans les climats les plus glacés, une flamme qui lui tienne lieu du soleil quand le soleil s'éloigne de lui. Cette flamme se glisse subtilement dans toutes les semences; elle est comme l'âme de tout ce qui vit; elle consume tout ce qui est impur et renouvelle tout ce qu'elle a purifié. Le feu prête sa force aux hommes trop faibles, il enlève tout à coup les édifices et les rochers. Mais veut-on le borner à un usage plus modéré? il réchauffe l'homme et il cuit ses aliments. Les anciens, admirant le feu, ont cru que c'était un trésor céleste que l'homme a dérobé aux dieux [1].

Il est temps de lever nos yeux vers le ciel. Quelle puissance a construit au-dessus de nos têtes une si vaste et si superbe voûte! Quelle étonnante variété d'admirables objets! C'est pour nous donner un beau spectacle qu'une main toute-puissante a mis devant nos yeux de si grands et de si éclatants objets. C'est pour nous faire admirer le ciel, dit Cicéron [2], que Dieu a fait l'homme autrement que le reste des animaux; il est droit et lève la tête, pour être occupé de ce qui se passe au-dessus de lui. Tantôt nous voyons un azur sombre où les feux les plus purs étincellent; tantôt nous voyons dans un ciel tempéré les plus douces couleurs avec des nuances que la nature ne peut imiter; tantôt nous voyons des nuages de toutes les figures et de toutes les couleurs les plus vives, qui changent à chaque moment cette décoration par les plus beaux accidents de lumière.

La succession régulière des jours et des nuits, que fait-

---

1. Allusion à la fable de Prométhée. — Les philosophes grecs placent le feu parmi les quatre éléments. Héraclite le regarde comme le principe générateur de tout ce qui est.

2. Quantæ res hominibus a deo, quamque eximiæ tributæ sunt : qui primum eos humo excitatos celsos et erectos constituit, ut deorum cognitionem, cœlum intuentes, capere possint. Sunt enim e terra homines non ut incolæ atque habitatores, sed quasi spectatores superarum rerum atque cœlestium, quarum spectaculum ad nullum aliud genus animantium pertinet. Cic. *de Nat. deor.*, lib. II, 56.

elle entendre? Le soleil ne manque jamais, depuis tant de siècles, à servir les hommes qui ne peuvent se passer de lui. L'aurore, depuis des milliers d'années, n'a pas manqué une seule fois d'annoncer le jour; elle le commence à point nommé, au moment et au lieu réglés. Le soleil, dit l'Écriture [1], sait où il doit se coucher chaque jour. Par là, il éclaire tour à tour les deux côtés du monde, et visite tous ceux auxquels il doit ses rayons. Le jour est le temps de la société et du travail; la nuit, enveloppant de ses ombres la terre, finit tour à tour toutes les fatigues et adoucit toutes les peines : elle suspend, elle calme tout; elle répand le silence et le sommeil; en délassant les corps, elle renouvelle les esprits [2]. Bientôt le jour revient pour rappeler l'homme au travail et pour ranimer toute la nature.

Mais, outre ce cours si constant qui forme les jours et les nuits, le soleil nous en montre un autre par lequel il s'approche pendant six mois d'un pôle, et, au bout de six mois, revient avec la même diligence sur ses pas pour visiter l'autre. Ce bel ordre fait qu'un seul soleil suffit à toute la terre. S'il était plus grand, dans la même distance, il embraserait tout le monde : la terre s'en irait en poudre; si, dans la même distance, il était moins grand, la terre serait toute glacée et inhabitable; si, dans la même grandeur, il était plus voisin de nous, il nous enflammerait; si, dans la même grandeur, il était plus éloigné de nous, nous ne pourrions subsister dans le globe terrestre, faute de chaleur. Quel compas, dont le tour embrasse le ciel et la terre, a pris des mesures si justes? Cet astre ne fait pas moins de bien à la partie dont il s'éloigne pour la tempérer qu'à celle dont il s'approche pour la favoriser de ses rayons. Ses regards bienfaisants fertilisent tout ce qu'il voit. Ce changement fait celui des saisons, dont la variété est si agréable. Le printemps fait taire les vents glacés, montre les fleurs et promet les fruits. L'été donne les riches moissons. L'automne répand les fruits promis par le printemps.

---

1. Sol cognovit occasum suum. *Ps.* CIII, 19.

2. Voir la note 1, page 27, sur la théorie des *Esprits*.

L'hiver, qui est une espèce de nuit, où l'homme se délasse, ne concentre tous les trésors de la terre qu'afin que le printemps suivant les déploie avec toutes les grâces de la nouveauté. Ainsi la nature diversement parée donne tour à tour tant de beaux spectacles, qu'elle ne laisse jamais à l'homme le temps de se dégoûter de ce qu'il possède.

Mais comment est-ce que le cours du soleil peut être si régulier? Il paraît que cet astre n'est qu'un globe de flamme très-subtile, et par conséquent très-fluide. Qui est-ce qui tient cette flamme, si mobile et si impétueuse, dans les bornes précises d'un globe parfait? Quelle main conduit cette flamme dans un chemin si droit, sans qu'elle s'échappe jamais d'aucun côté? Cette flamme ne tient à rien, et il n'y a aucun corps qui pût ni la guider, ni la tenir assujettie. Elle consumerait bientôt tout corps qui la tiendrait renfermée dans son enceinte. Où va-t-elle? qui lui a appris à tourner sans cesse et si régulièrement dans des espaces où rien ne la gêne? Ne circule-t-elle pas autour de nous tout exprès pour nous servir? Que si cette flamme ne tourne pas, et si au contraire c'est nous qui tournons autour d'elle, je demande d'où vient qu'elle est si bien placée dans le centre de l'univers, pour être comme le foyer ou le cœur de toute la nature? Je demande d'où vient que ce globe d'une matière si subtile ne s'échappe jamais d'aucun côté dans ces espaces immenses qui l'environnent, et où tous les corps qui sont fluides semblent devoir céder à l'impétuosité de cette flamme? Enfin je demande d'où vient que le globe de la terre, qui est si dur, tourne si régulièrement autour de cet astre[1], dans les espaces où nul corps solide ne le tient assujetti, pour régler son cours? Qu'on cherche tant qu'on voudra dans la physique les raisons les plus ingénieuses pour expliquer ce fait : toutes ces raisons, supposé même qu'elles soient vraies, se tourneront en

---

[1]. Fénelon ne se prononce pas entre le système de Ptolémée, qui fait tourner tous les astres et le soleil lui-même autour de la terre immobile, et celui de Copernic, qui fait mouvoir la terre et les autres planètes autour du soleil. Il lui suffit de montrer que toutes les hypothèses, quelle que soit leur valeur, aboutissent à la même conclusion, c'est-à-dire à la conception d'un Être Suprême, auteur et conservateur de l'harmonie du monde.

preuve de la Divinité. Plus le ressort qui conduit la machine de l'univers est juste, simple, constant, assuré et fécond en effets utiles, plus il faut qu'une main très-puissante et très-industrieuse ait su choisir ce ressort, le plus parfait de tous[1].

Mais regardons encore une fois ces voûtes immenses où brillent les astres, et qui couvrent nos têtes. Si ce sont des voûtes solides, qui en est l'architecte? qui est-ce qui a attaché tant de grands corps lumineux à certains endroits de ces voûtes, de distance en distance? qui est-ce qui fait tourner si régulièrement ces voûtes autour de nous? Si au contraire les cieux ne sont que des espaces immenses remplis de corps fluides, comme l'air qui nous environne, d'où vient que tant de corps solides y flottent sans s'enfoncer jamais, et sans se rapprocher jamais les uns des autres? Depuis tant de siècles que nous avons des observations astronomiques, on est encore à découvrir le moindre dérangement dans les cieux. Un corps fluide donne-t-il un arrangement si constant et si régulier aux corps solides qui nagent circulairement dans son enceinte?

Mais que signifie cette multitude presque innombrable d'étoiles? La profusion avec laquelle la main de Dieu les a répandues sur son ouvrage fait voir qu'elles ne coûtent rien à sa puissance. Il en a semé les cieux, comme un prince magnifique répand l'argent à pleines mains, ou comme il met des pierreries sur un habit. Que quelqu'un dise, tant qu'il lui plaira, que ce sont autant de mondes semblables à la terre que nous habitons; je le suppose pour un moment : combien doit être puissant et sage celui qui fait des mondes aussi innombrables que les grains de sable qui couvrent le rivage des mers, et qui conduit sans peine, pendant tant de siècles, tous ces mondes errants, comme un berger conduit un troupeau! Si au contraire ce sont seulement des flambeaux allumés pour luire à nos yeux, dans ce petit globe qu'on nomme la terre, quelle puissance, que rien ne lasse, et à qui rien ne coûte! Quelle profusion,

---

1. Cet argument a été développé par Malebranche, dans son traité *de la Nature et de la Grâce*.

pour donner à l'homme, dans ce petit coin de l'univers, un spectacle si étonnant!

Mais parmi ces astres j'aperçois la lune, qui semble partager avec le soleil le soin de nous éclairer. Elle se montre à point nommé, avec toutes les étoiles, quand le soleil est obligé d'aller ramener le jour dans l'autre hémisphère. Ainsi la nuit même, malgré ses ténèbres, a une lumière, sombre à la vérité, mais douce et utile. Cette lumière est empruntée du soleil, quoique absent. Ainsi tout est ménagé dans l'univers avec un si bel art, qu'un globe voisin de la terre, et aussi ténébreux qu'elle par lui-même, sert néanmoins à lui renvoyer par réflexion les rayons qu'il reçoit du soleil; et que le soleil éclaire par la lune les peuples qui ne peuvent le voir, pendant qu'il doit en éclairer d'autres.

Le mouvement des astres, dira-t-on, est réglé par des lois immuables. Je suppose le fait. Mais c'est ce fait même qui prouve ce que je veux établir. Qui est-ce qui a donné à toute la nature[1] des lois tout ensemble si constantes et si salutaires, des lois si simples, qu'on est tenté de croire qu'elles s'établissent d'elles-mêmes, et si fécondes en effets utiles, qu'on ne peut s'empêcher d'y reconnaître un art merveilleux? D'où nous vient la conduite de cette machine universelle, qui travaille sans cesse pour nous, sans que nous y pensions? à qui attribuerons-nous l'assemblage de tant de ressorts si profonds et si bien concertés, et de tant de corps grands et petits, visibles et invisibles, qui conspirent également pour nous servir? Le moindre atome de cette machine qui viendrait à se déranger démonterait toute la nature. Les ressorts d'une montre ne sont point liés avec tant d'industrie et de justesse. Quel est donc ce dessein si étendu, si suivi, si beau, si bienfaisant? La nécessité de ces lois, loin de m'empêcher d'en chercher l'au-

---

1. Remarquons que Fénelon se sert toujours du mot *Nature* pour désigner l'œuvre de Dieu, et jamais pour désigner Dieu lui-même. Il tient à éviter la grossière équivoque des Epicuriens et des athées qui ôtent tout à Dieu pour donner tout à la nature. En effet si, « sous le nom de nature, nous entendons une sagesse profonde qui développe avec ordre, et selon de justes règles, tous les mouvements que nous voyons, » qu'est-ce autre chose que Dieu? — (Voir le *Traité de la connaissance de Dieu et de soi-même*, ch. IV.)

teur ne fait qu'augmenter ma curiosité et mon admiration. Il fallait qu'une main également industrieuse et puissante mît dans son ouvrage un ordre également simple et fécond, constant et utile. Je ne crains donc pas de dire avec l'Écriture que chaque étoile se hâte d'aller où le Seigneur l'envoie, et que, quand il parle, elles répondent avec tremblement : Nous voici : *Adsumus*[1].

Mais tournons nos regards vers les animaux, encore plus dignes d'admiration que les cieux et les astres. Il y en a des espèces innombrables. Les uns n'ont que deux pieds, d'autres en ont quatre, d'autres en ont un très-grand nombre. Les uns marchent, les autres rampent, d'autres volent, d'autres nagent; d'autres volent, marchent et nagent tout ensemble. Les ailes des oiseaux et les nageoires des poissons sont comme des rames qui fendent la vague de l'air ou de l'eau, et qui conduisent le corps flottant de l'oiseau ou du poisson, dont la structure est semblable à celle d'un navire. Mais les ailes des oiseaux ont des plumes avec un duvet qui s'enfle à l'air, et qui s'appesantirait dans les eaux : au contraire, les nageoires des poissons ont des pointes dures et sèches qui fendent l'eau sans en être imbibées, et qui ne s'appesantissent point quand on les mouille. Certains oiseaux qui nagent comme les cygnes, élèvent en haut leurs ailes et tout leur plumage, de peur de le mouiller, et afin qu'il leur serve comme de voile. Ils ont l'art de tourner ce plumage du côté du vent, et d'aller, comme les vaisseaux, à la bouline, quand le vent ne leur est pas favorable. Les oiseaux aquatiques, tels que les canards, ont aux pattes de grandes peaux qui s'étendent et qui font des raquettes à leurs pieds pour les empêcher d'enfoncer dans les bords marécageux des rivières.

Parmi ces animaux, les bêtes féroces, telles que les lions, sont celles qui ont les muscles les plus gros aux épaules, aux cuisses et aux jambes : aussi ces animaux sont-ils souples, agiles, nerveux et prompts à s'élancer. Les os de leurs mâchoires sont prodigieux, à proportion du reste de leur corps. Ils ont des dents et des griffes, qui leur servent

---

1. Stellæ autem... vocatæ sunt, et dixerunt : *adsumus*. BARUCH, III, 35.

d'armes terribles pour déchirer et pour dévorer les autres animaux.

Par la même raison, les oiseaux de proie, comme les aigles, ont un bec et des ongles qui percent tout. Les muscles de leurs ailes sont d'une extrême grandeur et d'une chair très-dure, afin que leurs ailes aient un mouvement plus fort et plus rapide. Aussi ces animaux, quoique assez pesants, s'élèvent-ils sans peine jusque dans les nues, d'où ils s'élancent, comme la foudre, sur toute proie qui peut les nourrir.

D'autres animaux ont des cornes : leur plus grande force est dans les reins et dans le cou. D'autres ne peuvent que ruer. Chaque espèce a ses armes offensives ou défensives. Leurs chasses sont des espèces de guerres qu'ils font les uns contre les autres, pour les besoins de la vie.

Ils ont aussi leurs règles et leur police. L'un porte, comme la tortue, sa maison dans laquelle il est né ; l'autre bâtit la sienne, comme l'oiseau, sur les plus hautes branches des arbres, pour préserver ses petits de l'insulte des animaux qui ne soint point ailés. Il pose même son nid dans les feuillages les plus épais, pour le cacher à ses ennemis. Un autre, comme le castor, va bâtir jusqu'au fond des eaux d'un étang l'asile qu'il se prépare, et sait élever des digues pour le rendre inaccessible par l'inondation. Un autre, comme la taupe, naît avec un museau si pointu et si aiguisé, qu'il perce en un moment le terrain le plus dur, pour se faire une retraite souterraine. Le renard sait creuser un terrier avec deux issues, pour n'être point surpris et pour éluder les piéges du chasseur.

Les animaux reptiles sont d'une autre fabrique. Ils se plient, ils se replient ; par les évolutions de leurs muscles ; ils gravissent, ils embrassent, ils serrent, ils accrochent les corps qu'ils rencontrent, ils se glissent subtilement partout. Leurs organes sont presque indépendants les uns des autres : aussi vivent-ils encore après qu'on les a coupés.

Les oiseaux, dit Cicéron [1], qui ont les jambes longues,

---

1. Quæ (animalia) altiora sunt, ut anseres, ut cygni, ut grues, ut cameli, adjuvantur proceritate collorum. Manus etiam data elephantis, quia propter magnitudinem corporis difficiles aditus habebant ad pastum. Cic. *de Nat. deor.*, lib. II, 47. — Pline et Buffon ont imité ce passage.

ont aussi le cou long à proportion, pour pouvoir abaisser leur bec jusqu'à terre et y prendre leurs aliments. Le chameau est de même. L'éléphant, dont le cou serait trop pesant par sa grosseur s'il était aussi long que celui du chameau, a été pourvu d'une trompe, qui est un tissu de nerfs et de muscles qu'il allonge, qu'il retire, qu'il replie en tous sens, pour saisir les corps, pour les enlever et pour les repousser : aussi les Latins ont-ils appelé cette trompe une main.

Certains animaux paraissent faits pour l'homme. Le chien est né pour le caresser, pour se dresser comme il lui plaît ; pour lui donner une image agréable de société, d'amitié, de fidélité et de tendresse ; pour garder tout ce qu'on lui confie, pour prendre à la course beaucoup d'autres bêtes avec ardeur, et pour les laisser ensuite à l'homme, sans en rien retenir. Le cheval et les autres animaux semblables se trouvent sous la main de l'homme, pour le soulager dans son travail et pour se charger de mille fardeaux ; ils sont nés pour porter, pour marcher, pour soulager l'homme dans sa faiblesse, et pour obéir à tous ses mouvements. Les bœufs ont la force et la patience en partage, pour traîner la charrue et pour labourer. Les vaches donnent des ruisseaux de lait. Les moutons ont dans leur toison un superflu qui n'est pas pour eux et qui se renouvelle pour inviter l'homme à les tondre toutes les années. Les chèvres mêmes fournissent un crin long qui leur est inutile, et dont l'homme fait des étoffes pour se couvrir. Les peaux des animaux fournissent à l'homme les plus belles fourrures dans les pays les plus éloignés du soleil. Ainsi l'auteur de la nature a vêtu ces bêtes selon leurs besoins, et leurs dépouilles servent encore ensuite d'habits aux hommes pour les réchauffer dans ces climats glacés.

Les animaux qui n'ont presque point de poil ont une peau très-épaisse et très-dure, comme des écailles ; d'autres ont des écailles mêmes qui se couvrent les unes les autres comme les tuiles d'un toit, et qui s'entr'ouvrent ou se resserrent, suivant qu'il convient à l'animal de se dilater ou de se resserrer. Ces peaux et ces écailles servent aux besoins des hommes.

Ainsi, dans la nature, non-seulement les plantes, mais encore les animaux, sont faits pour notre usage. Les bêtes farouches mêmes s'apprivoisent, ou du moins craignent l'homme. Si tous les pays étaient peuplés et policés comme ils devraient l'être, il n'y en aurait point où les bêtes attaquassent les hommes : on ne trouverait plus d'animaux féroces que dans les forêts reculées, et on les réserverait pour exercer la hardiesse, la force et l'adresse du genre humain, par un jeu qui représenterait la guerre, sans qu'on eût jamais besoin de guerre véritable entre les nations.

Mais observez que les animaux nuisibles à l'homme sont les moins féconds, et que les plus utiles sont ceux qui se multiplient davantage. On tue incomparablement plus de bœufs et de moutons qu'on ne tue d'ours et de loups : il y a néanmoins incomparablement moins d'ours et de loups que de bœufs et de moutons sur la terre. Remarquez encore avec Cicéron[1] que les femelles de chaque espèce ont des mamelles dont le nombre est proportionné à celui des petits qu'elles portent ordinairement. Plus elles portent de petits, plus la nature leur a fourni de sources de lait pour les allaiter.

Pendant que les moutons font croître leur laine pour nous, les vers à soie nous filent à l'envi de riches étoffes et se consument pour nous les donner. Ils se font de leurs coques une espèce de tombeau, où ils se renferment dans leur propre ouvrage, et ils renaissent sous une figure étrangère pour se perpétuer.

D'un autre côté, les abeilles vont recueillir avec soin le suc des fleurs odoriférantes pour en composer leur miel, et elles le rangent avec un ordre qui nous peut servir de modèle. Beaucoup d'insectes se transforment tantôt en mouches et tantôt en vers. Si on les trouve inutiles, on doit

---

1. Quæ multiplices fœtus procreant, ut sues, ut canes, his mammarum data est multitudo; quas easdem paucas habent eæ bestiæ, quæ pauca gignunt. Cic. *de Nat. deor.*, lib. II, 51. — On remarque la même proportion dans la naissance des individus des deux sexes.

considérer que ce qui fait partie du grand spectacle de la nature et qui contribue à sa variété n'est point sans usage pour les hommes tranquilles et attentifs.

Qu'y a-t-il de plus beau et de plus magnifique que ce grand nombre de républiques d'animaux si bien policés, et dont chaque espèce est d'une construction différente des autres? Tout montre combien la façon de l'ouvrier surpasse la vile matière qu'il a mise en œuvre : tout m'étonne, jusqu'aux moindres moucherons[1]. Si on les trouve incommodes, on doit remarquer que l'homme a besoin de quelques peines mêlés avec ses commodités. Il s'amollirait et il s'oublierait lui-même, s'il n'avait rien qui modérât ses plaisirs et qui exerçât sa patience.

Considérons maintenant les merveilles qui éclatent également dans les plus grands corps et dans les plus petits. D'un côté je vois le soleil tant de milliers de fois plus grand que la terre; je le vois qui circule dans des espaces en comparaison desquels il n'est lui-même qu'un atome brillant. Je vois d'autres astres, peut-être encore plus grands que lui, qui roulent dans d'autres espaces, encore plus éloignés de nous. Au delà de tous ces espaces, qui échappent déjà à toute mesure, j'aperçois encore confusément d'autres astres qu'on ne peut plus compter ni distinguer. La terre, où je suis, n'est qu'un point par proportion à ce tout où l'on ne trouve jamais aucune borne. Ce tout est si bien arrangé, qu'on n'y pourrait déplacer un seul atome sans déconcerter toute cette immense machine; et elle se meut avec un si bel ordre, que ce mouvement même en perpétue la variété et la perfection. Il faut qu'une main à qui rien ne coûte ne se lasse point de conduire cet ouvrage depuis tant de siècles, et que ses doigts *se jouent de l'univers*[2], pour parler comme l'Écriture.

D'un autre côté, l'ouvrage n'est pas moins admirable en petit qu'en grand. Je ne trouve pas moins en petit une espèce d'infini qui m'étonne et qui me surmonte. Trouver dans un ciron, comme dans un éléphant ou dans une ba-

---

[1]. Voir le *Traité de la connaissance de Dieu et de soi-même*, ch. v, p. 10, où Bossuet montre « combien la sagesse de Dieu paraît dans les animaux. »

[2]. Ludens in orbe terrarum. *Prov.*, VIII, 31.

leine, des membres parfaitement organisés; y trouver une tête, un corps, des jambes, des pieds, formés comme ceux des plus grands animaux! Il y a dans chaque partie de ces atomes vivants des muscles, des nerfs, des veines, des artères, du sang; dans ce sang, des esprits, des parties rameuses et des humeurs; dans ces humeurs, des gouttes composées elles-mêmes de diverses parties, sans qu'on puisse jamais s'arrêter dans cette composition infinie d'un tout si fini.

Le microscope nous découvre dans chaque objet connu mille objets qui ont échappé à notre connaissance. Combien y a-t-il, en chaque objet découvert par le microscope, d'autres objets que le microscope lui-même ne peut découvrir! Que ne verrions-nous pas si nous pouvions subtiliser toujours de plus en plus les instruments qui viennent au secours de notre vue, trop faible et trop grossière! Mais suppléons par l'imagination à ce qui nous manque du côté des yeux; et que notre imagination elle-même soit une espèce de microscope qui nous représente en chaque atome mille mondes nouveaux et invisibles. Elle ne pourra pas nous figurer sans cesse de nouvelles découvertes dans les petits corps; elle se lassera; il faudra qu'elle succombe, et qu'elle laisse enfin dans le plus petit organe d'un ciron mille merveilles inconnues[1].

Renfermons-nous dans la machine[2] de l'animal; elle a trois choses qui ne peuvent être trop admirées : 1° elle a en elle-même de quoi se défendre contre ceux qui l'attaquent pour la détruire; 2° elle a de quoi se renouveler par la nourriture; 3° elle a de quoi perpétuer son espèce par la génération. Examinons un peu ces trois choses.

1° Les animaux ont ce qu'on nomme un instinct pour s'approcher des objets utiles et pour fuir ceux qui peuvent

---

1. Allusion à ce passage des *Pensées* de Pascal : « Qu'est-ce qu'un homme dans l'infini ? — Mais pour lui présenter un autre prodige aussi étonnant, qu'il cherche dans ce qu'il connaît les choses les plus délicates, qu'un ciron lui offre dans la petitesse de son corps des parties incomparablement plus petites, etc. »

2. C'est par une réminiscence cartésienne que Fénelon se sert ici du mot *machine*. Nous savons son opinion personnelle sur les animaux. (*Voir* la note 2 de la page 6.) Ce qui prouve bien qu'il ne se contredit pas, c'est qu'il parle plus bas de la *machine de l'homme*. Machine signifie organisation.

leur nuire. Ne cherchons point en quoi consiste cet instinct ; contentons-nous du simple fait sans raisonner.

Le petit agneau sent de loin sa mère et court au-devant d'elle. Le mouton est saisi d'horreur aux approches du loup, et s'enfuit avant que d'avoir pu le discerner. Le chien de chasse est presque infaillible pour découvrir par la seule odeur le chemin du cerf. Il y a dans chaque animal un ressort impétueux qui rassemble tout à coup les esprits [1], qui tend tous les nerfs, qui rend toutes les jointures plus souples, qui augmente d'une manière incroyable, dans les périls soudains, la force, l'agilité, la vitesse et les ruses, pour fuir l'objet qui le menace de sa perte. Il n'est pas question ici de savoir si les bêtes ont de la connaissance. Je ne prétends entrer en aucune question de philosophie. Les mouvements dont je parle sont entièrement indélibérés [2], même dans la machine de l'homme. Si un homme qui danse sur la corde raisonnait sur les règles de l'équilibre, son raisonnement lui ferait perdre l'équilibre qu'il garde merveilleusement sans raisonner, et sa raison ne lui servirait qu'à tomber par terre. Il en est de même des bêtes. Dites, si vous voulez, qu'elles raisonnent comme les hommes : en le disant, vous n'affaiblissez en rien ma preuve. Leur raisonnement ne peut jamais servir à expliquer les mouvements que nous admirons le plus en elles. Dira-t-on qu'elles savent les plus fines règles de la mécanique, qu'elles observent avec une justesse si parfaite quand il est question de courir, de sauter, de manger, de se cacher, de se replier, de dérober leur piste aux chiens, ou de se servir de la partie la plus forte de leur corps pour se défendre ! Dira-t-on qu'elles savent naturellement les mathématiques, que les hommes ignorent ? Osera-t-on dire

---

1. Le cœur est un foyer de chaleur : le sang arrive des veines, il s'y dilate, s'y vaporise et s'exhale dans le poumon où, rafraîchi par l'air, il s'épaissit de nouveau. Les parties les plus subtiles et les plus fortes de ce sang vaporisé, au lieu de s'arrêter au poumon, montent au cerveau où elles produisent une sorte de flamme très-vive. Ces particules de sang sont ce qu'on appelle les esprits. Leur entrée ou leur sortie accompagne les déterminations et les mouvements opérés par l'âme. Du cerveau ils pénètrent dans les nerfs qu'ils agitent en divers sens.

Telle est l'hypothèse des esprits animaux. (Voir Descartes, Traité de l'homme, et l'Histoire de la rév. cartésienne par M. Bouillier.)

2. Des mouvements indélibérés sont des mouvements faits sans réflexion, c'est-à-dire spontanément et fatalement.

qu'elles font avec délibération et avec science tous ces mouvements si impétueux et si justes, que les hommes mêmes font sans étude et sans y penser? Leur donnera-t-on de la raison dans ces mouvements mêmes, où il est certain que l'homme n'en a pas.

C'est l'instinct, dira-t-on, qui conduit les bêtes. Je le veux : c'est en effet un instinct; mais cet instinct est une sagacité et une dextérité admirables, non dans la bête, qui ne raisonne ni ne peut avoir alors le loisir de raisonner, mais dans la sagesse supérieure qui la conduit. Cet instinct ou cette sagesse, qui pense et veille pour la bête, dans les choses indélibérées, où elle ne pourrait ni veiller ni penser, quand même elle serait aussi raisonnable que nous, ne peut être que la sagesse de l'ouvrier qui a fait cette machine[1].

Qu'on ne parle donc plus d'instinct ni de nature[2] : ces noms ne sont que de beaux noms dans la bouche de ceux qui les prononcent. Il y a, dans ce qu'ils appellent nature et instinct, un art et une industrie supérieure, dont l'invention humaine n'est que l'ombre. Ce qui est indubitable, c'est qu'il y a dans les bêtes un nombre prodigieux de mouvements entièrement indélibérés, qui sont exécutés selon les plus fines règles de la mécanique. C'est la machine seule qui suit ces règles. Voilà le fait indépendant de toute philosophie; et le fait seul décide.

Que penserait-on d'une montre qui fuirait à propos, qui se replierait, se défendrait, et échapperait pour se conserver quand on voudrait la rompre? N'admirerait-on pas l'art de l'ouvrier? Croirait-on que les ressorts de cette montre se seraient formés, proportionnés, arrangés et unis par un pur hasard? Croirait-on avoir expliqué nettement ces opérations si industrieuses, en parlant de l'instinct et de la nature de cette montre, qui marquerait précisément les heures de son maître, et qui échapperait à ceux qui voudraient briser ses ressorts?

---

[1] « Admirons, dans les animaux, non point leur finesse et leur industrie, car il n'y a point d'industrie où il n'y a point d'invention; mais la sagesse de celui qui les a construits avec tant d'art, qu'ils semblent même agir avec art. » (Bossuet, *De la connaissance de Dieu et de soi-même*, ch. v, 11.)

[2] Voir la note 1, p. 20, sur la signification du mot nature.

2° Qu'y a-t-il de plus beau qu'une machine qui se répare et se renouvelle sans cesse elle-même? L'animal borné dans ses forces, s'épuise bientôt par le travail; mais plus il travaille, plus il se sent pressé de se dédommager de son travail par une abondante nourriture. Les aliments lui rendent chaque jour la force qu'il a perdue. Il met au dedans de son corps une substance étrangère qui devient la sienne par une espèce de métamorphose. D'abord elle est broyée et se change en une espèce de liqueur; puis elle se purifie comme si on la passait par un tamis pour en séparer tout ce qui est trop grossier; ensuite elle parvient au centre ou foyer des esprits, où elle se subtilise et devient du sang; enfin elle coule et s'insinue par des rameaux innombrables pour arroser tous les membres; elle se filtre dans les chairs; elle devient chair elle-même; et tant d'aliments, de figures et de couleurs si différentes, ne sont plus qu'une même chair. L'aliment, qui était un corps inanimé, entretient la vie de l'animal et devient l'animal même. Les parties qui le composaient autrefois se sont exhalés par une insensible et continuelle transpiration. Ce qui était, il y a quatre ans, un tel cheval, n'est plus que de l'air ou du fumier; ce qui était alors du foin et de l'avoine est devenu ce même cheval si fier et si vigoureux. Du moins il passe pour le même cheval, malgré ce changement insensible de sa substance[1].

A la nourriture se joint le sommeil. L'animal interrompt non-seulement tous les mouvements extérieurs, mais encore toutes les principales opérations du dedans qui pourraient agiter et dissiper trop les esprits; il ne lui reste que la respiration et la digestion, c'est-à-dire que tout mouvement qui userait ses forces est suspendu, et que tout mouvement propre à les renouveler s'exerce seul et librement. Ce repos, qui est une espèce d'enchantement, revient toutes les nuits, pendant que les ténèbres empêchent le travail. Qui est-ce qui a inventé cette suspension? qui est-ce qui a si bien choisi les opérations qui doivent continuer? et qui

---

[1]. Le corps de l'animal comme celui de l'homme se renouvelle sans cesse; la forme elle-même s'altère avec le temps, la matière n'a ni unité ni identité. (Voir nos Eléments de Logique, ch. XVI, *De la spirit. de l'âme.*)

est-ce qui a exclu, avec un si juste discernement, toutes celles qui ont besoin d'être interrompues? Le lendemain, toutes les fatigues passées sont comme anéanties. L'animal travaille comme s'il n'avait jamais travaillé, et il a une vivacité qui l'invite à un travail nouveau. Par ce renouvellement, les nerfs sont toujours pleins d'esprits[1], les chairs sont souples, la peau demeure entière, quoiqu'elle dût, ce semble, s'user. Le corps vivant de l'animal use bientôt les corps inanimés, même les plus solides, qui sont autour de lui, et il ne s'use point. La peau d'un cheval use plusieurs selles. La chair d'un enfant, quoique si tendre et si délicate, use beaucoup d'habits pendant qu'elle se fortifie tous les jours. Si ce renouvellement était parfait, ce serait l'immortalité et le don d'une jeunesse éternelle; mais comme ce renouvellement n'est qu'imparfait, l'animal perd insensiblement ses forces et vieillit, parce que tout ce qui est créé doit porter la marque du néant d'où il est sorti et avoir une fin.

3° Qu'y a-t-il de plus admirable que la multiplication des animaux? Regardez les individus, nul animal n'est immortel : tout vieillit, tout passe, tout disparaît, tout est anéanti. Regardez les espèces, tout subsiste, tout est permanent et immuable dans une vicissitude continuelle. Depuis qu'il y a sur la terre des hommes soigneux de conserver la mémoire des faits, on n'a vu ni lion, ni tigre, ni sanglier, ni ours se former par hasard dans les antres ou dans les forêts. On ne voit point aussi de productions fortuites de chiens et de chats; les bœufs et les moutons ne naissent jamais d'eux-mêmes dans les étables et dans les pâturages. Chacun de ces animaux doit sa naissance à un certain mâle et à une certaine femelle de son espèce.

Toutes ces différentes espèces se conservent à peu près de même dans tous les siècles. On ne voit point que depuis trois mille ans aucune soit pérîe[2]; on ne voit point aussi qu'aucune se multiplie avec un excès incommode pour les autres. Si les espèces des ours, des lions et des tigres se

---

1. Pour les *esprits*, voir la note 1, page 27.
2. On pourrait contester ce point. Il y a des espèces qui semblent avoir disparu. Voir le discours de Cuvier sur les Révolutions du globe.

multipliaient à un certain point, ils détruiraient les espèces des cerfs, des daims, des moutons, des chèvres et des bœufs; ils prévaudraient même sur le genre humain et dépeupleraient la terre. Qui est-ce qui tient la mesure si juste pour n'éteindre jamais ces espèces et pour ne les laisser jamais trop multiplier?

Mais enfin cette propagation continuelle de chaque espèce est une merveille à laquelle nous sommes trop accoutumés. Que penserait-on d'un horloger, s'il savait faire des montres qui d'elles-mêmes en produisissent d'autres à l'infini, en sorte que deux premières montres fussent suffisantes pour multiplier et perpétuer l'espèce sur toute la terre? Que dirait-on d'un architecte, s'il avait l'art de faire des maisons qui en fissent d'autres pour renouveler l'habitation des hommes avant qu'elles fussent prêtes à tomber en ruine? Voilà ce qu'on voit parmi les animaux. Ils ne sont, si vous le voulez, que de pures machines comme les montres; mais enfin l'auteur de ces machines a mis en elles de quoi se reproduire à l'infini par l'assemblage de deux sexes. Dites tant qu'il vous plaira que cette génération d'animaux se fait par des moules ou par une configuration expresse de chaque individu : lequel des deux qu'il vous plaise de dire, vous n'épargnez rien[1], et l'art de l'ouvrier n'en éclate pas moins. Si vous supposez qu'à chaque génération l'individu reçoit, sans aucun moule, une configuration faite exprès, je demande qui est-ce qui conduit la configuration d'une machine si composée et où éclate une si grande industrie. Si, au contraire, pour n'y reconnaître aucun art, vous supposez que les moules déterminent tout, je remonte à ces moules mêmes. Qui est-ce qui les a préparés? Ils sont encore bien plus étonnants que les machines qu'on en veut faire éclore[2].

---

1. Expression qui n'est plus usitée; elle signifie : vous ne gagnez rien, vous n'êtes pas plus avancé.

2. Malebranche incline vers cette hypothèse : « Il ne paraît pas déraisonnable de penser qu'il y a des arbres infinis dans un seul germe, puisqu'il ne contient pas seulement l'arbre dont il est la semence, mais aussi un très-grand nombre d'autres semences qui peuvent toutes renfermer dans elles-mêmes de nouveaux arbres et de nouvelles semences d'arbres, lesquelles conserveront peut-être encore, dans une petitesse incompréhensible, d'autres arbres et d'autres semences aussi fécondes que les pre-

Quoi! on s'imagine des moules dans les animaux qui vivaient il y a quatre mille ans, et on assurera qu'ils étaient tellement renfermés les uns dans les autres à l'infini, qu'il y en a eu pour toutes les générations de ces quatre mille années, et qu'il y en a encore de préparés pour la formation de tous les animaux qui continueront l'espèce dans la suite de tous les siècles! Ces moules, qui ont toute la forme de l'animal, ont déjà, comme je viens de le remarquer, par leur configuration, autant de difficultés à être expliqués que les animaux mêmes; mais ils ont d'ailleurs des merveilles bien plus inexplicables. Au moins la configuration de chaque animal en particulier ne demande-t-elle qu'autant d'art et de puissance qu'il en faut pour exécuter tous les ressorts qui composent cette machine. Mais qu'on suppose les moules : 1° il faut dire que chaque moule contient en petit, avec une délicatesse inconcevable, tous les ressorts de la machine même : or, il y a plus d'industrie à faire un ouvrage si composé en si petit volume qu'à le faire plus en grand; 2° il faut dire que chaque moule, qui est un individu préparé pour une première génération, renferme distinctement au dedans de soi d'autres moules contenus les uns dans les autres à l'infini, pour toutes les générations possibles dans la suite de tous les siècles. Qu'y a-t-il de plus industrieux et de plus étonnant, en matière d'art, que cette préparation d'un nombre infini d'individus tout formés par avance dans un seul, dont ils doivent éclore? Les moules ne servent donc de rien pour expliquer les générations d'animaux, sans avoir besoin d'y reconnaître aucun art; au contraire les moules montreraient un plus grand artifice et une plus étonnante composition.

Ce qu'il y a de manifeste et d'incontestable indépendamment de tous les divers systèmes des philosophes, c'est que le concours fortuit des atomes ne produit jamais[1], sans génération, en aucun endroit de la terre, ni

---

mières, et ainsi à l'infini. — Ce que nous venons de dire des plantes et de leurs germes, se peut aussi penser des animaux et du germe dont ils sont produits. » *Rech. de la vérité*, liv. Iᵉʳ.

1. Cet argument est dirigé contre la théorie épicurienne. *Voir* le ch. III et la note sur la *Philosophie d'Épicure*, p. 84.

lions, ni tigres, ni ours, ni éléphants, ni cerfs, ni bœufs, ni moutons, ni chats, ni chiens, ni chevaux; ils ne sont jamais produits que par l'accouplement de leurs semblables. Les deux animaux qui en produisent un troisième ne sont point les véritables auteurs de l'art qui éclate dans la composition de l'animal engendré par eux. Loin d'avoir l'industrie de l'exécuter, ils ne savent pas même comment est composé l'ouvrage qui résulte de leur génération, ils n'en connaissent aucun ressort particulier : ils n'ont été que des instruments aveugles et involontaires, appliqués à l'exécution d'un art merveilleux qui leur est absolument étranger et inconnu.

D'où vient-il, cet art si merveilleux qui n'est point le leur? Quelle puissance et quelle industrie sait employer, pour des ouvrages d'un dessein si ingénieux, des instruments si incapables de savoir ce qu'ils font, ni d'en avoir aucune vue? Il est inutile de supposer que les bêtes ont de la connaissance. Donnez-leur-en tant qu'il vous plaira dans les autres choses : du moins il faut avouer qu'elles n'ont dans la génération aucune part à l'industrie qui éclate dans la composition des animaux qu'elles produisent.

Allons même plus loin, et supposons tout ce qu'on raconte de plus étonnant de l'industrie des animaux. Admirons tant qu'on le voudra la certitude avec laquelle un chien s'élance dans le troisième chemin, dès qu'il a senti que la bête qu'il poursuit n'a laissé aucune odeur dans les deux premiers. Admirons la biche qui jette, dit-on, loin d'elle son petit faon, dans quelque lieu caché, afin que les chiens ne puissent le découvrir par la senteur de sa piste. Admirons jusqu'à l'araignée, qui tend par ses filets des piéges subtils aux moucherons, pour les enlacer et pour les surprendre avant qu'ils puissent se débarrasser. Admirons encore, s'il le faut, le héron, qui met, dit-on, sa tête sous son aile, pour cacher dans ses plumes son bec, dont il veut percer l'estomac de l'oiseau de proie qui fond sur lui. Supposons tous ces faits merveilleux; la nature entière est pleine de ces prodiges. Mais qu'en faut-il conclure sérieusement? Si on y prend bien garde, ils prouveront trop. Dirons-nous que les bêtes ont plus de raison que nous? Leur instinct a sans doute plus de certitude que nos conjectures. Elles n'ont étudié ni dialectique[1], ni géométrie, ni mécanique; elles n'ont aucune méthode, aucune science, ni aucune culture : ce qu'elles font, elles le font sans l'avoir étudié ni préparé : elles le font tout d'un coup et sans tenir conseil. Nous nous trompons à toute heure, après avoir bien raisonné ensemble : pour elles, sans raisonner, elles exécutent à toute heure ce qui paraît demander le plus de choix et de justesse; leur instinct est infaillible en beaucoup de choses[2].

Mais ce nom d'instinct n'est qu'un beau nom vide de sens; car que peut-on entendre par un instinct plus juste, plus précis et plus sûr que la raison même, sinon une raison plus parfaite? Il faut donc trouver une merveilleuse raison ou dans l'ouvrage ou dans l'ouvrier, ou dans la machine ou dans celui qui l'a composée. Par exemple, quand je vois dans une montre une justesse sur les heures qui surpasse toutes mes connaissances, je conclus que si la montre ne raisonne pas, il faut qu'elle ait été formée par un ouvrier qui raisonnait en ce genre plus juste que moi. Tout de même, quand je vois des bêtes qui font à toute heure des choses où il paraît une industrie plus sûre que la mienne, j'en conclus aussitôt que cette industrie si merveilleuse doit être nécessairement ou dans la machine, ou dans l'inventeur qui l'a fabriquée. Est-elle dans l'animal même? quelle apparence y a-t-il qu'il soit si savant et si infaillible en certaines choses? Si cette industrie n'est pas en lui, il faut qu'elle soit dans l'ouvrier qui a fait cet ouvrage, comme tout l'art de la montre est dans la tête de l'horloger.

Ne me répondez point que l'instinct des bêtes est fautif

---

[1]. L'art de raisonner consiste à tirer des conséquences rigoureuses d'un principe donné. La dialectique comprend, outre cet art, la faculté plus précieuse et plus rare de discerner le vrai du faux, une maxime spécieuse d'un principe solide et incontestable.

[2]. Les animaux ne raisonnent point; ils obéissent à l'instinct, ou mieux ils suivent, sans la connaître et sans pouvoir lui désobéir, l'ordre de Dieu. (Voir le *Traité de la connaissance de Dieu*, etc., ch. v, 11.) — Ils sont sages, mais leur sagesse ne leur appartient pas.

en certaines choses. Il n'est pas étonnant que les bêtes ne soient pas infaillibles en tout; mais il est étonnant qu'elles le soient en beaucoup de choses. Si elles l'étaient en tout, elles auraient une raison infiniment parfaite, elles seraient des divinités. Il ne peut y avoir dans les ouvrages d'une puissance infinie qu'une perfection finie; autrement Dieu ferait des créatures semblables à lui, ce qui est impossible[1]. Il ne peut donc mettre de la perfection, ni par conséquent de la raison, dans ses ouvrages qu'avec quelque borne. La borne n'est donc pas une preuve que l'ouvrage soit sans ordre et sans raison. De ce que je me trompe quelquefois, il ne s'ensuit pas que je ne sois point raisonnable, et que tout se fasse en moi par un pur hasard; il s'ensuit seulement que ma raison est bornée et imparfaite. Tout de même, de ce qu'une bête n'est pas infaillible en tout par son instinct, quoiqu'elle le soit en beaucoup de choses, il ne s'ensuit pas qu'il n'y ait aucune raison dans cette machine; il s'ensuit seulement que cette machine n'a point une raison sans bornes. Mais enfin le fait est constant, savoir, qu'il y a dans les opérations de cette machine une conduite réglée, un art merveilleux, une industrie qui va jusqu'à l'infaillibilité dans certaines choses. A qui la donnerons-nous, cette industrie infaillible? à l'ouvrage, ou à son ouvrier?

Si vous dites que les bêtes ont des âmes différentes de leurs machines, je vous demanderai aussitôt de quelle nature sont ces âmes entièrement différentes des corps et attachées à eux. Qui est-ce qui a su les attacher à des natures si différentes? qui est-ce qui a eu un empire si absolu sur des natures si diverses, pour les mettre dans une société si intime, si régulière, si constante, et où la correspondance est si prompte?

Si au contraire vous voulez que la même matière puisse tantôt penser et tantôt ne penser pas, suivant les divers arrangements et configurations de parties qu'on peut lui donner, je ne vous dirai point ici que la matière ne peut

---

1. Voir nos Eléments de Logique, ch. XVIII, *De la divine providence*, objections tirées du mal moral.

penser[1], et qu'on ne saurait concevoir que les parties d'une pierre puissent jamais, sans y rien ajouter, se connaître elles-mêmes, quelque degré de mouvement et quelque figure que vous leur donniez; maintenant je me borne à vous demander en quoi consistent cet arrangement et cette configuration précise des parties que vous alléguez. Il faut, selon vous, qu'il y ait un certain degré de mouvement où la matière ne raisonne pas encore, et puis un autre à peu près semblable où elle commence tout à coup à raisonner et à se connaître. Qui est-ce qui a su choisir ce degré précis de mouvement? qui est-ce qui a découvert la ligne selon laquelle les parties doivent se mouvoir? qui est-ce qui a pris les mesures pour trouver au juste la grandeur et la figure que chaque partie a besoin d'avoir pour garder toutes les proportions entre elles dans ce tout? qui est-ce qui a réglé la figure extérieure par laquelle tous ces corps doivent être bornés? en un mot qui est-ce qui a trouvé toutes les combinaisons dans lesquelles la matière pense, et dont la moindre ne pourrait être retranchée sans que la matière cessât aussitôt de penser? Vous dites que c'est le hasard; je réponds que vous faites le hasard raisonnable jusqu'au point d'être la source de la raison même. Étrange prévention de ne pas vouloir reconnaître une cause très-intelligente, d'où nous vient toute intelligence, et d'aimer mieux dire que la plus pure raison n'est qu'un effet de la plus aveugle de toutes les causes dans un sujet tel que la matière, qui lui-même est incapable de connaissance! En vérité, il n'y a rien qu'il ne vaille mieux admettre que de dire des choses si insoutenables.

La philosophie des anciens, quoique très-imparfaite, avait néanmoins entrevu cet inconvénient. Aussi voulait-elle que l'esprit divin, répandu dans tout l'univers, fût une sagesse supérieure qui agit sans cesse dans toute la nature et surtout dans les animaux, comme les âmes agissent

---

1. Comme nous l'avons déjà remarqué, Fénelon n'aborde pas l'examen des points controversés; ce qui le conduirait trop loin. Ici il se borne à prouver que, dans toute hypothèse, soit que la matière pense, soit qu'elle ne pense pas, son arrangement comme son mouvement atteste l'existence d'un principe supérieur, d'un être infiniment intelligent.

dans les corps, et que cette impression continuelle de l'esprit divin, que le vulgaire nomme instinct, sans entendre le vrai sens de ce terme, fût la vie de tout ce qui vit. Ils ajoutaient que ces étincelles de l'esprit divin étaient le principe de toutes les générations; que les animaux les recevaient dans leur conception et à leur naissance, et qu'au moment de leur mort ces particules divines se détachaient de toute la matière terrestre pour s'envoler au ciel, où elles roulaient au nombre des astres. C'est cette philosophie, tout ensemble si magnifique et si fabuleuse, que Virgile exprime avec tant de grâce par ces vers sur les abeilles, où il dit que toutes les merveilles qu'on y admire ont fait dire à plusieurs qu'elles étaient animées par un souffle divin et par une portion de la Divinité, dans la persuasion où ils étaient que Dieu remplit la terre, la mer et le ciel; que c'est de là que les bêtes, les troupeaux et les hommes reçoivent la vie en naissant, et que c'est là que toutes choses rentrent et retournent lorsqu'elles viennent à se détruire, parce que les âmes, qui sont le principe de la vie, loin d'être anéanties par la mort, s'envolent au nombre des astres, et vont établir leur demeure dans le ciel :

> Esse apibus partem divinæ mentis, et haustus
> Æthereos, dixere; Deum namque ire per omnes
> Terrasque, tractusque maris, cœlumque profundum.
> Hinc pecudes, armenta, viros, genus omne ferarum;
> Quemque sibi tenues nascentem arcessere vitas :
> Scilicet huc reddi deinde ac resoluta referri
> Omnia : nec morti esse locum; sed viva volare
> Sideris in numerum, atque alto succedere cœlo[1].

Cette sagesse divine, qui meut toutes les parties connues du monde, avait tellement frappé les stoïciens[2], et avant

---

1. *Géorg.* lib. IV (220-227) :
Frappés de ces grands traits, des sages
[ont pensé
Qu'un céleste rayon dans leur sein fut
[versé :
Dieu remplit, disent-ils, le ciel, la terre
et [l'onde;
Dieu circule partout, et son âme féconde
A tous les animaux prête un souffle
[léger :
Aucun ne doit périr, mais tous doivent
[changer,
Et, retournant aux cieux en globe de
[lumière,
Vont rejoindre leur être en leur masse
[première.
Trad. de Delille.

2. L'école stoïcienne (στοά, *portique*) fut fondée par Zénon de Citium vers

3.

eux, Platon, qu'ils croyaient que le monde entier était un animal, mais un animal raisonnable, philosophe, sage, enfin le Dieu suprême. Cette philosophie réduisait la multitude des dieux à un seul, et ce seul Dieu à la nature, qui était éternelle, infaillible, intelligente, toute-puissante et divine. Ainsi les philosophes, à force de s'éloigner des poëtes, retombaient dans toutes les imaginations poétiques. Ils donnaient, comme les auteurs des fables, une vie, une intelligence, un art, un dessein, à toutes les parties de l'univers qui paraissent le plus inanimées. Sans doute, ils avaient bien senti l'art qui est dans la nature ; ils ne se trompaient qu'en attribuant à l'ouvrage l'industrie de l'ouvrier.

Ne nous arrêtons pas davantage aux animaux inférieurs à l'homme : il est temps d'étudier le fond de l'homme même, pour découvrir en lui celui dont on dit qu'il est l'image. Je ne connais dans toute la nature que deux sortes d'êtres : ceux qui ont de la connaissance, et ceux qui n'en ont pas. L'homme rassemble en lui ces deux manières d'être : il a un corps, comme les êtres corporels les plus inanimés ; il a un esprit, c'est-à-dire une pensée par laquelle il se connaît, et aperçoit ce qui est autour de lui. S'il est vrai qu'il y ait un premier être qui ait tiré tous les autres du néant, l'homme est véritablement son image, car il rassemble comme lui dans sa nature tout ce qu'il y a de perfection réelle dans ces deux diverses manières d'être : mais l'image n'est qu'une image ; elle ne peut être qu'une ombre du véritable être parfait.

Commençons l'étude de l'homme par la considération de son corps. « Je ne sais, disait une mère à ses enfants dans l'Écriture sainte[1], comment vous vous êtes formés

---

l'an 320 av. J.-C. Selon les premiers stoïciens, le monde est formé de deux éléments, l'élément passif ou la matière, et l'élément actif ou Dieu. Dieu n'est pas une personne, et la récompense du juste consiste dans l'absorption en Dieu ou dans la suppression de la personnalité humaine ; partant, il n'y a point d'immortalité véritable. Au fond, cette doctrine n'est qu'une variété du panthéisme. — De nos jours, certains métaphysiciens (Hégel et ses disciples allemands ou français) ont essayé de la ressusciter et de l'opposer à l'enseignement chrétien.

1. Dixit ad eos : Nescio qualiter in utero meo apparuistis, neque enim ego spiritum. et animam donavi vobis et vitam, et singulorum membra non ego ipsa compegi. *Machab.* II, vii, 12

dans mon sein. » En effet, ce n'est point la sagesse des parents qui forme un ouvrage si composé et si régulier; ils n'ont aucune part à cette industrie. Laissons-les donc, et remontons plus haut.

Ce corps est pétri de boue; mais admirons la main qui l'a façonné. Le sceau de l'ouvrier est empreint sur son ouvrage; il semble avoir pris plaisir à faire un chef-d'œuvre avec une matière si vile. Jetons les yeux sur ce corps, où les os soutiennent les chairs qui les enveloppent : les nerfs qui y sont tendus en font toute la force; et les muscles, où les nerfs s'entrelacent, en s'enflant ou en s'allongeant font les mouvements les plus justes et les plus réguliers. Les os sont brisés de distance en distance; ils ont des jointures où ils s'emboîtent les uns dans les autres, et ils sont liés par des nerfs et par des tendons. Cicéron admire avec raison le bel artifice qui lie les os[1]. Qu'y a-t-il de plus souple pour tous les divers mouvements? mais qu'y a-t-il de plus ferme et de plus durable? Après même qu'un corps est mort, et que ses parties sont séparées par la corruption, on voit encore ces jointures et ces liaisons qui ne peuvent qu'à peine se détruire. Ainsi cette machine est droite ou repliée, roide ou souple, comme l'on veut. Du cerveau, qui est la source de tous les nerfs, partent les esprits. Ils sont si subtils, qu'on ne peut les voir, et néanmoins si réels et d'une action si forte, qu'ils font tous les mouvements de la machine et toute sa force. Ces esprits sont en un instant envoyés jusqu'aux extrémités des membres : tantôt ils coulent doucement et avec uniformité; tantôt ils ont, selon les besoins, une impétuosité irrégulière; et ils varient à l'infini les postures, les gestes et les autres actions du corps[2].

Regardons cette chair : elle est couverte en certains endroits d'une peau tendre et délicate, pour l'ornement du

---

1. Quid dicam de ossibus? quæ subjecta corpori mirabiles commissuras habent, et ad stabilitatem aptas, et ad artus finiendos accommodatas, et ad motum, et ad omnem corporis actionem. Huc adde nervos, a quibus artus continentur; eorumque implicationem toto corpore pertinentem : qui, sicut venæ et arteriæ, a corde tracti et profecti, in corpus omne ducuntur. Cic. de Nat. Deor., lib. II, 55.

2. Voir la note 1, page 27. — Cette théorie des esprits et du sang n'est point admise aujourd'hui. Fénelon ne fait qu'exprimer les idées qui avaient cours de son temps.

corps. Si cette peau, qui rend l'objet si agréable et d'un si doux coloris, était enlevée, le même objet serait hideux, ferait horreur. En d'autres endroits, cette même peau, est plus dure et plus épaisse, pour résister aux fatigues de ces parties. Par exemple, combien la peau de la plante des pieds est-elle plus grossière que celle du visage! combien celle du derrière de la tête l'est-elle plus que celle du devant! Cette peau est percée partout comme un crible; mais ces trous, qu'on nomme pores, sont insensibles[1]. Quoique la sueur et la transpiration s'exhalent par ces pores, le sang ne s'échappe jamais par là. Cette peau a toute la délicatesse qu'il faut pour être transparente, et pour donner au visage un coloris vif, doux et gracieux. Si la peau était moins serrée et moins unie, le visage paraîtrait sanglant et comme écorché. Qui est-ce qui a su tempérer et mélanger ces couleurs pour faire une si belle carnation que les peintres admirent, et n'imitent jamais qu'imparfaitement?

On trouve dans le corps humain des rameaux innombrables : les uns portent le sang du centre aux extrémités, et se nomment artères; les autres le rapportent des extrémités au centre, et se nomment veines. Par ces divers rameaux coule le sang, liqueur douce, onctueuse, et propre par cette onction à retenir les esprits les plus déliés, comme on conserve dans les corps gommeux les essences les plus subtiles et les plus spiritueuses. Ce sang arrose la chair, comme les fontaines et les rivières arrosent la terre. Après s'être filtré dans les chairs, il revient à sa source, plus lent et moins plein d'esprits[2]; mais il se renouvelle et se subtilise encore de nouveau dans cette source pour circuler sans fin.

Voyez-vous cet arrangement et cette proportion des membres? Les jambes et les cuisses sont de grands os emboîtés les uns sur les autres et liés par des nerfs; ce sont deux espèces de colonnes égales et régulières, qui s'élèvent pour soutenir tout l'édifice. Mais ces colonnes se plient, et

---

1. En d'autres termes, ils échappent aux sens ou à la perception matérielle.
2. Voir la note 1, page 27.

la rotule du genou est un os d'une figure à peu près ronde qui est mis tout exprès dans la jointure pour la remplir et pour la défendre quand les os se replient pour le fléchissement du genou. Chaque colonne a son piédestal, qui est composé de pièces rapportées, et si bien jointes ensemble, qu'elles peuvent se plier ou se tenir roides selon le besoin. Le piédestal tourne, quand on le veut, sous la colonne. Dans ce pied on ne voit que nerfs, que tendons, que petits os étroitement liés, afin que cette partie soit tout ensemble plus souple et plus ferme, selon les divers besoins : les doigts mêmes des pieds, avec leurs articles et leurs ongles, servent à tâter le terrain sur lequel on marche, à s'appuyer avec plus d'adresse et d'agilité, à garder mieux l'équilibre du corps, à se hausser ou à se pencher. Les deux pieds s'étendent en avant pour empêcher que le corps ne tombe de ce côté-là quand il se penche ou qu'il se plie. Les deux colonnes se réunissent par le haut pour porter le reste du corps ; et elles sont encore brisées dans cette extrémité, afin que cette jointure donne à l'homme la commodité de se reposer en s'asseyant sur les deux plus gros muscles de tout le corps.

Le corps de l'édifice est proportionné à la hauteur des colonnes. Il contient toutes les parties qui sont nécessaires à la vie, et qui, par conséquent, doivent être placées au centre et renfermées dans le lieu le plus sûr. C'est pourquoi deux rangs de côtes assez serrées, qui sortent de l'épine du dos, comme les branches d'un arbre naissent du tronc, forment une espèce de cercle pour cacher et tenir à l'abri ces parties si nobles et si délicates. Mais comme les côtes ne pourraient fermer entièrement le centre du corps humain sans empêcher la dilatation de l'estomac et des entrailles, elles n'achèvent de former le cercle que jusqu'à un certain endroit, au-dessous duquel elles laissent un vide, afin que le dedans puisse s'élargir avec facilité pour la respiration et pour la nourriture.

Pour l'épine du dos, on ne voit rien, dans tous les ouvrages des hommes, qui soit travaillé avec plus d'art ; elle serait trop roide et trop fragile si elle n'était faite que d'un seul os : en ce cas, les hommes ne pourraient jamais se plier. L'auteur de cette machine a remédié à cet inconvénient en formant des vertèbres, qui, s'emboîtant les unes dans les autres, font un tout de pièces rapportées, qui a plus de force qu'un tout d'une seule pièce. Ce composé est tantôt souple et tantôt roide ; il se redresse et se replie en un moment, comme on le veut. Toutes ces vertèbres ont dans le milieu une ouverture qui sert pour faire passer un allongement de la substance du cerveau jusqu'aux extrémités du corps, et pour y envoyer promptement des esprits par ce canal.

Mais qui n'admirera la nature des os ? Ils sont très-durs, et on voit que la corruption même de tout le reste du corps ne les altère en rien. Cependant ils sont pleins de trous innombrables qui les rendent plus légers, et ils sont même, dans le milieu, pleins de la moelle qui doit les nourrir. Ils sont percés précisément dans les endroits où doivent passer les ligaments qui les attachent les uns aux autres. De plus, leurs extrémités sont plus grosses que le milieu, et font comme deux têtes à demi rondes, pour faire tourner plus facilement un os avec un autre, afin que le tout puisse se replier sans peine.

Dans l'enceinte des côtes sont placés avec ordre tous les grands organes, tels que ceux qui servent à faire respirer l'homme, ceux qui digèrent les aliments, et ceux qui font un sang nouveau. La respiration est nécessaire pour tempérer la chaleur interne, causée par le bouillonnement du sang et par le cours impétueux des esprits. L'air est comme un aliment dont l'animal se nourrit, et par le moyen duquel il se renouvelle dans tous les moments de sa vie.

Le digestion n'est pas moins nécessaire pour préparer les aliments à être changés en sang. Le sang est une liqueur propre à s'insinuer partout et à s'épaissir en chair dans les extrémités, pour réparer dans tous les membres ce qu'ils perdent sans cesse par la transpiration et par la dissipation des esprits. Les poumons sont comme de grandes enveloppes qui, étant spongieuses, se dilatent et se compriment facilement; et comme ils prennent et rendent sans cesse beaucoup d'air, ils forment une espèce de soufflet en mouvement continuel.

L'estomac a un dissolvant qui cause la faim et qui avertit l'homme du besoin de manger. Ce dissolvant, qui picote l'estomac, lui prépare par ce mésaise un plaisir très-vif lorsqu'il est apaisé par les aliments. Alors l'homme se remplit délicieusement d'une matière étrangère, qui lui ferait horreur s'il la pouvait voir dès qu'elle est introduite dans son estomac, et qui lui déplaît même quand il la voit étant déjà rassasié. L'estomac est fait comme une poche. Là, les aliments, changés par une prompte coction, se confondent tous en une liqueur douce, qui devient ensuite une espèce de lait nommé chyle, et qui, parvenant enfin au cœur, y reçoit, par l'abondance des esprits, la forme, la vivacité et la couleur du sang. Mais pendant que le suc le plus pur des aliments passe de l'estomac dans les canaux destinés à faire le chyle et le sang, les parties grossières de ces mêmes aliments sont séparées, comme le son l'est de la fleur de farine par un tamis; et elles sont rejetées en bas, pour en délivrer le corps par les issues les plus cachées et les plus reculées des organes des sens, de peur qu'ils n'en soient incommodés. Ainsi les merveilles de cette machine sont si grandes, qu'on en trouve d'inépuisables, même jusque dans les fonctions les plus humiliantes, que l'on n'oserait expliquer en détail.

Il est vrai que les parties internes de l'homme ne sont pas agréables à voir comme les extérieures; mais remarquez qu'elles ne sont pas faites pour être vues. Il fallait même, selon le but de l'art, qu'elles ne pussent être découvertes sans horreur; et qu'ainsi un homme ne pût les découvrir et entamer cette machine dans un autre homme qu'avec une violente répugnance. C'est cette horreur qui prépare la compassion et l'humanité dans les cœurs quand un homme en voit un autre qui est blessé. Ajoutez, avec saint Augustin[1], qu'il a dans ces parties internes une

---

1. Si numeri mensurarum, quibus inter se cuncta connexa sunt et coaptata, noti esse potuissent, in inferioribus quoque visceribus, quæ nullum ostentant decus, ita delectaret pulchritudo rationis, ut omni formæ apparenti quæ

proportion, un ordre et une industrie qui charment encore plus l'esprit attentif que la beauté extérieure ne saurait plaire aux yeux du corps. Ce dedans de l'homme, qui est tout ensemble si hideux et si admirable, est précisément comme il doit être pour montrer une boue travaillée de main divine. On y voit, tout ensemble également, et la fragilité de la créature et l'art du Créateur.

Du haut de cet ouvrage si précieux que nous avons dépeint, pendent les deux bras, qui sont terminés par les mains et qui ont une parfaite symétrie entre eux. Les bras tiennent aux épaules, de sorte qu'il ont un mouvement libre dans cette jointure. Ils sont encore brisés au coude et au poignet, pour pouvoir se replier et se tourner avec promptitude. Les bras sont de la juste longueur qu'il faut pour atteindre à toutes les parties du corps. Ils sont nerveux et pleins de muscles, afin qu'ils puissent, avec les reins, être souvent en action et soutenir les plus grandes fatigues de tout le corps. Les mains sont un tissu de nerfs et d'osselets enchâssés les uns dans les autres, qui ont toute la force et toute la souplesse convenables pour tâter les corps voisins, pour les saisir, pour s'y accrocher, pour les lancer, pour les attirer, pour les repousser, pour les démêler et pour les détacher les uns des autres. Les doigts, dont les bouts sont armés d'ongles, sont faits pour exercer, par la variété et la délicatesse de leurs mouvements, les arts les plus merveilleux. Les bras et les mains servent encore, suivant qu'on les étend ou qu'on les replie, à mettre le corps en état de se pencher, sans s'exposer à aucune chute. La machine a en elle-même, indépendamment de toutes les pensées qui viennent après coup, une espèce de ressort qui lui fait trouver soudainement l'équilibre dans tous ses contrastes[1].

Au-dessus du corps s'élève le cou, ferme ou flexible, selon qu'on le veut. Est-il question de porter un pesant fardeau sur la tête, le cou devient roide, comme s'il n'était

---

oculis placet, ipsius mentis, quæ oculis utitur, præferretur arbitrio. *De Civitate Dei*, lib. XXII. cap. XXIV, n° 4.

1. C'est-à-dire dans les positions qu'elle prend, dans les mouvements variés et souvent contraires qu'elle peut exécuter. — *Les pensées qui viennent après coup*, ou l'action de l'âme.

que d'un seul os. Faut-il pencher ou tourner la tête, le cou se plie en tous sens, comme si on démontait les os. Ce cou, médiocrement élevé au-dessus des épaules, porte sans peine la tête, qui règne sur tout le corps. Si elle était moins grosse, elle n'aurait aucune proportion avec le reste de la machine. Si elle était plus grosse, outre qu'elle serait disproportionnée et difforme, sa pesanteur accablerait le cou et courrait risque de faire tomber l'homme du côté où elle pencherait un peu trop. Cette tête fortifiée de tous côtés par des os très-épais et très-durs, pour mieux conserver le précieux trésor qu'elle enferme, s'emboîte dans les vertèbres du cou et a une communication très-prompte avec toutes les autres parties du corps. Elle contient le cerveau, dont la substance humide, molle et spongieuse, est composée de fils tendres et entrelacés. C'est là le centre des merveilles dont nous parlerons dans la suite. Le crâne se trouve percé régulièrement, avec une proportion et une symétrie exactes, pour les deux yeux, pour les deux oreilles, pour la bouche et pour le nez. Il y a des nerfs destinés aux sensations qui s'exercent dans la plupart de ces conduits. Le nez, qui n'a point de nerfs pour sa sensation, a un os cribleux pour faire passer les odeurs jusqu'au cerveau.

Parmi les organes de ces sensations, les principaux sont doubles, pour conserver dans un côté ce qui pourrait manquer dans l'autre par quelque accident. Ces deux organes d'une même sensation sont mis en symétrie, sur le devant ou sur les côtés, afin que l'homme en puisse faire un plus facile usage, ou à droite, ou à gauche, ou vis-à-vis de lui, c'est-à-dire vers l'endroit où ses jointures dirigent sa marche et toutes ses actions. D'ailleurs, la flexibilité du cou fait que tous ces organes se tournent en un instant de quelque côté qu'il veut.

Tout le derrière de la tête, qui est le moins en état de se défendre, est le plus épais : il est orné de cheveux, qui servent en même temps à fortifier la tête contre les injures de l'air. Mais les cheveux viennent sur le devant pour accompagner le visage et lui donner plus de grâce.

Le visage est le côté de la tête qu'on nomme le devant,

et où les principales sensations[1] sont rassemblées avec un ordre et une proportion qui le rendent très-beau, à moins que quelque accident n'altère un ouvrage si régulier. Les deux yeux sont égaux, placés vers le milieu et aux deux côtés de la tête, afin qu'ils puissent découvrir sans peine de loin, à droite et à gauche, tous les objets étrangers, et qu'ils puissent veiller commodément pour la sûreté de toutes les parties du corps. L'exacte symétrie avec laquelle ils sont placés fait l'ornement du visage. Celui qui les a faits y a allumé je ne sais quelle flamme céleste, à laquelle rien ne ressemble dans tout le reste de la nature. Ces yeux sont des espèces de miroirs, où se peignent tour à tour et sans confusion, dans le fond de la rétine, tous les objets du monde entier, afin que ce qui pense dans l'homme puisse les voir dans ces miroirs. Mais quoique nous apercevions tous les objets par un double organe, nous ne voyons pourtant jamais les objets comme doubles, parce que les deux nerfs qui servent à la vue de nos yeux ne sont que deux branches qui se réunissent dans une même tige, comme les deux branches des lunettes se réunissent dans la partie supérieure qui les joint. Les yeux sont ornés de deux sourcils égaux; et afin qu'ils puissent s'ouvrir et se fermer, ils sont enveloppés de paupières bordées d'un poil qui défend une partie si délicate.

Le front donne de la majesté et de la grâce à tout le visage : il sert à élever les traits. Sans le nez, posé dans le milieu, tout le visage serait plat et difforme. On peut juger de cette difformité quand on a vu des hommes en qui cette partie du visage est mutilée. Il est placé immédiatement au-dessus de la bouche pour discerner plus commodément par les odeurs tout ce qui est propre à nourrir l'homme[2].

---

1. Il importerait de bien s'entendre sur ce mot qui a occasionné tant de discussions stériles. Dans la philosophie de Locke et de Condillac, la sensation est prise tour à tour pour le mouvement nerveux ou l'impression organique, pour l'émotion agréable ou pénible produite dans l'âme à la suite de la vibration des nerfs (vraie signification) et pour la connaissance qui accompagne l'émotion. — Ici, le mot sensation a une signification tout autre, et peu usitée; il désigne les organes des sens, les yeux, les oreilles, etc., et le jeu de la physionomie.

2. Nares, eo quod omnis odor ad supera fertur, recte sursum sunt : et quod potionis judicium magnum earum est, non sine causa vicinitates oris secutæ sunt. »
(Cic., *De Nat. Deor.*, ii, 56.)

Les deux narines servent tout ensemble à la respiration et à l'odorat. Voyez les lèvres : leur couleur vive, leur fraîcheur, leur figure, leur arrangement et leur proportion avec les autres traits embellissent tout le visage. La bouche, par la correspondance de ses mouvements avec ceux des yeux, l'anime, l'égaye, l'attriste, l'adoucit, le trouble, et exprime chaque passion par des marques sensibles. Outre que les lèvres s'ouvrent pour recevoir l'aliment, elles servent encore, par leur souplesse et par la variété de leurs mouvements, à varier les sons qui font la parole. Quand elles s'ouvrent, elles découvrent un double rang de dents dont la bouche est ornée : ces dents sont de petits os enchâssés avec ordre dans les deux mâchoires ; et les mâchoires ont un ressort pour s'ouvrir et un pour se fermer, en sorte que les dents brisent comme un moulin les aliments, pour en préparer la digestion. Mais ces aliments ainsi brisés passent dans l'estomac par un conduit différent de celui de la respiration ; et ces deux canaux, quoique si voisins, n'ont rien de commun.

La langue est un tissu de petits muscles et de nerfs, si souple, qu'elle se replie, comme un serpent, avec une mobilité et une souplesse inconcevables : elle fait dans la bouche ce que font les doigts, ou ce que fait l'archet d'un maître sur un instrument de musique ; elle va frapper tantôt les dents et tantôt le palais. Il y a un conduit qui va au dedans du cou, depuis le palais jusqu'à la poitrine : ce sont des anneaux de cartilages enchâssés très-juste les uns dans les autres, et garnis au dedans d'une tunique ou membrane très-polie, pour faire mieux résonner l'air poussé par les poumons. Ce conduit a du côté du palais un bout qui n'est ouvert que comme une flûte, par une fente qui s'élargit ou qui se resserre à propos pour grossir la voix ou pour la rendre plus claire. Mais de peur que les aliments, qui ont leur canal séparé, ne se glissent dans celui de la respiration, il y a une espèce de soupape qui fait sur l'orifice du conduit de la voix comme un pont-levis pour faire passer les aliments, sans qu'il en tombe aucune parcelle subtile ni aucune goutte par la fente dont je viens de parler. Cette espèce de soupape est très-mobile et se replie très-subtilement, de manière qu'en tremblant sur cet orifice entr'ouvert, elle fait toutes les plus douces modulations de la voix. Ce petit exemple suffit pour montrer en passant, et sans entrer d'ailleurs dans aucun détail de l'anatomie combien est merveilleux l'art des parties internes. Cet organe, tel que je viens de le représenter, est le plus parfait de tous les instruments de musique, et tous les autres ne sont parfaits qu'autant qu'ils l'imitent.

Qui pourrait expliquer la délicatesse des organes par lesquels l'homme discerne les saveurs et les odeurs innombrables des corps? Mais comment se peut-il faire que tant de voix frappent ensemble mon oreille sans se confondre, et que ces sons me laissent, après qu'ils ne sont plus, des ressemblances si vives et si distinctes de ce qu'ils ont été? Avec quel soin l'ouvrier qui a fait nos corps a-t-il donné à nos yeux une enveloppe humide et coulante pour les fermer, et pourquoi a-t-il laissé nos oreilles ouvertes? « C'est, dit Cicéron[1], que les yeux ont besoin de se fermer à la lumière pour le sommeil, et que les oreilles doivent demeurer ouvertes pendant que les yeux se ferment, pour nous avertir et pour nous éveiller par le bruit, quand nous courons risque d'être surpris. »

Qui est-ce qui grave dans mon œil, en un instant, le ciel, la mer, la terre, situés dans une distance presque infinie? Comment peuvent se ranger et se démêler dans un si petit organe les images fidèles de tous les objets de l'univers, depuis le soleil jusqu'à des atomes? La substance du cerveau, qui conserve avec ordre des représentations si naïves[2] de tant d'objets dont nous avons été frappés depuis que nous sommes au monde, n'est-elle pas le prodige le plus étonnant? On admire avec raison l'invention des livres où l'on conserve la mémoire de tant de faits et le recueil de tant de pensées; mais quelle comparaison peut-on

---

1. Auditus autem semper patet. Ejus enim sensu etiam dormientes egemus : a quo quum sonus est acceptus, etiam a somno excitamur. Cic. *De Nat. Deor.*, lib. II, 57.

2. Pour comprendre cette expression, il faut remonter à l'étymologie : *naïf* vient de *nasci*, et signifie naturel ou conforme à la nature.

faire entre le plus beau livre et le cerveau d'un homme savant? Sans doute ce cerveau est un recueil infiniment plus précieux et d'une plus belle invention que le livre. C'est dans ce petit réservoir qu'on trouve à point nommé toutes les images dont on a besoin : on les appelle, elles viennent; on les renvoie, elles se renfoncent je ne sais où, et disparaissent pour laisser la place à d'autres. On ferme et on ouvre son imagination comme un livre : on en tourne, pour ainsi dire, les feuillets; on passe soudainement d'un bout à l'autre : on a même des espèces de tables dans la mémoire, pour indiquer les lieux où se trouvent certaines images reculées. Ces caractères innombrables, que l'esprit de l'homme lit intérieurement avec tant de rapidité, ne laissent aucune trace distincte dans un cerveau qu'on ouvre. Cet admirable livre n'est qu'une substance molle, ou une espèce de peloton composé de fils tendres et entrelacés. Quelle main a su cacher dans cette espèce de boue, qui paraît si informe, des images si précieuses et rangées avec un si bel art?

Tel est le corps de l'homme en gros[1]. Je n'entre point dans le détail de l'anatomie; car mon dessein n'est que de découvrir l'art qui est dans la nature, par le simple coup d'œil, sans aucune science. Le corps de l'homme pourrait sans doute être beaucoup plus grand et beaucoup plus petit. S'il n'avait, par exemple, qu'un pied de hauteur, il serait insulté par la plupart des animaux, qui l'écraseraient sous leurs pieds. S'il était haut comme les plus grands clochers, un petit nombre d'hommes consommeraient en peu de jours tous les aliments d'un pays; ils ne pourraient trouver ni chevaux ni autres bêtes de charge qui pussent les porter ni les traîner dans aucune machine roulante; ils ne pourraient trouver assez de matériaux pour bâtir des maisons proportionnées à leur grandeur; il ne pourrait y avoir qu'un petit nombre d'hommes sur la terre, et ils manqueraient de la plupart des commodités. Qui est-ce qui a réglé la taille de l'homme à une mesure précise? qui

---

1. Comparer cette riche description avec le rapide tableau tracé par Bossuet, *De la Connaissance de Dieu et de soi-même*, IV, 11.

est-ce qui a réglé celle de tous les autres animaux avec proportion à celle de l'homme? L'homme est le seul de tous les animaux qui est droit sur ses pieds; par là il a une noblesse et une majesté qui le distinguent, même au dehors, de tout ce qui vit sur la terre.

Non-seulement sa figure est la plus noble[1], mais encore il est le plus fort et le plus adroit de tous les animaux, à proportion de sa grandeur. Qu'on examine de près la pesanteur et la masse de la plupart des bêtes les plus terribles, on trouvera qu'elles ont plus de matière que le corps d'un homme; et cependant un homme vigoureux a plus de force de corps que la plupart des bêtes farouches : elles ne sont redoutables pour lui que par leurs dents et par leurs griffes. Mais l'homme, qui n'a point dans ses membres de si fortes armes naturelles, a des mains dont la dextérité surpasse, pour se faire des armes, tout ce que la nature a donné aux bêtes. Ainsi l'homme perce de ses traits, ou fait tomber dans ses pièges, et enchaîne les animaux les plus forts et les plus furieux; il sait même les apprivoiser dans leur captivité et s'en jouer comme il lui plaît; il se fait flatter par les lions et par les tigres; il monte sur les éléphants.

Mais le corps de l'homme, qui paraît le chef-d'œuvre de la nature, n'est point comparable à sa pensée. Il est certain qu'il y a des corps qui ne pensent pas[2] : on n'attribue aucune connaissance à la pierre, aux bois, aux métaux, qui sont néanmoins certainement des corps. Il est même si naturel de croire que la matière ne peut penser, que tous les hommes sans prévention ne peuvent s'empêcher de rire, quand on leur soutient que les bêtes ne sont que de pures machines; parce qu'ils ne sauraient concevoir que de pures machines puissent avoir les connaissances qu'ils prétendent apercevoir dans les bêtes : ils trouvent que c'est faire des jeux d'enfants qui parlent avec leurs poupées, que de

---

1. « Facies homini tantum, ceteris erant rostra. » PLIN. MAJ., II, 51.
2. En s'exprimant ainsi, Fénelon semble accorder qu'il y a des corps qui pensent : il n'en est rien; il ne fait cette apparente concession que pour ne pas entrer dans un débat qui l'éloignerait de son sujet.

vouloir donner quelque connaissance à de pures machines. De là vient que les anciens mêmes, qui ne connaissaient rien de réel qui ne fût un corps, voulaient néanmoins que l'âme de l'homme fût d'un cinquième élément[1], ou d'une espèce de quintessence[2] sans nom, inconnue ici-bas, indivisible et immuable, toute céleste et toute divine, parce qu'ils ne pouvaient concevoir que la matière terrestre des quatre éléments pût penser et se connaître elle-même[3].

Mais supposons tout ce qu'on voudra, et ne contestons contre aucune secte de philosophes[4]. Voici une alternative que nul philosophe ne peut éviter : ou la matière peut devenir pensante, sans y rien ajouter, ou bien la matière ne saurait penser, et ce qui pense en nous est un être distingué d'elle, qui lui est uni. Si la matière peut devenir pensante sans y rien ajouter, il faut au moins avouer que toute matière n'est point pensante, et que la matière même qui pense aujourd'hui ne pensait point il y a cinquante ans : par exemple, la matière du corps d'un jeune homme ne pensait point dix ans avant sa naissance; il faudra donc dire que la matière peut acquérir la pensée par un certain arrangement et par un certain mouvement de ses parties. Prenons, par exemple, la matière d'une pierre ou d'un amas de sable : cette portion de matière ne pense nullement; pour la faire commencer à penser, il faut figurer, arranger, mouvoir en un certain sens et à un certain degré toutes ses parties. Qui est-ce qui a su trouver avec tant de justesse cette proportion, cette configuration, cet arrangement, ce mouvement en un tel sens et point dans un autre, ce mouvement à tel degré, au-dessus et au-dessous

1. Selon les anciens, il y a quatre éléments : le feu, l'air, la terre et l'eau.
2. Quintessence, *quinta essentia* ou cinquième élément.
3. Aristoteles longe omnibus (Platonem semper excipio) præstans et ingenio, et diligentia, quum quatuor illa genera principiorum esset complexus, e quibus omnia orirentur, quintam quamdam naturam censet esse, e qua sit mens. Cogitare enim, et providere, et discere, et docere, et invenire aliquid, et tam multa alia meminisse, amare, odisse, cupere, timere, angi, lætari : hæc, et similia eorum, in horum quatuor generum nullo inesse putat. Quintum genus adhibet, vacans nomine. *Tuscul. quæst.*, lib. 1, 10.
4. En effet, au point de vue de l'existence de Dieu, il importe peu que l'âme soit ou non matérielle, et que la matière puisse ou non penser. Dans les deux alternatives, il faut admettre un Être suprême, qui a tout créé et tout ordonné.

duquel la matière ne penserait jamais? Qui est-ce qui a donné toutes ces modifications si justes et si précises à une matière vile et informe, pour en former le corps d'un enfant, et pour le rendre peu à peu raisonnable?

Si, au contraire, on dit que la matière ne peut être pensante sans y rien ajouter et qu'il faut un autre être qui s'unisse à elle, je demande quel sera cet autre être qui pense pendant que la matière à laquelle il est uni ne fait que se mouvoir. Voilà deux natures bien dissemblables. Nous ne connaissons l'une que par des figures et des mouvements locaux; nous ne connaissons l'autre que par des perceptions et par des raisonnements. L'une ne donne point l'idée de l'autre, et leurs idées n'ont rien de commun.

D'où vient que des êtres si dissemblables sont si intimement unis ensemble dans l'homme? d'où vient que les mouvements du corps donnent si promptement et si infailliblement certaines pensées à l'âme? d'où vient que les pensées de l'âme donnent si promptement et si infailliblement certains mouvements du corps? d'où vient que cette société si régulière dure soixante-dix ou quatre-vingts ans sans aucune interruption? d'où vient que cet assemblage de deux êtres et de deux opérations si différentes fait un composé si juste, que tant de gens sont tentés de croire que c'est un tout simple et indivisible? Quelle main a pu lier ces deux extrémités[1]? Elles ne se sont point liées d'elles-mêmes. La matière n'a pu faire un pacte avec l'esprit; car elle n'a par elle-même ni pensée ni volonté pour faire des conditions. D'un autre côté, l'esprit ne se souvient point d'avoir fait un pacte avec la matière; et il ne pourrait être assujetti à ce pacte, s'il l'avait oublié. S'il avait résolu librement et par lui-même de s'assujettir à la matière, il ne s'y assujettirait que quand il s'en souvien-

---

[1] « Les deux substances étant de nature si différente que l'une ne pourrait rien sur l'autre si Dieu, créateur de l'une et de l'autre, n'avait, par sa volonté souveraine, joint ces deux substances par la dépendance mutuelle de l'une à l'égard de l'autre; ce qui est une espèce de *miracle perpétuel*, général et subsistant, qui paraît dans toutes les sensations de l'âme et dans tous les mouvements volontaires du corps. » BOSSUET, *De la Connaissance de Dieu et de soi-même*, ch. III, 2.

CHAPITRE II.

drait et quand il lui plairait. Cependant il est certain qu'il dépend malgré lui du corps, et qu'il ne peut s'en délivrer, à moins qu'il ne détruise les organes du corps par une mort violente.

D'ailleurs, quand même l'esprit se serait assujetti volontairement à la matière, il ne s'ensuivrait pas que la matière fût mutuellement assujettie à l'esprit. L'esprit aurait, à la vérité, certaines pensées quand le corps aurait certains mouvements; mais le corps ne serait point déterminé à avoir à son tour certains mouvements dès que l'esprit aurait certaines pensées. Or, il est certain que cette dépendance est réciproque[1]. Rien n'est plus absolu que l'empire de l'esprit sur le corps. L'esprit veut, et tous les membres du corps se remuent à l'instant, comme s'ils étaient entraînés par les plus puissantes machines. D'un autre côté, rien n'est plus manifeste que le pouvoir du corps sur l'esprit. Le corps se meut, et à l'instant l'esprit est forcé de penser avec plaisir ou avec douleur à certains objets. Quelle main également puissante sur ces deux natures si diverses a pu leur imposer le joug et les tenir captives dans une société si exacte et si inviolable? Dira-t-on que c'est le hasard? Si on le dit, entendra-t-on ce qu'on dira, et le pourra-t-on faire entendre aux autres? Le hasard a-t-il accroché, par un concours d'atomes, les parties du corps avec l'esprit? Si l'esprit peut s'accrocher à des parties du corps, il faut qu'il ait des parties lui-même, et par conséquent qu'il soit un vrai corps[2]; auquel cas nous retombons dans la première réponse, que j'ai déjà réfutée. Si au contraire l'esprit n'a point de parties, rien ne peut l'accrocher avec celles du corps, et le hasard n'a pas de quoi les attacher ensemble.

Enfin, mon alternative revient toujours, et elle est décisive. Si l'esprit et le corps ne sont qu'un tout composé

---

1. « L'union de l'âme et du corps, ajoute Bossuet, se fait remarquer principalement par deux effets. Le premier de ces effets parait dans les opérations où l'âme est assujettie au corps, qui sont *les opérations sensitives;* et le second parait dans les opérations où l'âme préside au corps, qui sont *les opérations intellectuelles.* »

2. Telle est l'opinion de Leucippe et de Démocrite et des épicuriens. (Voy. ch. III, note sur Epicure.)

de matière, d'où vient que cette matière qui ne pensait pas hier a commencé à penser aujourd'hui ? qui est-ce qui lui a donné ce qu'elle n'avait pas, et qui est incomparablement plus noble qu'elle quand elle est sans pensée ? Ce qui lui donne la pensée ne l'a-t-il point lui-même, et la donnera-t-il sans l'avoir ? Supposé même que la pensée résulte d'une certaine configuration, d'un certain arrangement et d'un certain degré du mouvement en un certain sens de toutes les parties de la matière, quel ouvrier a su trouver toutes ces combinaisons si justes et si précises pour faire une machine pensante ? Si, au contraire, l'esprit et le corps sont deux natures différentes, quelle puissance supérieure à ces deux natures a pu les attacher ensemble, sans que l'esprit y ait aucune part, ni sache comment cette union est faite ? Qui est-ce qui commande ainsi, avec cet empire suprême, aux esprits et aux corps, pour les tenir dans une correspondance et dans une espèce de police[1] si incompréhensibles.

Remarquez que l'empire de mon esprit sur mon corps est souverain, et qu'il est néanmoins aveugle[2]. Il est souverain dans son étendue bornée, puisque ma simple volonté, sans effort et sans préparation, fait mouvoir tout à coup immédiatement tous les membres de mon corps, selon les règles de cette machine. Comme l'Écriture nous représente Dieu, qui dit après la création de l'univers : *Que la lumière soit, et elle fut :* de même, la seule parole intérieure de mon âme, sans effort, sans préparation, fait ce qu'elle dit. Je dis en moi-même cette parole si intérieure, si simple et si momentanée : Que mon corps se meuve, et il se meut. A cette simple et intime volonté, toutes les

---

1. Le mot *police* (πολιτεία, gouvernement de la cité ou de la république) est entendu ici dans le sens étymologique.

2. « Par un secret merveilleux, le mouvement de tant de parties *dont nous n'avons nulle connaissance* ne laisse pas de dépendre de notre volonté. Nous n'avons qu'à nous proposer un certain effet connu, par exemple de regarder, de parler ou de marcher, aussitôt mille ressorts inconnus, des esprits, des nerfs, des muscles, et le cerveau même qui mène tous les mouvements, se remuent pour le produire, *sans que nous connaissions* autre chose, sinon que nous le voulons, et qu'aussitôt que nous le voulons l'effet s'ensuit. » *De la Connaissance de Dieu et de soi-même*, ch. III, 12.

parties de mon corps travaillent déjà, tous les nerfs sont tendus, tous les ressorts se hâtent de concourir ensemble; et toute la machine obéit, comme si chacun de ses organes les plus secrets entendait une voix souveraine et toute-puissante. Voilà sans doute la puissance la plus simple et la plus efficace qu'on puisse concevoir. Il n'y en a aucun autre exemple dans tous les êtres que nous connaissons. C'est précisément celle que les hommes persuadés de la Divinité lui attribuent dans tout l'univers. L'attribuerai-je à mon faible esprit, ou plutôt à la puissance qu'il a sur mon corps, qui est si différent de lui? croirai-je que ma volonté a cet empire suprême par son propre fonds, elle qui est si faible et si imparfaite? Mais d'où vient que parmi tant de corps, elle n'a ce pouvoir que sur un seul? Nul autre corps ne se remue selon ses désirs. Qui lui a donné sur un seul corps ce qu'elle n'a sur aucun autre? osera-t-on encore revenir à nous alléguer le hasard[1]?

Cette puissance, qui est si souveraine, est en même temps aveugle. Le paysan le plus ignorant sait aussi bien mouvoir son corps que le philosophe le mieux instruit de l'anatomie. L'esprit du paysan commande à ses nerfs, à ses muscles, à ses tendons, à ses esprits animaux qu'il ne connaît pas et dont il n'a jamais ouï parler. Sans pouvoir les distinguer, et sans savoir où ils sont, il les trouve; il s'adresse précisément à ceux dont il a besoin, et il ne prend point les uns pour les autres.

Un danseur de corde ne fait que vouloir, et à l'instant les esprits coulent avec impétuosité, tantôt dans certains nerfs et tantôt en d'autres; tous ces nerfs se tendent ou se relâchent à propos. Demandez-lui ce que c'est qu'un nerf, il n'en sait rien. Demandez-lui quels sont ceux qu'il a mis en mouvement, et par où il a commencé à les ébranler; il ne comprend pas même ce que vous voulez lui dire;

---

1. « Il paraît donc que ce corps est un instrument fabriqué, et soumis à notre volonté par une puissance qui est hors de nous; et toutes les fois que nous nous en servons, soit pour parler, ou pour respirer, ou pour nous mouvoir en quelque façon que ce soit, nous devrions toujours sentir Dieu présent. » *De la Connaissance de Dieu et de soi-même*, ch. IV, 4.

il ignore profondément ce qu'il a fait dans tous les ressorts intérieurs de sa machine.

Le joueur de luth, qui connaît parfaitement toutes les cordes de son instrument, qui les voit de ses yeux, qui les touche l'une après l'autre de ses doigts, s'y méprend; mais l'âme, qui gouverne la machine du corps humain, en meut tous les ressorts à propos, sans les voir, sans les discerner, sans en avoir ni la figure, ni la situation, ni la force; et elle ne s'y mécompte point. Quel prodige! mon esprit commande à ce qu'il ne connaît point, et qu'il ne peut voir, à ce qui ne le connaît point, et qui est incapable de connaissance; et il est infailliblement obéi. Que d'aveuglement! que de puissance! L'aveuglement est de l'homme; mais la puissance, de qui est-elle? A qui l'attribuerons-nous, si ce n'est à celui qui voit ce que l'homme ne voit pas et qui fait en lui ce qui le surpasse? Mon âme a beau vouloir remuer les corps qui l'environnent, et qu'elle connaît très-directement, aucun ne se remue; elle n'a aucun pouvoir pour ébranler le moindre atome par sa volonté : il n'y a qu'un seul corps, que quelque puissance supérieure doit lui avoir rendu propre. A l'égard de ce corps, elle n'a qu'à vouloir, et tous les ressorts de cette machine, qui lui sont inconnus, se meuvent à propos et de concert pour lui obéir.

Saint Augustin, qui a fait ces réflexions, les a parfaitement exprimées : « Les parties internes de nos corps, dit-il[1], ne peuvent être vivantes que par nos âmes; mais nos âmes les animent bien plus facilement qu'elles ne peuvent les connaître... L'âme ne connaît point le corps qui lui est soumis... Elle ne sait point pourquoi elle ne met les nerfs en mouvement que quand il lui plaît, pourquoi au contraire la pulsation des veines est sans interruption, quand même elle ne le voudrait pas. Elle ignore quelle est la première partie du corps qu'elle remue immédiatement pour mouvoir par celle-là toutes les autres... Elle ne sait point pourquoi elle sent malgré elle, et ne meut les membres que quand il lui plaît. C'est elle qui fait ces choses dans le

1. *De Anima et ejus orig.*, lib. IV, cap. 5, 6, n. 6, 7.

corps. D'où vient qu'elle ne sait ni ce qu'elle fait, ni comment elle le fait? Ceux qui s'instruisent de l'anatomie, dit encore ce Père, apprennent d'autrui ce qui se passe en eux, et qui est fait par eux-mêmes. Pourquoi, dit-il, n'ai-je aucun besoin de leçon pour savoir qu'il y a dans le ciel, à une prodigieuse distance de moi, un soleil et des étoiles? et pourquoi ai-je besoin d'un maître pour apprendre par où commence le mouvement, quand je remue le doigt? Je ne sais comment se fait ce que je fais moi-même au dedans de moi. Nous sommes trop élevés à l'égard de nous-mêmes, et nous ne saurions nous comprendre. »

En effet, nous ne saurions trop admirer cet empire absolu de l'âme sur des organes corporels qu'elle ne connaît pas, et l'usage continuel qu'elle en fait sans les discerner. Cet empire se montre principalement par rapport aux images tracées dans notre cerveau. Je connais tous les corps de l'univers qui ont frappé mes sens depuis un grand nombre d'années : j'en ai des images distinctes qui me les représentent, en sorte que je crois les voir lors même qu'ils ne sont plus. Mon cerveau est comme un cabinet de peintures dont tous les tableaux se remueraient et se rangeraient au gré du maître de la maison. Les peintres par leur art, n'atteignent jamais qu'à une ressemblance imparfaite pour les portraits que j'ai dans la tête; ils sont si fidèles, que c'est en les consultant que j'aperçois les défauts de ceux des peintres, et que je les corrige moi-même[1]. Ces images, plus ressemblantes que les chefs-d'œuvre de l'art des peintres, se gravent-elles dans ma tête sans aucun art? est-ce un livre dont tous les caractères se soient rangés d'eux-mêmes? S'il y a de l'art, il ne vient pas de moi; car je trouve au dedans de moi ce recueil d'images, sans avoir jamais pensé ni à les graver, ni à les mettre en ordre. Mais encore toutes ces images se présentent et se retirent comme il me plaît, sans faire aucune confusion : je les appelle, elles viennent; je les renvoie, elles se ren-

---

1. Cette assertion est fort contestable. Nous ne sommes bons juges de la fidélité des images ou des portraits que pour les objets que nous voyons tous les jours et que nous avons regardés attentivement.

foncent je ne sais où : elles s'assemblent ou se séparent comme je le veux. Je ne sais ni où elles demeurent, ni ce qu'elles sont; cependant je les trouve toujours prêtes.

L'agitation de tant d'images anciennes et nouvelles qui se réveillent, qui se joignent, qui se séparent, ne trouble point un certain ordre qu'elles ont. Si quelques-unes ne se présentent pas au premier ordre, du moins je suis assuré qu'elles ne sont pas loin : il faut qu'elles soient cachées dans certains recoins enfoncés. Je ne les ignore point comme les choses que je n'ai jamais connues; au contraire, je sais confusément ce que je cherche. Si quelque autre image se présente en la place de celle que j'ai appelée, je la renvoie sans hésiter en lui disant : Ce n'est pas vous dont j'ai besoin. Mais où sont donc ces objets à demi oubliés? Ils sont présents au dedans de moi, puisque je les y cherche et que je les y trouve. Enfin, comment y sont-ils, puisque je les y cherche longtemps en vain? où sont-ils?

« Je ne suis plus, dit saint Augustin[1], ce que j'étais lorsque je pensais ce que je n'ai pu retrouver. Je ne sais, continue ce Père, comment il arrive que je sois ainsi soustrait à moi-même et privé de moi, ni comment est-ce que je suis ensuite comme rapporté et rendu à moi-même. Je suis comme un autre homme, et transporté ailleurs, quand je cherche et que je ne trouve pas ce que j'avais confié à ma mémoire. Alors nous ne pouvons arriver jusqu'à nous; nous sommes comme si nous étions des étrangers éloignés de nous : nous n'y arrivons que quand nous trouvons ce que nous cherchons. Mais où est-ce que nous cherchons, si ce n'est au dedans de nous? et qu'est-ce que nous cherchons, si ce n'est nous-mêmes?... Une telle profondeur nous étonne. »

Je me souviens distinctement d'avoir connu ce que je ne connais plus; je me souviens de mon oubli même; je me rappelle les portraits de chaque personne en chaque âge de la vie où je l'ai vue autrefois. La même personne repasse

---

1. *De Anima et ejus orig.*, lib. IV, cap. 7, n. 10.

plusieurs fois dans ma tête : d'abord je la vois enfant, puis jeune, enfin âgée. Je place des rides sur le même visage où je vois d'un autre côté les grâces tendres de l'enfance, je joins ce qui n'est plus avec ce qui est encore, sans confondre ces extrémités. Je conserve un je ne sais quoi qui est tour à tour toutes les choses que j'ai connues depuis que je suis au monde. De ce trésor inconnu sortent tous les parfums, toutes les harmonies, tous les goûts, tous les degrés de lumière, toutes les couleurs et toutes les nuances, enfin toutes les figures qui ont passé par mes sens et qu'ils ont confiées à mon cerveau.

Je renouvelle quand il me plaît la joie que j'ai ressentie il y a trente ans : elle revient; mais quelquefois ce n'est plus elle-même; elle paraît sans me réjouir : je me souviens d'avoir été bien aise, et je ne le suis point actuellement dans ce souvenir. D'un autre côté, je renouvelle d'anciennes douleurs : elles sont présentes, car je les aperçois distinctement telles qu'elles ont été en leur temps; rien ne m'échappe de leur amertume et de la vivacité de leurs sentiments; mais elles ne sont plus elles-mêmes, elles ne me troublent plus, elles sont émoussées. Je vois toute leur rigueur sans la ressentir, ou, si je la ressens, ce n'est que par représentation, et cette représentation d'une peine autrefois cuisante n'est plus qu'un jeu, l'image des douleurs passées me réjouit[1]. Il en est de même des plaisirs. Un cœur vertueux s'afflige en rappelant le souvenir de ses plaisirs déréglés; ils sont présents, car ils se montrent avec tout ce qu'ils ont eu de plus doux et de plus flatteur; mais ils ne sont plus eux-mêmes, et de telles joies ne reviennent que pour affliger.

Voilà donc deux merveilles également incompréhensibles : l'une, que mon cerveau soit une espèce de livre où il y ait un nombre presque infini d'images et de caractères rangés avec un ordre que je n'ai point fait et que le hasard n'a pu faire. Je ne l'ai point fait : car je n'ai jamais eu la

---

1. Virgile a exprimé la même pensée : Forsan et hæc olim meminisse juvabit. (*Æneis*, lib. 1, v. 204.)

moindre pensée ni d'écrire rien dans mon cerveau, ni d'y
donner aucun ordre aux images et aux caractères que j'y
traçais : je ne songeais qu'à voir les objets lorsqu'ils frappaient mes sens. Le hasard n'a pu non plus faire un si
merveilleux livre; tout l'art même des hommes est trop
imparfait pour atteindre jamais à une si haute perfection.
Quelle main donc a pu le composer?

La seconde merveille que je trouve dans mon cerveau,
c'est de voir que mon esprit lise avec autant de facilité tout
ce qu'il lui plaît dans ce livre intérieur. Il lit des caractères qu'il ne connaît point. Jamais je n'ai vu les traces
empreintes dans mon cerveau; et la substance de mon
cerveau elle-même, qui est comme le papier du livre, m'est
entièrement inconnue. Tous ces caractères innombrables
se transposent, et puis reprennent leur rang pour m'obéir :
j'ai une puissance comme divine sur un ouvrage que je ne
connais point, et qui est incapable de connaissance : ce qui
n'entend rien entend ma pensée et l'exécute dans le moment. La pensée de l'homme n'a aucun empire sur les
corps; je le vois en parcourant toute la nature. Il n'y a
qu'un seul corps que ma simple volonté remue, comme si
elle était une divinité; et elle en remue tous les ressorts
les plus subtils sans les connaître. Qui est-ce qui l'a unie
à ce corps et lui a donné tant d'empire sur lui[1]?

Finissons ces remarques par une courte réflexion sur le
fond de notre esprit. J'y trouve un mélange incompréhensible de grandeur et de faiblesse. Sa grandeur est réelle : il
rassemble sans confusion le passé avec le présent, et il
perce par ses raisonnements jusque dans l'avenir; il a
l'idée des corps et celle des esprits; il a l'idée de l'infini
même, car il en affirme tout ce qui lui convient, et il en
nie tout ce qui ne lui convient pas. Dites-lui que l'infini est
triangulaire, il vous répondra sans hésiter que ce qui n'a
aucune borne ne peut avoir aucune figure. Demandez-lui
qu'il vous assigne la première des unités qui composent un
nombre infini, il vous répondra d'abord qu'il ne peut y

---

[1]. La puissance que l'âme exerce sur le corps a été désignée par plusieurs psychologues sous le nom de *faculté motrice*.

avoir ni premier ni dernier, ni commencement ni fin, ni nombre dans l'infini, parce que si on pouvait y marquer une première ou une dernière unité, on pourrait ajouter quelque autre unité auprès de celle-là, et par conséquent augmenter le nombre. Or un nombre ne peut être infini, lorsqu'il peut recevoir quelque addition et qu'on peut lui assigner une borne du côté où il peut recevoir un accroissement[1].

C'est même dans l'infini que mon esprit connaît le fini. Qui dit un homme malade, dit un homme qui n'a pas la santé; qui dit un homme faible, dit un homme qui manque de force. On ne conçoit la maladie, qui n'est qu'une privation de la santé, qu'en se représentant la santé même comme un bien réel dont cet homme est privé : on ne conçoit la faiblesse qu'en se représentant la force comme un avantage réel que cet homme n'a pas ; on ne conçoit les ténèbres, qui ne sont rien de positif, qu'en niant et par conséquent en concevant la lumière du jour, qui est très-réelle et très-positive. Tout de même on ne conçoit le fini qu'en lui attribuant une borne, qui est une pure négation d'une plus grande étendue. Ce n'est donc que la privation de l'infini; et on ne pourrait jamais se représenter la privation de l'infini, si on ne concevait l'infini même; comme on ne pourrait concevoir la maladie, si on ne concevait la santé, dont elle n'est que la privation. D'où vient cette idée de l'infini en nous?

Oh! que l'esprit de l'homme est grand! il porte en lui de quoi s'étonner et se surpasser infiniment lui-même ; ses idées sont universelles, éternelles et immuables. Elles sont universelles, car lorsque je dis : Il est impossible d'être et de n'être pas ; le tout est plus grand que sa partie ; une ligne parfaitement circulaire n'a aucune partie droite; entre deux points donnés, la ligne droite est la plus courte ; le centre d'un cercle parfait est également éloigné de tous les points de la circonférence; un triangle équilatéral n'a au-

---

[1]. Excellente explication de l'infini. La plupart des sensualistes confondent ces trois idées, le *fini*, l'*infini* et l'*indé-* *fini*. (Voyez nos Eléments de logique. *Appendice historique sur l'origine des idées*.)

cun angle obtus ni droit : toutes ces vérités ne peuvent souffrir aucune exception ; il ne pourra jamais y avoir d'être, de ligne, de cercle, d'angle, qui ne soit suivant ces règles. Ces règles sont de tous les temps, ou, pour mieux dire, elles sont avant tous les temps, et seront toujours au delà de toute durée compréhensible. Que l'univers se bouleverse et s'anéantisse, qu'il n'y ait plus même aucun esprit pour raisonner sur les êtres, sur les lignes, sur les cercles et sur les angles ; il sera toujours également vrai en soi que la même chose ne peut tout ensemble être et n'être pas, qu'un cercle parfait ne peut avoir aucune portion de ligne droite, que le centre d'un cercle parfait ne peut être plus d'un côté de la circonférence que de l'autre, etc. On peut bien ne penser pas actuellement à ces vérités, et il pourrait même se faire qu'il n'y aurait ni univers, ni esprit capable de penser à ces vérités ; mais enfin ces vérités n'en seraient pas moins constantes en elles-mêmes, quoique nul esprit ne les connût ; comme les rayons du soleil n'en seraient pas moins véritables, quand même tous les hommes seraient aveugles, et que personne n'aurait des yeux pour en être éclairé.

En assurant que deux et deux font quatre, dit saint Augustin[1], non-seulement on est assuré de dire vrai, mais on ne peut douter que cette proposition n'ait été toujours également vraie, et qu'elle ne doive l'être éternellement. Ces idées que nous portons au fond de nous-mêmes n'ont point de bornes et n'en peuvent souffrir. On ne peut point dire que ce que j'ai avancé, sur le centre des cercles parfaits ne soit vrai que pour un certain nombre de cercles ; cette proposition est vraie par une nécessité évidente pour tous les cercles à l'infini.

Ces idées sans bornes ne peuvent jamais ni changer, ni s'effacer en nous, ni être altérées ; elles sont le fond de la raison. Il est impossible, quelque effort qu'on fasse sur son propre esprit, de parvenir à douter jamais sérieusement

---

1. Septem et tria decem sunt; et non solum nunc, sed etiam semper; neque ullo modo aliquando septem et tria non fuerunt decem, aut aliquando septem et tria non erunt decem. *De Lib. arb.*, c. VIII, 21.

de ce que ces idées nous représentent avec clarté. Par exemple, je ne puis entrer dans un doute sérieux pour savoir si le tout est plus grand qu'une de ses parties, si le centre d'un cercle parfait est également éloigné de tous les points de la circonférence. L'idée de l'infini est en moi comme celles des nombres, des lignes, des cercles, d'un tout et d'une partie. Changer nos idées, ce serait anéantir la raison même. Jugeons de notre grandeur par l'infini immuable qui est empreint au dedans de nous, et qui ne peut jamais y être effacé [1].

Mais de peur qu'une grandeur si réelle ne nous éblouisse et ne nous flatte dangereusement, hâtons-nous de jeter les yeux sur notre faiblesse. Ce même esprit qui voit sans cesse l'infini, et dans la règle de l'infini toutes les choses finies, ignore aussi à l'infini tous les objets qui l'environnent. Il s'ignore profondément lui-même, il marche comme à tâtons dans un abîme de ténèbres; il ne sait ni ce qu'il est, ni comment il est attaché à un corps, ni comment il a tant d'empire sur tous les ressorts de ce corps qu'il ne connaît point. Il ignore ses propres pensées et ses propres volontés; il ne sait avec certitude ni ce qu'il croit, ni ce qu'il veut. Souvent il s'imagine croire et vouloir ce qu'il n'a ni cru ni voulu. Il se trompe et ce qu'il a de meilleur c'est de le reconnaître. Il joint à l'erreur des pensées le dérèglement de la volonté; il est réduit à gémir dans l'expérience de sa corruption.

Voilà l'esprit de l'homme, faible, incertain, borné, plein d'erreurs. Qui est-ce qui a mis l'idée de l'infini, c'est-à-dire du parfait dans un sujet si borné et si rempli d'imperfection? Se l'est-il donnée lui-même, cette idée si haute et si pure, cette idée qui est elle-même une espèce d'infini en représentation? Quel être fini distingué de lui a pu lui donner ce qui est si disproportionné avec tout ce qui est renfermé dans quelque borne? Supposons que l'esprit de l'homme est comme un miroir où les images de tous les corps voisins viennent s'imprimer; quel être a pu mettre

---

[1]. Expergiscere, o homo, et dignitatem tuæ cognosce naturæ. SAINT LÉON LE GRAND, Serm. XXVIII.

en nous l'image de l'infini, si l'infini ne fut jamais? Qui peut mettre dans un miroir l'image d'un objet chimérique qui n'a jamais été vis-à-vis de la glace de ce miroir? Cette image de l'infini n'est point un amas confus d'objets finis, que l'esprit prenne mal à propos pour un infini véritable; c'est le vrai infini dont nous avons la pensée. Nous le connaissons si bien que nous le distinguons précisément de tout ce qu'il n'est pas, et que nulle subtilité ne peut nous mettre aucun autre objet en sa place. Nous le connaissons si bien que nous rejetons de lui toute propriété qui marque la moindre borne. Enfin nous le connaissons si bien que c'est en lui seul que nous connaissons tout le reste, comme on connaît la nuit par le jour et la maladie par la santé.

Encore une fois, d'où vient une image si grande? La prend-on dans le néant? L'être borné peut-il imaginer et inventer l'infini, si l'infini n'est point? Notre esprit si faible et si court ne peut se former par lui-même cette image, qui n'aurait aucun patron. Aucun des objets extérieurs qui nous environnent ne peut nous donner cette image, car ils ne peuvent nous donner l'image que de ce qu'ils sont, et ils ne sont rien que de borné et d'imparfait. Où la prenons-nous donc, cette image distincte qui ne ressemble à rien de tout ce que nous sommes, et de tout ce que nous connaissons ici-bas hors de nous? D'où nous vient-elle? Où est donc cet infini que nous ne pouvons comprendre parce qu'il est réellement infini, et que nous ne pouvons néanmoins méconnaître, parce que nous le distinguons de tout ce qui lui est inférieur? Où est-il? S'il n'était pas, pourrait-il venir se graver au fond de notre esprit [1]?

Mais outre l'idée de l'infini, j'ai encore des notions universelles et immuables qui sont la règle de tous mes jugements [2]. Je ne puis juger d'aucune chose qu'en les consul-

---

[1]. C'est une esquisse de la grande preuve cartésienne. (Voy. la IIe partie de ce traité, ch. II.)

[2]. La preuve tirée des idées nécessaires a été invoquée par tous les grands théologiens. Bossuet, dans son Traité de la connaissance de Dieu et de soi-même, l'expose avec beaucoup de force : « Si je cherche, dit-il, où et en quel sujet les vérités subsistent éternelles et immuables comme elles sont, je suis forcé d'avouer un être où la vérité est éternellement subsistante, et où elle est toujours entendue ; et cet être doit être la vérité même, et doit être toute vérité ; et c'est de lui que la vérité dérive dans tout ce qui est, et ce qui s'entend hors de lui. » Remarquons que, dans

tant, et il ne dépend pas de moi de juger contre ce qu'elles me représentent. Mes pensées, loin de pouvoir corriger ou forcer cette règle, sont elles-mêmes corrigées malgré moi par cette règle supérieure, et elles sont invinciblement assujetties à sa décision. Quelque effort d'esprit que je fasse, je ne puis jamais parvenir, comme je viens de le remarquer, à douter que deux et deux ne fassent quatre, que le tout ne soit plus grand que sa partie, que le centre d'un cercle parfait ne soit également distant de tous les points de la circonférence. Je ne suis point libre de nier ces propositions ; et, si je nie ces vérités, ou d'autres à peu près semblables, j'ai en moi quelque chose qui est au-dessus de moi, et qui me ramène par force au but. Cette règle fixe et immuable est si intérieure et si intime, que je suis tenté de la prendre pour moi-même ; mais elle est au-dessus de moi, puisqu'elle me corrige, me redresse, me met en défiance contre moi-même, et m'avertit de mon impuissance. C'est quelque chose qui m'inspire à toute heure, pourvu que je l'écoute ; et je ne me trompe jamais qu'en ne l'écoutant pas. Ce qui m'inspire me préserverait sans cesse de toute erreur, si j'étais docile et sans précipitation ; car cette inspiration intérieure m'apprendrait à bien juger des choses qui sont à ma portée, et sur lesquelles j'ai besoin de former quelque jugement. Pour les autres, elle m'apprendrait à n'en juger pas ; et cette seconde sorte de leçon n'est pas moins importante que la première. Cette règle intérieure est ce que je nomme ma raison ; mais je parle de ma raison, sans pénétrer la force de ce terme, comme je parle de la nature et de l'instinct, sans entendre ce que signifient ces expressions.

A la vérité ma raison est en moi, car il faut que je rentre sans cesse en moi-même pour la trouver ; mais la raison supérieure qui me corrige dans le besoin, et que je consulte, n'est point à moi, et elle ne fait point partie de moi-même. Cette règle est parfaite et immuable : je suis

---

la description de l'esprit humain, Fénelon donne le résumé des preuves de l'existence de Dieu ; ce qui confirme l'opinion que nous avons émise sur la composition de cet ouvrage. (Voyez notre introduction.)

changeant et imparfait. Quand je me trompe, elle ne perd point sa droiture : quand je me détrompe, ce n'est pas elle qui revient au but : c'est elle qui, sans s'en être jamais écartée, a l'autorité sur moi de m'y rappeler et de m'y faire revenir. C'est un maître intérieur qui me fait taire, qui me fait parler, qui me fait croire, qui me fait douter, qui me fait avouer mes erreurs ou confirmer mes jugements : en l'écoutant, je m'instruis ; en m'écoutant moi-même, je m'égare. Ce maître est partout, et sa voix se fait entendre, d'un bout de l'univers à l'autre, à tous les hommes comme à moi. Pendant qu'il me corrige en France, il corrige d'autres hommes à la Chine, au Japon, dans le Mexique et dans le Pérou, par les mêmes principes.

Deux hommes qui ne se sont jamais vus, qui n'ont jamais entendu parler l'un de l'autre, et qui n'ont jamais eu de liaison avec aucun autre homme qui ait pu leur donner des notions communes, parlent aux deux extrémités de la terre, sur un certain nombre de vérités, comme s'ils étaient de concert. On sait infailliblement par avance dans un hémisphère ce qu'on répondra dans l'autre sur ces vérités. Les hommes de tous les pays et de tous les temps, quelque éducation qu'ils aient reçue, se sentent invinciblement assujettis à penser et à parler de même. Le maître qui nous enseigne sans cesse nous fait penser tous de la même façon. Dès que nous nous hâtons de juger sans écouter sa voix avec défiance de nous-mêmes, nous pensons et nous disons des songes pleins d'extravagance.

Ainsi, ce qui paraît le plus à nous, et être le fond de nous-mêmes, je veux dire notre raison, est ce qui nous est le moins propre, et qu'on doit croire le plus emprunté. Nous recevons sans cesse et à tout moment une raison supérieure à nous, comme nous respirons sans cesse l'air, qui est un corps étranger, ou comme nous voyons sans cesse tous les objets voisins de nous à la lumière du soleil, dont les rayons sont des corps étrangers à nos yeux.

Cette raison supérieure domine jusqu'à un certain point, avec un empire absolu, tous les hommes les moins raisonnables, et fait qu'ils sont toujours tous d'accord, malgré eux, sur ces points. C'est elle qui fait qu'un sauvage du Canada pense beaucoup de choses comme les philosophes grecs et romains les ont pensées. C'est elle qui fait que les géomètres chinois ont trouvé à peu près les mêmes vérités que les Européens, pendant que ces peuples si éloignés étaient inconnus les uns aux autres. C'est elle qui fait qu'on juge au Japon comme en France que deux et deux font quatre; et il ne faut pas craindre qu'aucun peuple change d'opinion là-dessus. C'est elle qui fait que les hommes pensent encore aujourd'hui sur divers points comme on pensait il y a quatre mille ans. C'est elle qui donne des pensées uniformes aux hommes les plus jaloux et les plus irréconciliables entre eux : c'est elle par qui les hommes de tous les siècles et de tous les pays sont comme enchaînés autour d'un certain centre immobile, et qui les tient unis par certaines règles invariables, qu'on nomme les premiers principes, malgré les variations infinies d'opinions qui naissent en eux de leurs passions, de leurs distractions et de leurs caprices pour tous leurs autres jugements moins clairs. C'est elle qui fait que les hommes, tout dépravés qu'ils sont, n'ont point encore osé donner ouvertement le nom de vertu au vice, et qu'ils sont réduits à faire semblant d'être justes, sincères, modérés, bienfaisants, pour s'attirer l'estime les uns des autres.

On ne parvient point à estimer ce qu'on voudrait pouvoir estimer, ni à mépriser ce qu'on voudrait pouvoir mépriser [1]. On ne peut forcer cette barrière éternelle de la vérité et de la justice. Le maître intérieur, qu'on nomme raison, le reproche intérieurement avec un empire absolu. Il ne le souffre pas, et il sait borner la folie la plus impudente des hommes. Après tant de siècles de règne effréné du vice, la vertu est encore nommée vertu, et elle ne peut être dépossédée de son nom par ses ennemis les plus brutaux et les plus téméraires.

De là vient que le vice, quoique triomphant dans le

---

1. L'homme accoutumé à mal faire peut étouffer le remords, mais il n'arrive jamais, quoi qu'il fasse, à imposer silence au maître intérieur. (Voir nos Eléments de logique, ch. xx, *De la Destinée de l'homme.*)

monde, est encore réduit à se déguiser sous le masque de l'hypocrisie ou de la fausse probité, pour s'attirer une estime qu'il n'ose espérer en se montrant à découvert. Ainsi, malgré toute son impudence, il rend un hommage forcé à la vertu, en voulant se parer de ce qu'elle a de plus beau pour recevoir les honneurs qu'elle se fait rendre. On critique, il est vrai, les hommes vertueux, et ils sont effectivement toujours répréhensibles en cette vie par leurs imperfections : mais les hommes les plus vicieux ne peuvent venir à bout d'effacer en eux l'idée de la vraie vertu. Il n'y a point encore eu d'homme sur la terre qui ait pu gagner, ni sur les autres, ni sur lui-même, d'établir dans le monde qu'il est plus estimable d'être trompeur que d'être sincère, d'être emporté et malfaisant que d'être modéré et de faire du bien [1].

Le maître intérieur et universel dit donc toujours et partout les mêmes vérités. Nous ne sommes point ce maître : il est vrai que nous parlons souvent sans lui, et plus haut que lui; mais alors nous nous trompons, nous bégayons, nous ne nous entendons pas nous-mêmes, nous craignons même de voir que nous nous sommes trompés, et nous fermons l'oreille, de peur d'être humiliés par ses corrections. Sans doute l'homme qui craint d'être corrigé par cette raison incorruptible, et qui s'égare toujours en ne la suivant pas, n'est pas cette raison parfaite, universelle et immuable qui le corrige malgré lui. En toutes choses, nous trouvons comme deux principes au dedans de nous : l'un donne, l'autre reçoit; l'un manque, l'autre supplée; l'un se trompe, l'autre corrige; l'un va de travers par sa pente, l'autre le redresse; c'est cette expérience mal prise et mal entendue qui avait fait tomber dans l'erreur les marcionites et les manichéens [2]. Chacun sent en soi une raison bornée et subalterne, qui s'égare dès qu'elle

---

1. Larochefoucauld a exprimé la même pensée : « L'hypocrisie est un hommage que le vice rend à la vertu. » *Maximes*, CCXXIII.

2. Marcion de Sinope, hérésiarque du II⁰ siècle, enseignait qu'il y a deux principes ou deux êtres opposés : l'être bienfaisant, auteur de l'âme, et l'être malfaisant, auteur du corps. — Manès, né en Perse vers 240 (écorché vif en 274), reprit et propagea la doctrine de Marcion.

échappe à une entière subordination, et qui ne se corrige qu'en rentrant sous le joug d'une autre raison supérieure, universelle et immuable. Ainsi, tout porte en nous la marque d'une raison subalterne, bornée, participée, empruntée, et qui a besoin qu'une autre la redresse à chaque moment. Tous les hommes sont raisonnables de la même raison, qui se communique à eux selon divers degrés : il y a un certain nombre de sages ; mais la sagesse, où ils puisent comme dans la source et qui les fait ce qu'ils sont, est unique.

Où est-elle cette sagesse, où est-elle cette raison commune et supérieure tout ensemble à toutes les raisons bornées et imparfaites du genre humain? Où est-il donc cet oracle qui ne se tait jamais, et contre lequel ne peuvent jamais rien tous les vains préjugés des peuples? Où est-elle cette raison qu'on a sans cesse besoin de consulter, et qui nous prévient pour nous inspirer le désir d'entendre sa voix? Où est-elle cette vive lumière *qui illumine tout homme venant en ce monde*[1]? Où est-elle cette pure et douce lumière qui non-seulement éclaire les yeux ouverts, mais qui ouvre les yeux fermés, qui guérit les yeux malades, qui donne des yeux à ceux qui n'en ont pas pour la voir, enfin qui inspire le désir d'être éclairé par elle, et qui se fait aimer par ceux même qui craignent de la voir? Tout œil la voit, et il ne verrait rien s'il ne la voyait pas, puisque c'est par elle et à la faveur de ses purs rayons qu'il voit toutes choses. Comme le soleil sensible éclaire tous les corps, de même ce soleil d'intelligence éclaire tous les esprits. La substance de l'œil de l'homme n'est point la lumière ; au contraire, l'œil emprunte à chaque moment la lumière des rayons du soleil. Tout de même, mon esprit n'est point la raison primitive, la vérité universelle et immuable : il est seulement l'organe par où passe cette lumière originale, et qui en est éclairé.

Il y a un soleil des esprits qui les éclaire tous, beaucoup

---

[1]. Lux vera, quæ illuminat omnem hominem venientem in hunc mundum. JOAN., I, 9.

mieux que le soleil visible n'éclaire les corps : ce soleil des esprits nous donne tout ensemble et sa lumière et l'amour de sa lumière pour la chercher. Ce soleil de vérité ne laisse aucune ombre, et il luit en même temps dans les deux hémisphères : il brille autant sur nous la nuit que le jour : ce n'est point au dehors qu'il répand ses rayons ; il habite en chacun de nous. Un homme ne peut jamais dérober ses rayons à un autre homme : on le voit également en quelque coin de l'univers qu'on soit caché. Un homme n'a jamais besoin de dire à un autre : Retirez-vous, pour me laisser voir ce soleil ; vous me dérobez ses rayons, vous enlevez la portion qui m'est due. Ce soleil ne se couche jamais, et ne souffre aucun nuage que ceux qui sont formés par nos passions : c'est un jour sans ombre ; il éclaire les sauvages mêmes dans les antres les plus profonds et les plus obscurs : il n'y a que les yeux malades qui se ferment à sa lumière, et encore même n'y a-t-il point d'homme si malade et si aveugle qui ne marche encore à la lueur de quelque lumière sombre qui lui reste de ce soleil intérieur des consciences. Cette lumière universelle découvre et représente à nos esprits tous les objets ; et nous ne pouvons rien juger que par elle, comme nous ne pouvons discerner aucun corps qu'aux rayons du soleil [1].

Les hommes peuvent nous parler pour nous instruire ; mais nous ne pouvons les croire qu'autant que nous trou-

---

[1]. Cette magnifique comparaison est empruntée à Platon : « Ce qui répand sur les objets des sciences la lumière et la vérité, ce qui donne à l'âme la faculté de connaître, c'est l'idée du bien. Elle est le principe de la science et de la vérité, en tant qu'elles sont du domaine de l'intelligence. Quelque belles que soient la science et la vérité, tu peux assurer, sans crainte de te tromper, que l'idée du bien en est distincte et les surpasse en beauté, et comme dans le monde visible on a raison de penser que la lumière et la vue ont de l'analogie avec le soleil, mais qu'il serait faux de dire qu'elles sont le soleil ; de même, dans le monde intelligible, on peut regarder la science et la vérité comme des images du bien ; mais on aurait tort de prendre l'une ou l'autre pour le bien même... Tu penses sans doute comme moi que le soleil ne rend pas seulement les choses visibles, mais qu'il leur donne la naissance, l'accroissement, la nourriture, sans être lui-même rien de tout cela. De même tu peux dire que les êtres intelligibles ne tiennent pas seulement du bien leur intelligibilité, mais encore leur être et leur essence, quoique le bien ne soit point essence... — Imagine-toi donc que le bien et le soleil sont deux rois, l'un du monde intelligible, l'autre du monde sensible... *De la Rép.*, liv. VII, trad. de Grou.

vons une certaine conformité entre ce qu'ils nous disent et ce que nous dit le maître intérieur. Après qu'ils ont épuisé tous leurs raisonnements, il faut toujours revenir à lui et l'écouter, pour la décision. Si un homme nous disait qu'une partie égale le tout dont elle est partie, nous ne pourrions nous empêcher de rire, et il se rendrait méprisable, au lieu de nous persuader : c'est au fond de nous-mêmes, par la consultation du maître intérieur, que nous avons besoin de trouver les vérités qu'on nous enseigne, c'est-à-dire qu'on nous propose extérieurement. Ainsi, à proprement parler, il n'y a qu'un seul véritable maître qui enseigne tout et sans lequel on n'apprend rien. Les autres maîtres nous ramènent toujours dans cette école intime, où il parle seul. C'est là que nous recevons ce que nous n'avions pas; c'est là que nous apprenons ce que nous avions ignoré ; c'est là que nous retrouvons ce que nous avions perdu par l'oubli; c'est dans le fond intime de nous-mêmes qu'il nous garde certaines connaissances comme ensevelies, qui se réveillent au besoin ; c'est là que nous rejetons le mensonge que nous avions cru. Loin de juger ce maître, c'est par lui seul que nous sommes jugés souverainement en toutes choses. C'est un juge désintéressé et supérieur à nous. Nous pouvons refuser de l'écouter et nous étourdir ; mais en l'écoutant nous ne pouvons le contredire. Rien ne ressemble moins à l'homme que ce maître invisible qui l'instruit et qui le juge avec tant de rigueur et de perfection. Ainsi notre raison, bornée, incertaine, fautive, n'est qu'une inspiration faible et momentanée d'une raison primitive, suprême et immuable, qui se communique avec mesure à tous les êtres intelligents [1].

On ne peut point dire que l'homme se donne lui-même les pensées qu'il n'avait pas : on peut encore moins dire qu'il les reçoive des autres hommes, puisqu'il est certain

---

[1]. Ces passages et plusieurs autres montrent que Fénelon n'identifie point, comme on l'a prétendu, la raison divine ou la vérité avec la raison humaine, faculté individuelle de percevoir la vérité. — La fameuse théorie de *la raison impersonnelle*, imaginée par les éclectiques modernes, repose sur la confusion de l'œil qui voit et de la lumière qui est vue.

qu'il n'admet et ne peut rien admettre du dehors sans le trouver aussi dans son propre fonds, en consultant au dedans de soi les principes de la raison, pour voir si ce qu'on lui dit y répugne. Il y a donc une école intérieure où l'homme reçoit ce qu'il ne peut ni se donner ni attendre des autres hommes, qui vivent d'emprunt comme lui.

Voilà donc deux raisons que je trouve en moi : l'une est moi-même ; l'autre est au-dessus de moi. Celle qui est moi est très-imparfaite, fautive, incertaine, prévenue, précipitée, sujette à s'égarer, changeante, opiniâtre, ignorante et bornée ; enfin, elle ne possède jamais rien que d'emprunt. L'autre est commune à tous les hommes et supérieure à eux : elle est parfaite, éternelle, immuable, toujours prête à se communiquer en tous lieux, et à redresser tous les esprits qui se trompent, enfin incapable d'être jamais ni épuisée ni partagée, quoiqu'elle se donne à tous ceux qui la veulent. Où est cette raison parfaite, qui est si près de moi et si différente de moi? où est-elle ? Il faut qu'elle soit quelque chose de réel ; car le néant ne peut être parfait, ni perfectionner les natures imparfaites. Où est-elle, cette raison suprême ? N'est-elle pas le Dieu que je cherche ?

Je trouve encore d'autres traces de la Divinité en moi ; en voici une bien touchante :

Je connais des nombres prodigieux, avec les rapports qui sont entre eux. Par où me vient cette connaissance[1]? Elle est si distincte que je n'en puis douter sérieusement, et que je redresse d'abord, sans hésiter, tout homme qui manque à la suivre en supputant.

Si un homme dit que 17 et 3 font 22, je me hâte de lui dire : 17 et 3 ne font que 20 : aussitôt il est vaincu par sa propre lumière, et il acquiesce à ma correction. Le même maître, qui parle en moi pour le corriger, parle aussitôt en lui pour lui dire qu'il doit se rendre. Ce ne sont point deux

---

[1]. Ipsos quoque numeros non per corporis sensus attractos esse facile videbis, si cogitaveris quemlibet numerum tot vocari quotiens unum habuerit : verbi gratia, si bis habuerit unum, duo vocantur ; si ter, tria ; et si decies unum habent, tum vocantur decem : et quilibet omnino numerus quotiens habet unum, hinc illi nomen est, et tot appellatur. Unum vero quisquis verissime cogitat, profecto invenit corporis sensibus non posse inveniri. S. Aug., *De Libero arbitrio*, II, 22.

maîtres qui soient convenus de nous accorder, c'est quelque chose d'invisible, d'éternel, d'immuable, qui parle en même temps avec une persuasion invincible dans tous les deux. Encore une fois, d'où me vient cette notion si juste des nombres? Les nombres ne sont tous que des unités répétées. Tout nombre n'est qu'une composition ou une répétition d'unités. Le nombre de 2 n'est que de deux unités ; le nombre de 4 se réduit à 1 répété quatre fois. On ne peut donc concevoir aucun nombre sans concevoir l'unité, qui est le fondement essentiel de tout nombre possible[1]. On ne peut donc concevoir aucune répétition d'unités, sans concevoir l'unité même qui en est le fond.

Mais par où est-ce que je puis connaître quelque unité réelle? Je n'en ai jamais vu, ni même imaginé par le rapport de mes sens. Que je prenne le plus subtil atome, il faut qu'il ait une figure, une longueur, une largeur et une profondeur, un dessus, un dessous, un côté gauche, un autre droit; et le dessus n'est point le dessous, un côté n'est point l'autre. Cet atome n'est donc pas véritablement un : il est composé de parties. Or le composé est un nombre réel, et une multitude d'êtres : ce n'est point une unité réelle : c'est un assemblage d'êtres dont l'un n'est pas l'autre[2].

Je n'ai donc jamais appris ni par mes yeux, ni par mes oreilles, ni par mes mains, ni même par mon imagination, qu'il y ait dans la nature aucune réelle unité; au contraire, mes sens et mon imagination ne me présentent jamais rien que de composé, rien qui ne soit un nombre réel, rien qui ne soit une multitude. Toute unité m'échappe sans cesse; elle me fuit, comme par une espèce d'enchantement. Puisque je la cherche dans tant de divisions d'un atome, j'en ai certainement l'idée distincte ; et ce n'est que par sa simple et claire idée que je parviens, en la répétant, à connaître tant d'autres nombres. Mais, puisqu'elle

---

[1]. Unum si non possem, multa in corpore numerare non possem. S. Aug. *ibid.*

[2]. Les Épicuriens enseignent que l'atome (ἀ τέμνω) est indivisible, et la raison qu'ils donnent de cette prétendue indivisibilité mérite d'être rapportée.

« Sans doute, dit Gassendi, les atomes ont leur longueur, leur largeur et leur profondeur; mais ils sont indivisibles, parce qu'ils sont *tellement solides, et tellement durs et impénétrables, qu'ils ne donnent point lieu à la division.* »

m'échappe dans toutes les divisions des corps de la nature, il s'ensuit clairement que je ne l'ai jamais connue par le canal de mes sens et de mon imagination. Voilà donc une idée qui est en moi indépendamment des sens, de l'imagination et des impressions des corps.

De plus, quand même je ne voudrais pas reconnaître de bonne foi que j'ai une idée claire de l'unité qui est le fond de tous les nombres, parce qu'ils ne sont que des répétitions ou des collections d'unités, il faudrait au moins avouer que je connais beaucoup de nombres avec leurs propriétés et leurs rapports. Je sais, par exemple, combien font neuf cents millions joints avec huit cents millions d'une autre somme. Je ne m'y trompe point; et je redresserais d'abord avec certitude un autre homme qui s'y tromperait. Cependant ni mes sens ni mon imagination n'ont jamais pu me présenter distinctement tous ces millions rassemblés. L'image qu'ils m'en présenteraient ne ressemblerait pas même davantage à dix-sept cents millions qu'à un nombre très-inférieur.

D'où me vient donc une idée si distincte des nombres que je n'ai jamais pu ni sentir ni imaginer? Ces idées indépendantes des corps ne peuvent ni être corporelles ni être reçues dans un sujet corporel; elles me découvrent la nature de mon âme qui reçoit ce qui est incorporel, et qui le reçoit au dedans de soi d'une manière incorporelle. D'où me vient une idée si incorporelle des corps mêmes? Je ne puis la porter par ma propre nature au dedans de moi, puisque ce qui connaît en moi les corps est incorporel, et qu'il les connaît sans que cette connaissance lui vienne par le canal des organes corporels, tels que les sens et l'imagination[1]. Il faut que ce qui pense en moi soit, pour ainsi dire, un néant de nature corporelle. Comment ai-je pu connaître des êtres qui n'ont aucun rapport de nature avec mon être pensant[2]? Il faut sans doute qu'un être su-

---

1. Erreur psychologique. On ne saurait admettre que l'imagination soit un organe corporel, non plus que les sens. (Voy. nos Éléments de logique, n° IV, p. 25, pour les sens, et n° VI, p. 66, pour l'imagination.)

2. Toutes nos idées nécessaires, dit saint Thomas, nous élèvent à Dieu, leur principe, de qui nous les tenons et à qui nous les rattachons. — Voir la deuxième partie de ce traité, ch. IV.

périeur à ces deux natures si diverses, et qui les renferme toutes deux dans son infini, les ait jointes dans mon âme, et m'ait donné l'idée d'une nature toute différente de celle qui pense en moi.

Pour les unités, quelqu'un dira peut-être que je ne les connais point par les corps, mais seulement par les esprits, et qu'ainsi mon esprit étant un, et m'étant véritablement connu, c'est par là, et non par les corps, que j'ai l'idée de l'unité. Mais voici ma réponse :

Il s'ensuivra du moins de là que je connais des substances qui n'ont rien d'étendu ni de divisible et qui sont présentes. Voilà déjà des natures purement incorporelles au nombre desquelles je dois mettre mon âme. Qui est-ce qui l'a unie à mon corps? Cette âme n'est point un être infini; elle n'a pas toujours été; elle pense dans certaines bornes. Qui est-ce qui l'a faite? qui est-ce qui lui fait connaître les corps si différents d'elle? qui est-ce qui lui donne tant d'empire sur un certain corps, et qui donne réciproquement à ce corps tant d'empire sur elle? De plus, comment sais-je si cette âme qui pense est réellement une, ou bien si elle a des parties? Je ne vois point cette âme[1]. Dira-t-on que c'est dans une chose si invisible et si impénétrable que je vois clairement ce que c'est qu'unité? Loin d'apprendre par mon âme ce que c'est que d'être un, c'est au contraire par l'idée claire que j'ai déjà de l'unité que j'examine si mon âme est une ou divisible.

Ajoutez à cela que j'ai au dedans de moi une idée claire d'une unité parfaite qui est bien au-dessus de celles que je puis trouver dans mon âme : elle se trouve souvent comme partagée entre deux opinions, entre deux inclinations, entre deux habitudes contraires. Ce partage que je trouve au fond de moi-même ne marque-t-il point quelque multiplicité ou composition de parties? L'âme d'ailleurs a tout au moins une composition successive de pensées, dont

---

1. Fénelon va trop loin. Le sentiment légitime qui m'avertit de l'existence de mon âme me persuade en même temps de son unité. Mais je ne la vois pas? — C'est précisément parce qu'elle est *une* qu'elle se dérobe à mes regards. L'œil n'atteint que ce qui est matériel ou composé; l'âme comme Dieu lui échappe.

l'une est très-différente de l'autre. Je conçois une unité infiniment plus une, s'il m'est permis de parler ainsi : je conçois un être qui ne change jamais de pensée, qui pense toujours toutes choses tout à la fois, et en qui on ne peut trouver aucune composition, même successive. Sans doute, c'est cette idée de la parfaite et suprême unité qui me fait tant chercher quelque unité dans les esprits et même dans les corps.

Cette idée, toujours présente au fond de moi-même, est née avec moi ; elle est le modèle parfait sur lequel je cherche partout quelque copie imparfaite de l'unité[1]. Cette idée de ce qui est *un*, simple et indivisible par excellence, ne peut être que l'idée de Dieu. Je connais donc Dieu avec une telle clarté, que c'est en le connaissant que je cherche dans toutes les créatures et en moi-même quelque ouvrage et quelque ressemblance de son unité. Les corps ont, pour ainsi dire, quelque vestige de cette unité qui échappe toujours dans la division de ses parties ; et les esprits en ont une plus grande ressemblance[2], quoiqu'ils aient une composition successive de pensées.

Mais voici un autre mystère que je porte au dedans de moi, et qui me rend incompréhensible à moi-même : c'est que d'un côté je suis libre, et que de l'autre je suis dépendant. Examinons ces deux choses pour voir s'il est possible de les accorder.

Je suis un être dépendant : l'indépendance est la suprême perfection. Être par soi-même, c'est porter en soi-même la source de son propre être, c'est ne rien emprunter d'aucun être différent de soi. Supposez un être qui rassemble toutes les perfections que vous pourrez concevoir, mais qui sera un être emprunté et dépendant, il sera moins parfait qu'un autre être en qui vous ne mettrez que la simple indépendance ; car il n'y a aucune comparaison à faire entre un être qui est par soi et un être qui n'a rien que

---

1. Voir pour l'exposition de cette doctrine, nos Éléments de Logique, ch. v. *Appendice historique sur l'origine des idées*.

2. Ce rapprochement de l'esprit et du corps n'est pas exact. L'unité du corps, unité *harmonieuse* provenant de l'assemblage de plusieurs parties qui concourent à former un tout, ne ressemble en rien à l'unité *simple* et *indivisible* de l'âme. La *spiritualité* de l'âme est prouvée par sa simplicité.

d'emprunté, et qui n'est en lui que comme par prêt.

Ceci me sert à reconnaître l'imperfection de ce que j'appelle mon âme. Si elle était par elle-même, elle n'emprunterait rien d'autrui, elle n'aurait besoin ni de s'instruire dans ses ignorances ni de se redresser dans ses erreurs ; rien ne pourrait ni la corriger de ses vices, ni lui inspirer aucune vertu, ni rendre sa volonté meilleure qu'elle ne se trouverait d'abord ; cette âme posséderait toujours tout ce qu'elle serait capable d'avoir, et ne pourrait jamais rien recevoir du dehors. En même temps, il serait certain qu'elle ne pourrait rien perdre ; car ce qui est par soi est toujours nécessairement tout ce qu'il est. Ainsi mon âme ne pourrait tomber ni dans l'ignorance, ni dans l'erreur, ni dans le vice, ni dans aucune diminution de bonne volonté ; elle ne pourrait aussi ni s'instruire, ni se corriger, ni devenir meilleure qu'elle n'est. Or, j'éprouve tout le contraire : j'oublie, je me trompe, je m'égare, je perds la vue de la vérité et de l'amour du bien ; je me corromps, je me diminue. D'un autre côté, je m'augmente en acquérant la sagesse et la bonne volonté que je n'avais jamais eues. Cette expérience intime me convainc que mon âme n'est point un être par soi[1] et indépendant, c'est-à-dire nécessaire et immuable en tout ce qu'il possède. Par où me peut venir cette augmentation de moi-même ? qui est-ce qui peut perfectionner mon être en me rendant meilleur, et par conséquent en me faisant être plus que je n'étais ?

La volonté ou capacité de vouloir est sans doute un degré d'être, et de bien ou de perfection, mais la bonne volonté ou le bon vouloir est un autre degré de bien supérieur : car on peut abuser de la volonté pour vouloir mal, pour tromper, pour nuire, pour faire l'injustice ; au lieu que le bon vouloir est le bon usage de la volonté même, lequel ne peut être que bon. Le bon vouloir est donc ce qu'il y a de plus précieux dans l'homme ; c'est ce qui donne le prix à tout le reste ; c'est là, pour ainsi dire, tout l'homme[2].

Nous venons de voir que ma volonté n'est point par elle-

---

1. C'est-à-dire un être qui existe par lui-même.

2. Hoc est enim omnis homo. *Eccles.*, xii, 15.

même, puisqu'elle est sujette à perdre et à recevoir des degrés de bien ou de perfection : nous avons vu qu'elle est un bien inférieur au bon vouloir, parce qu'il est meilleur de bien vouloir que d'avoir simplement une volonté susceptible du bien et du mal. Comment pourrai-je croire que moi, être faible, imparfait, emprunté et dépendant, je me donne à moi-même le plus haut degré de perfection, pendant qu'il est visible que l'inférieur me vient d'un premier être? Puis-je m'imaginer que Dieu me donne le moindre bien, et que je me donne sans lui le plus grand? Où prendrai-je ce haut degré de perfection pour me le donner? serait-ce dans le néant qui est mon propre fond? Dirai-je que d'autres esprits à peu près égaux au mien me le donnent? Mais puisque ces êtres bornés et dépendants comme le mien ne peuvent se rien donner à eux-mêmes, ils peuvent encore moins donner à autrui. N'étant point par eux-mêmes ils n'ont par eux-mêmes aucun vrai pouvoir ni sur moi, ni sur les choses qui sont imparfaites en moi, ni sur eux-mêmes. Il faut donc, sans s'arrêter à eux, remonter plus haut, et trouver une cause première qui soit féconde et toute-puissante, pour donner à mon âme le bon vouloir qu'elle n'a pas [1].

Ajoutons encore une réflexion. Ce premier être est la cause de toutes les modifications de ses créatures. L'opération suit l'être, comme disent les philosophes. L'être qui est dépendant dans le fond de son être ne peut être que dépendant dans toutes ses opérations. L'accessoire suit le principal. L'auteur du fond de l'être l'est donc aussi de toutes les modifications ou manières d'être des créatures. C'est ainsi que Dieu est la cause réelle et immédiate de toutes les configurations, combinaisons et mouvements de tous les corps de l'univers : c'est à l'occasion d'un corps qu'il a mû qu'il en meut un autre; c'est lui qui a tout créé, et c'est lui qui fait tout dans son ouvrage.

Or, le vouloir est la modification des volontés, comme le mouvement est la modification des corps. Dirons-nous qu'il est la cause réelle, immédiate et totale du mouvement de

---

[1]. Cette preuve toute chrétienne est tirée de l'action de la grâce.

tous les corps, et qu'il n'est pas autant la cause réelle et immédiate du bon vouloir des volontés? Cette modification, la plus excellente de toutes, sera-t-elle la seule que Dieu ne fera point dans son ouvrage, et que l'ouvrage se donnera lui-même avec indépendance? Qui le peut penser? Mon bon vouloir, que je n'avais pas hier, et que j'ai aujourd'hui, n'est donc pas une chose que je me donne; il me vient de celui qui m'a donné la volonté et l'être[1].

Comme vouloir est plus parfait qu'être simplement, bien vouloir est plus parfait que vouloir. Le passage de la puissance à l'acte vertueux est ce qu'il y a de plus parfait dans l'homme. La puissance n'est qu'un équilibre entre la vertu et le vice, qu'une suspension entre le bien et le mal. Le passage à l'acte est la décision pour le bien, et par conséquent le bien supérieur. La puissance susceptible du bien et du mal vient de Dieu. Nous avons fait voir qu'on n'en pouvait douter. Dirons-nous que le coup décisif qui détermine au plus grand bien ne vient pas de lui ou en vient moins? Tout ceci prouve évidemment ce que dit l'Apôtre[2], savoir, que Dieu donne le vouloir et le faire, selon son bon plaisir. Voilà la dépendance de l'homme; cherchons sa liberté.

Je suis libre, et je n'en puis douter[3]; j'ai une conviction intime et inébranlable que je puis vouloir et ne vouloir pas, qu'il y a en moi une élection, non-seulement entre le vouloir et le non-vouloir[4], mais encore entre diverses volontés, sur la variété des objets qui se présentent. Je sens, comme dit l'Écriture, que « je suis dans la main de mon conseil[5]. » En voilà déjà assez pour me montrer que mon âme n'est point corporelle. Tout ce qui est corps ou corporel ne se

---

1. Ceci se rattache à la doctrine catholique de la grâce, qu'il se faut bien garder de confondre avec la prédestination de Jansénius et de Calvin.

2. Deus est enim, qui operatur in vobis et velle et perficere, pro bona voluntate. S. Paul, *ad Philipp.* ch. II, v. 13.

3. « Tout homme sensé qui se consulte et s'écoute, porte au dedans de soi une décision indivisible en faveur de sa liberté. » *Lettres sur la métaphysique*, II, lib. 3.

4. Il y a élection entre le vouloir et le non-vouloir, c'est-à-dire entre se déterminer et ne pas se déterminer. Mais, au fond, se décider à ne pas se déterminer, n'est-ce pas prendre une détermination?

5. Deus ab initio constituit hominem, et reliquit illum in manu consilii sui. *Eccles.* xv, 14.

détermine en rien soi-même, et est au contraire déterminé en tout par des lois qu'on nomme physiques, qui sont nécessaires, invincibles, et contraires à ce que j'appelle liberté. De là je conclus que mon âme est d'une nature entièrement différente de celle de mon corps [1]. Qui est-ce qui a pu unir d'une union réciproque deux natures si différentes, et les tenir dans un concert si juste pour toutes leurs opérations? Ce lien ne peut être formé comme nous l'avons déjà remarqué, que par un être supérieur qui réunisse ces deux genres de perfections dans sa perfection infinie.

Il n'en est pas de même de cette modification de mon âme qu'on nomme vouloir, comme des modifications des corps. Un corps ne se modifie en rien lui-même; il est modifié par la seule puissance de Dieu; il ne se meut point, il est mû; il n'agit en rien, il est seulement agi, s'il m'est permis de parler de la sorte. Ainsi Dieu est l'unique cause réelle et immédiate de toutes les différentes modifications des corps. Pour les esprits, il n'en est pas de même : ma volonté se détermine elle-même. Or, se déterminer à un vouloir, c'est se modifier : ma volonté se modifie donc elle-même. Dieu peut prévenir mon âme; mais il ne lui donne point le vouloir de la même manière dont il donne le mouvement aux corps [2].

Si c'est Dieu qui me modifie, je me modifie moi-même avec lui; je suis cause réelle avec lui de mon propre vouloir. Mon vouloir est tellement à moi, qu'on ne peut s'en prendre qu'à moi, si je ne veux pas ce qu'il faut vouloir. Quand je veux une chose, je suis maître de ne la vouloir pas; quand je ne la veux pas, je suis maître de la vouloir. Je ne suis pas contraint dans mon vouloir, et je ne saurais l'être; car je ne saurais vouloir malgré moi ce que je veux, puisque le vouloir que je suppose exclut évidemment toute contrainte.

Outre l'exemption de toute contrainte, j'ai encore l'exemp-

---

1. Excellente preuve (et sur laquelle on n'insiste pas assez) de la distinction de l'âme et du corps. Le principe pensant est libre, donc il est d'une autre nature que le corps. Le corps, agrégat matériel, est destitué de liberté, comme les éléments qui le composent.

2. Cette explication corrige ce qu'il peut y avoir d'excessif dans les passages précédents.

tion de toute nécessité. Je sens que j'ai un vouloir, pour ainsi dire, à deux tranchants qui peut se tourner à son choix vers le oui ou vers le nom, vers un objet ou vers un autre : je ne connais point d'autre raison de mon vouloir que mon vouloir même ; je veux une chose parce que je veux bien la vouloir, et que rien n'est tant en ma puissance que de vouloir ou de ne vouloir pas. Quand même ma volonté ne serait pas contrainte, si elle était nécessitée[1], elle serait aussi invinciblement déterminée à vouloir que les corps le sont à se mouvoir. La nécessité invincible tomberait autant sur le vouloir pour les esprits qu'elle tombe sur le mouvement pour les corps. Alors il ne faudrait pas s'en prendre davantage aux volontés de ce qu'elles voudraient, qu'aux corps de ce qu'ils se mouvraient.

Il est vrai que les volontés voudraient vouloir ce qu'elles voudraient ; mais les corps se meuvent du mouvement dont ils se meuvent, comme les volontés veulent du vouloir dont elles veulent. Si le vouloir est nécessité comme le mouvement, il n'est ni plus digne de louange ni plus digne de blâme[2]. Le vouloir nécessité, pour être un vrai vouloir non contraint, n'en est pas moins un vouloir qu'on ne peut s'abstenir d'avoir, et duquel on ne peut se prendre à celui qui l'a. La connaissance précédente ne donne point de liberté véritable ; car un vouloir peut être précédé de la connaissance de divers objets, et n'avoir pourtant aucune réelle élection. La délibération même n'est qu'un jeu ridicule, et si je délibère entre deux partis, étant dans l'impuissance actuelle de prendre l'un et dans la nécessité actuelle de prendre l'autre. Enfin il n'y a aucune élection sérieuse et véritable entre deux objets, s'ils ne sont tous deux actuellement tout prêts, en sorte que je puisse laisser et prendre celui qu'il me plaira.

En disant que je suis libre, je dis donc que mon vouloir est pleinement en ma puissance, et que Dieu même me le

---

1. L'essence de la volonté étant la liberté, une volonté nécessitée n'est plus une volonté. Il y a contradiction dans les termes.

2. « Cette idée nous représente qu'un homme n'est coupable que quand il fait ce qu'il peut s'empêcher de faire, c'est-à-dire ce qu'il fait par le choix de sa volonté, sans y être déterminé inévitablement et invinciblement par quelque autre cause distinguée de sa volonté. » *Lettres sur la métaphysique*, II, ch. 3.

laisse pour le tourner où je voudrai; que je ne suis point déterminé comme les autres êtres, et que je me détermine moi-même. Je conçois que si ce premier être me prévient pour m'inspirer une bonne volonté, je demeure le maître de rejeter son actuelle inspiration [1], quelque forte qu'elle soit, de la frustrer de son effet, et de lui refuser mon consentement. Je conçois aussi que, quand je rejette son inspiration pour le bien, j'ai le vrai et actuel pouvoir de ne la rejeter pas, comme j'ai le pouvoir actuel et immédiat de me lever, quand je demeure assis, et de fermer les yeux, quand je les ai ouverts. Les objets peuvent me solliciter, par tout ce qu'ils ont d'agréable, à les vouloir : les raisons de vouloir peuvent se présenter à moi avec ce qu'elles ont de plus vif et de plus touchant : le premier être peut aussi m'attirer par ses plus persuasives inspirations. Mais enfin, dans cet attrait actuel des objets, des raisons, et même de l'inspiration d'un être supérieur, je demeure encore maître de ma volonté pour vouloir ou ne vouloir pas.

C'est cette exemption, non-seulement de toute contrainte mais encore de toute nécessité, et cet empire sur mes propres actes, qui fait que je suis inexcusable quand je veux mal, et que je suis louable quand je veux bien. Voilà le fond du mérite et du démérite; voilà ce qui rend juste la punition ou la récompense; voilà ce qui fait qu'on exhorte, qu'on reprend, qu'on menace, qu'on promet. C'est là le fondement de toute police, de toute instruction et de toute règle des mœurs. Tout se réduit dans la vie humaine à supposer, comme le fondement de tout, que rien n'est tant en la puissance de notre volonté que notre propre vouloir, et que nous avons ce libre arbitre, ce pouvoir, pour ainsi dire, à deux tranchants, cette vertu élective entre deux partis qui sont immédiatement comme sous notre main.

C'est ce que les bergers et les laboureurs chantent sur les montagnes, ce que les marchands et les artisans supposent dans leur négoce, ce que les acteurs représentent

---

1. Concil. Trid., sess. VI, cap. 5.

dans les spectacles, ce que les magistrats croient dans leurs conseils, ce que les docteurs enseignent dans leurs écoles, ce que nul homme sensé ne peut révoquer en doute sérieusement [1]. Cette vérité, imprimée au fond de nos cœurs, est supposée dans la pratique par les philosophes mêmes qui voudraient l'ébranler par de creuses spéculations. L'évidence intime de cette vérité est comme celle des premiers principes, qui n'ont besoin d'aucunes preuves, et qui servent eux-mêmes de preuves aux autres vérités moins claires. Comment le premier être peut-il avoir fait une créature qui soit ainsi l'arbitre de ses propres actes?

Rassemblons maintenant ces deux vérités également certaines : je suis dépendant d'un premier être dans mon vouloir même, et néanmoins je suis libre. Quelle est donc cette liberté dépendante? Comment peut-on comprendre un vouloir qui est libre et qui est donné par un premier être? Je suis dans mon vouloir comme Dieu dans le sien. C'est en cela principalement que je suis son image et que je lui ressemble. Quelle grandeur qui tient de l'infini! Voilà le trait de la divinité même. C'est une espèce de puissance divine que j'ai sur mon vouloir ; mais je ne suis qu'une simple image de cet être si libre et si puissant.

L'image de l'indépendance divine n'est pas la réalité de ce qu'elle représente ; ma liberté n'est qu'une ombre de celle de ce premier être par qui je suis et par qui j'agis [2]. D'un côté, le pouvoir que j'ai de vouloir mal est moins un

---

1. Hæc in omnibus hominibus, quos interrogare non absurda possumus, a puero usque ad senem, a ludo litterario usque ad solium sapientis, natura ipsa proclamat... Nonne ista cantant et in montibus pastores, et in theatris poetæ, et indocti in circulis, et docti in bibliothecis, et magistri in scholis, et antistites in sacratis locis, et in orbe terrarum genus humanum? — St Aug. *De duab. anim. contra Manich.*

2. La liberté divine diffère de celle de l'homme par deux grands caractères : 1° l'acte libre de Dieu n'est point précédé d'une délibération. » « La délibération, dit M. Bautain dans sa Philosophie morale, prouve sans doute la liberté ou le pouvoir de choisir entre les motifs ; mais elle montre en même temps notre faiblesse, car nous ne sommes embarrassés de choisir que faute d'apercevoir rapidement le vrai et de sentir du premier coup le beau et le bien. » 2° En Dieu, le pouvoir et la liberté sont égaux. Je veux beaucoup de choses que je ne puis accomplir ; il peut tout ce qu'il veut. Pour lui vouloir, c'est pouvoir. Mais cette liberté et ce pouvoir de Dieu ne s'exercent que dans les limites du contingent. Etant l'être nécessaire et parfait, le principe et la substance de toutes les vérités nécessaires, il ne saurait, sans défectuosité et sans imperfection, aller contre ces mêmes vérités nécessaires. Il irait contre sa nature et userait de sa liberté contre lui-même.

vrai pouvoir qu'une faiblesse et une fragilité de mon vouloir : c'est un pouvoir de déchoir, de me dégrader, de diminuer mon degré de perfection et d'être. D'un autre côté, le pouvoir que j'ai de bien vouloir n'est point un pouvoir absolu, puisque je ne l'ai point de moi-même. La liberté n'étant donc autre chose que ce pouvoir, le pouvoir emprunté ne peut faire qu'une liberté empruntée et dépendante. Un être si imparfait et si emprunté ne peut donc être que dépendant. Comment est-il libre? Quel profond mystère! Sa liberté, dont je ne puis douter, montre sa perfection: sa dépendance montre le néant dont il est sorti.

Nous venons de voir les traces de la divinité, ou, pour mieux dire, le sceau de Dieu même, dans tout ce qu'on appelle les ouvrages de la nature [1]. Quand on ne veut point subtiliser, on remarque du premier coup d'œil une main qui est le premier mobile dans toutes les parties de l'univers. Les cieux, la terre, les astres, les plantes, les animaux, nos corps, nos esprits, tout marque un ordre, une mesure précise, un art, une sagesse, un esprit supérieur à nous, qui est comme l'âme du monde entier, et qui mène tout à ses fins avec une force douce et insensible, mais toute-puissante. Nous avons vu, pour ainsi dire, l'architecture de l'univers, la juste proportion de toutes ses parties; et le simple coup d'œil nous a suffi partout pour trouver dans une fourmi, encore plus que dans le soleil, une sagesse et une puissance qui se plaît à éclater en façonnant ses plus vils ouvrages. Voilà ce qui se présente d'abord sans discussion aux hommes les plus ignorants. Que serait-ce si nous entrions dans les secrets de la physique, et si nous faisions la dissection des parties internes des animaux, pour y trouver la plus parfaite mécanique?

---

1. Ce paragraphe résume les deux premiers chapitres. — Fénelon se plaît à reproduire et à développer l'argument des *causes finales*. Dans ses lettres sur la métaphysique (adressées au duc d'Orléans) il a donné lui-même, et presque dans les mêmes termes, un abrégé de cette magnifique description. Voir la lettre I, ch. I et II.

CHAPITRE III

Réponse aux objections des Épicuriens [1].

J'entends certains philosophes qui me répondent que tout ce discours, sur l'art qui éclate dans toute la nature, n'est qu'un sophisme perpétuel. Toute la nature, me diront-ils, est à l'usage de l'homme, il est vrai; mais vous en concluez mal à propos qu'elle a été faite avec art pour l'usage de l'homme. C'est être ingénieux à se tromper soi-même pour trouver ce qu'on cherche, et qui ne fut jamais. Il est vrai, continueront-ils, que l'industrie de l'homme se sert d'une infinité de choses que la nature lui fournit, et qui lui sont commodes; mais la nature n'a point fait tout exprès ces choses pour sa commodité. Par exemple, des villageois grimpent tous les jours par certaines pointes de rochers au sommet d'une montagne; il ne s'ensuit pas néanmoins que ces pointes de rochers aient été taillées avec art comme un escalier pour la commodité des hommes. Tout de même, quand on est à la campagne pendant un orage, et qu'on rencontre une caverne, on s'en sert comme d'une maison pour se mettre à couvert : il n'est pourtant pas vrai que cette caverne ait été faite exprès pour servir de maison aux hommes. Il en est de même du monde entier : il a été formé par le hasard et sans dessein; mais les hommes, le trouvant tel qu'il est, ont eu l'invention de

---

[1]. Epicure, né à Gargettium en 341 avant J.-C., est l'auteur ou plutôt le propagateur de la doctrine la plus dégradante que les hommes aient imaginée. En morale, il suit Aristippe; il enseigne l'Edonisme; toutefois il recommande de modérer la passion pour que la volupté soit plus durable, et substitue ainsi l'intérêt bien entendu au plaisir. En psychologie et en physique, c'est un disciple de Protagoras, de Leucippe et de Démocrite. — Toutes nos connaissances viennent des sens; la sensation est la mesure de la vérité. Il n'y a point de dieux, ou, s'il y en a, ils sont étrangers à l'existence ou à la conservation de l'univers. Le monde, êtres animés ou inanimés, âmes ou corps, en un mot tout ce qui est, a été produit par le concours des atomes. Les atomes sont des corpuscules indivisibles, infiniment nombreux et de formes très-diverses, qui se meuvent dans le vide et forment en se rencontrant une infinité de combinaisons. L'âme est une agrégation d'atomes plus subtils et plus déliés que ceux qui constituent le corps. La doctrine physique d'Epicure, contenue en grande partie dans la lettre à Hérodote (Voir Diogène Laërce), a été exposée, développée et soutenue par Gassendi, dans son ouvrage intitulé : *Syntagna philosophiæ Epicuri*.

le tourner à leurs usages[1]. Ainsi l'art que vous voulez admirer dans l'ouvrage et dans son ouvrier n'est que dans les hommes, qui savent après coup se servir de tout ce qui les environne. Voilà sans doute la plus forte objection que ces philosophes puissent faire; et je crois qu'ils ne peuvent point se plaindre que je l'aie affaiblie. Mais nous allons voir combien elle est faible en elle-même, quand on l'examine de près : la simple répétition de ce que j'ai déjà dit suffira pour le démontrer.

Que dirait-on d'un homme qui se piquerait d'une philosophie subtile, et qui, entrant dans une maison, soutiendrait qu'elle a été faite par le hasard[2], et que l'industrie n'y a rien mis pour en rendre l'usage commode aux hommes, à cause qu'il y a des cavernes qui ressemblent en quelque chose à cette maison, et que l'art des hommes n'a jamais creusées? On montrerait à celui qui raisonnerait de la sorte toutes les parties de cette maison. Voyez-vous, lui dirait-on, cette grande porte de la cour? elle est plus grande que toutes les autres, afin que les carrosses y puissent entrer. Cette cour est assez spacieuse pour y faire tourner les carrosses avant qu'ils sortent. Cet escalier est composé de marches basses, afin qu'on puisse monter sans effort; il tourne suivant les appartements et les étages pour lesquels il doit servir. Les fenêtres ouvertes de distance en distance éclairent tout le bâtiment : elles sont vitrées, de peur que le vent n'entre avec la lumière; on peut les ouvrir quand on veut, pour respirer un air doux dans la belle saison. Le toit est fait pour défendre tout le bâtiment des injures de l'air. La charpente est en pointe, afin que la pluie et la neige s'y écoulent facilement des deux côtés. Les tuiles portent un peu les unes sur les autres, pour mettre à cou-

---

1. Nil... natum est in corpore, ut uti
Possemus; sed quod natum est, id pro-
[creat usum.
Nec fuit ante videre oculorum lumina
[nata...
. . . .
Quare etiam atque etiam procul est ut
[credere possis
Utilitatis ob officium potuisse creari.
Lucr. *De rerum natura*, l. IV, v. 83! et s.

2. Je vous demanderai ce que c'est que le hasard? est-il corps? est-il esprit? est-ce un être distingué des autres êtres, qui ait son existence particulière, qui soit quelque part? ou plutôt n'est-ce pas un mode ou une façon d'être?
Labruyère, *des Esprits forts*.

vert les bois de la charpente. Les divers planchers des étages servent à multiplier les logements dans un petit espace, en les faisant les uns au-dessus des autres. Les cheminées sont faites pour allumer du feu en hiver sans brûler la maison, et pour faire exhaler la fumée sans la laisser sentir à ceux qui se chauffent. Les appartements sont distribués de manière qu'ils ne sont point engagés les uns dans les autres, que toute une famille nombreuse y peut loger, sans que les uns aient besoin de passer par les chambres des autres, et que le logement du maître est le principal. On y voit des cuisines, des offices, des écuries, des remises de carrosses. Les chambres sont garnies de lits pour se coucher, de chaises pour s'asseoir, de tables pour écrire et pour manger [1].

Il faut, dirait-on à ce philosophe, que cet ouvrage ait été conduit par quelque habile architecte : car tout y est agréable, riant, proportionné, commode ; il faut même qu'il ait eu sous lui d'excellents ouvriers. Nullement, répondrait ce philosophe ; vous êtes ingénieux à vous tromper vous-même. Il est vrai que cette maison est riante, agréable, proportionnée, commode ; mais elle s'est faite d'elle-même avec toutes ses proportions. Le hasard en a assemblé les pierres avec ce bel ordre ; il a élevé les murs, assemblé et posé la charpente, percé les fenêtres, placé l'escalier. Gardez-vous bien de croire qu'aucune main d'homme y ait eu aucune part : les hommes ont seulement profité de cet ouvrage, quand ils l'ont trouvé fait. Ils s'imaginent qu'il est fait pour eux, parce qu'ils y remarquent des choses qu'ils savent tourner à leur commodité ; mais tout ce qu'ils attribuent au dessein d'un architecte imaginaire n'est que l'effet de leur invention après coup. Cette maison si régulière et si bien entendue ne s'est faite que comme une caverne ; et les hommes, la trouvant faite, s'en servent comme ils se serviraient, pendant un orage, d'un antre qu'ils trouveraient sous un rocher au milieu d'un désert.

Que penserait-on de ce bizarre philosophe, s'il s'obsti-

---

[1]. On retrouve le même exemple dans les *Lettres sur la métaphysique* (I, ch. II.) Il ne sera pas sans intérêt de comparer les deux passages ; on appréciera mieux le génie souple et fécond de ce grand écrivain.

naît à soutenir sérieusement que cette maison ne montre aucun art? Quand on lit la fable d'Amphion qui, par un miracle de l'harmonie, faisait élever avec ordre et symétrie les pierres les unes sur les autres pour former les murailles de Thèbes[1], on se joue de cette fiction poétique ; mais cette fiction n'est pas si incroyable que celle que l'homme que nous supposons oserait défendre. Au moins pourrait-on s'imaginer que l'harmonie, qui consiste dans le mouvement local de certains corps, pourrait, par quelqu'une de ces vertus secrètes qu'on admire dans la nature sans les entendre, ébranler les pierres avec un certain ordre et une espèce de cadence, qui ferait quelque régularité dans l'édifice. Cette explication choque néanmoins et révolte la raison ; mais enfin elle est encore moins extravagante que celle que je viens de mettre dans la bouche d'un philosophe. Qu'y a-t-il de plus absurde que de se représenter des pierres qui se taillent, qui sortent de la carrière, qui montent les unes sur les autres sans laisser de vide, qui portent avec elles leur ciment pour leur liaison, qui s'arrangent pour distribuer les appartements, qui reçoivent au-dessus d'elles le bois d'une charpente avec les tuiles pour mettre l'ouvrage à couvert? Les enfants mêmes qui bégayent encore riraient, si on leur proposait sérieusement cette fable.

Mais pourquoi rira-t-on moins d'entendre dire que le monde s'est fait de lui-même comme cette maison fabuleuse? Il ne s'agit pas de comparer le monde à une caverne informe qu'on suppose faite par le hasard ; il s'agit de le comparer à une maison où éclaterait la plus parfaite architecture. Le moindre animal est d'une structure et d'un art infiniment plus admirable que la plus belle de toutes les maisons.

Un voyageur entrant dans le Saïde[2], qui est le pays de l'ancienne Thèbes à cent portes, et qui est maintenant désert, y trouverait des colonnes, des pyramides, des obélis-

---

[1]. Aux accords d'Amphion les pierres
[se mouvaient,
Et sur les murs Thébains en ordre
[s'élevaient.
BOILEAU, *Art poétique*, ch. IV.

(Voir les *Lettres sur la métaphysique*, I, ch. II.)

[2]. Saïde ou Saïd ; c'est le nom arabe de la haute Egypte.

ques, avec des inscriptions en caractères inconnus. Dirait-il aussitôt : Les hommes n'ont jamais habité ces lieux ; aucune main d'homme n'a travaillé ici ; c'est le hasard qui a formé ces colonnes, qui les a posées sur leurs piédestaux, et qui les a couronnées de leurs chapiteaux avec des proportions si justes ; c'est le hasard qui a lié si solidement les morceaux dont les pyramides sont composées ; c'est le hasard qui a taillé ces obélisques d'une seule pierre, et qui y a gravé tous ces caractères[1] ? Ne dirait-il pas, au contraire, avec toute la certitude dont l'esprit des hommes est capable : Ces magnifiques débris sont les restes d'une architecture majestueuse qui florissait dans l'ancienne Égypte ?

Voilà ce que la simple raison fait dire au premier coup d'œil, et sans avoir besoin de raisonner. Il en est de même du premier coup d'œil jeté sur l'univers. On peut s'embrouiller soi-même après coup par de vains raisonnements pour obscurcir ce qu'il y a de plus clair ; mais le simple coup d'œil est décisif. Un ouvrage tel que le monde ne se fait jamais de lui-même : les os, les tendons, les veines, les nerfs, les muscles qui composent le corps de l'homme ont plus d'art et de proportion que toute l'architecture des anciens Grecs et Égyptiens. L'œil du moindre animal surpasse la mécanique de tous les artisans ensemble. Si on trouvait une montre dans les sables d'Afrique, on n'oserait dire sérieusement que le hasard l'a formée dans ces lieux déserts, et on n'a point de honte de dire que les corps des animaux, à l'art desquels nulle montre ne peut être comparée, sont des caprices du hasard[2] !

Je n'ignore pas un raisonnement que les épicuriens peuvent faire[3]. « Les atomes, diront-ils, ont un mouvement éternel ; leur concours fortuit doit avoir déjà épuisé dans

---

1. Nous pouvons nous faire une idée des monolithes égyptiens par l'obélisque de Louqsor, qui se trouve sur la place de la Concorde à Paris. — L'inscription hiéroglyphique marque ordinairement quel est le roi qui a fait construire le monument et à quel dieu il a été consacré.

2. Qui convenit, signum aut tabulam pictam quod adspexeris, scire adhibitam esse artem ; quumque procul cursum navigii videris, non dubitare quin id ratione atque arte moveatur ; aut quum solarium vel descriptum, aut ex aqua, contemplere, intelligere declarari horas arte, non casu : mundum autem, qui et has ipsas partes, et earum artifices, et cuncta complectatur, consilii et rationis esse expertem putare ?
Cic., *De nat. Deor.* II, 34.

3. Et ils l'ont fait. On en trouve les

cette éternité des combinaisons infinies. Qui dit l'infini dit quelque chose qui comprend tout sans exception. Parmi ces combinaisons infinies des atomes qui sont déjà arrivées successivement, il faut nécessairement qu'on y trouve toutes celles qui sont possibles. S'il y en avait une seule de possible au delà de celles contenues dans cet infini, il ne serait plus un infini véritable, parce qu'on pourrait y ajouter quelque chose, et que ce qui peut être augmenté, ayant une borne par le côté susceptible d'accroissement, n'est point véritablement infini. Il faut donc que la combinaison des atomes, qui fait le système présent du monde, soit une des combinaisons que les atomes ont eues successivement. Ce principe étant posé, faut-il s'étonner que le monde soit tel qu'il est? Il a dû prendre cette forme précise un peu plus tôt ou un peu plus tard. Il fallait bien qu'il parvînt, dans quelqu'un de ces changements infinis, à cette combinaison qui le rend aujourd'hui si régulier, puisqu'il doit avoir déjà eu tour à tour toutes les combinaisons concevables. Dans le total de l'éternité sont renfermés tous les systèmes : il n'y en a aucun que le concours des atomes ne forme et n'embrasse tôt au tard. Dans cette variété infinie de nouveaux spectacles de la nature, celui-ci a été formé en son rang : il a trouvé place à son tour. Nous nous trouvons actuellement dans ce système. Le concours des atomes qui l'a fait le défera ensuite, pour en faire d'autres à l'infini de toutes les espèces possibles[1]. Ce système ne pouvait manquer de trouver sa place, puisque tous, sans exception, doivent trouver la leur chacun à son tour. C'est

principaux arguments dans le poëme de Lucrèce.

Nam certe neque consilio primordia re-
[rum
Ordine se quæque atque sagaci mente
[locarunt;
Nec quos quæque darent motus, pepi-
[gere profecto;
Sed quia multa, modis multis, pri-
[mordia rerum
Ex infinito jam tempore percita plagis,
Ponderibusque suis consuerunt concita
[ferri,
Omnimodisque coire, atque omnia per-
[tentare
Quæcumque inter se possent congressa
[creare;

Propterea fit uti, magnum vulgata per
[ævum,
Omnigenitos cœtus et motus expe-
[riundo,
Tandem ea conveniant, quæ ut con-
[venere repente
Magnarum rerum fiant exordia sæpe,
Terrai, maris et cœli, generisque ani-
[mantum.
De rerum naturâ, lib. V, v. 420.

1. Docuit nos (Epicurus) natura effectum esse mundum ; nihil opus fuisse fabrica ; tamque eam rem esse facilem, ut innumerabiles natura mundos effectura sit, efficiat, effecerit. *De nat. Deor.* I, 20.
« Les atomes se mouvant çà et là à l'aventure dans l'immensité de l'espace,

en vain qu'on cherche un art chimérique dans un ouvrage que le hasart a dû faire tel qu'il est. »

Un exemple achèvera d'éclaircir ceci. Je suppose un nombre infini de combinaisons des lettres de l'alphabet formées successivement par le hasard : toutes les combinaisons possibles sont sans doute renfermées dans ce total, qui est véritablement infini. Or est-il vrai que l'*Iliade* d'Homère n'est qu'une combinaison de lettres? L'*Iliade* d'Homère est donc renfermée dans ce recueil infini de combinaisons des caractères de l'alphabet. Ce fait étant supposé, un homme qui voudra trouver de l'art dans l'*Iliade* raisonnera très-mal. Il aura beau admirer l'harmonie des vers, la justesse et la magnificence des expressions, la naïveté des peintures, la proportion des parties du poëme, son unité parfaite, et sa conduite inimitable ; en vain il se récriera que le hasard ne peut jamais faire rien de si parfait, et que le dernier effort de l'art humain peut à peine achever un si bel ouvrage : tout ce raisonnement si spécieux portera visiblement à faux. Il sera certain que le hasard ou concours fortuit des caractères les rassemblant tour à tour avec une variété infinie, il a fallu que la combinaison précise qui fait l'*Iliade* vînt à son tour, un peu plus tôt ou un peu plus tard. Elle est enfin venue, et l'*Iliade* entière se trouve parfaite, sans que l'art d'un Homère s'en soit mêlé. Voilà l'objection rapportée de bonne foi, sans l'affaiblir en rien [1]. Je demande au lecteur une attention suivie pour les réponses que j'y vais faire.

I. Rien n'est plus absurde que de parler de combinaisons successives des atomes qui soient infinies en nombre. L'infini ne peut jamais être successif ni divisible. Donnez-moi un nombre que vous prétendrez être infini ; je pourrai toujours faire deux choses qui démontreront que ce n'est pas un infini véritable. 1° J'en puis retrancher une unité : alors il deviendra moindre qu'il n'était, et sera certainement fini ; car tout ce qui est moindre que l'infini a une borne par l'endroit où l'on s'arrête et où l'on pourrait aller au delà : or le nombre qui est fini dès qu'on en retranche

---

après avoir fait tous les mouvements possibles, sont enfin venus dans les dispositions que nous voyons. » GASSENDI, *Exposition de la philosophie d'Épicure.*

1. Voir la note 2, page 4.

une seule unité, ne pouvait pas être infini avant ce retranchement. Une seule unité est certainement finie : or un fini joint à un autre fini ne saurait faire l'infini. Si une seule unité ajoutée à un nombre fini faisait l'infini, il faudrait dire que le fini égalerait presque l'infini ; ce qui est le comble de l'absurdité. 2° Je puis ajouter une unité à ce nombre, et par conséquent l'augmenter : or ce qui peut être augmenté n'est point infini, car l'infini ne peut avoir aucune borne ; et ce qui peut recevoir de l'augmentation est borné par l'endroit où l'on s'arrête, pouvant aller plus loin et y ajouter quelque unité. Il est donc évident que nul composé divisible ne peut être l'infini véritable[1].

Ce fondement étant posé, tout le roman de la philosophie épicurienne disparaît en un moment. Il ne peut jamais y avoir aucun corps divisible qui soit véritablement infini en étendue, ni aucun nombre, ni aucune succession qui soit un infini véritable. De là il s'ensuit qu'il ne peut jamais y avoir un nombre successif de combinaisons d'atomes qui soit infini. Si cet infini chimérique était véritable, toutes les combinaisons possibles et concevables d'atomes s'y rencontreraient, j'en conviens ; par conséquent il serait vrai qu'on y trouverait toutes les combinaisons qui semblent demander la plus grande industrie : ainsi on pourrait attribuer au pur hasard tout ce que l'art fait de plus merveilleux[2].

Si on voyait des palais d'une parfaite architecture, des meubles, des montres, des horloges, et toutes sortes de machines les plus composées, dans une île déserte, il ne serait plus permis de conclure qu'il y a eu des hommes

---

1. Fénelon réfute ici l'Anatomisme en montrant que les idées de succession et de divisibilité ne sauraient s'accorder avec l'idée d'infini. Il se servira plus tard (II° partie, ch. III) de ce même argument pour réfuter le spinosisme. En effet, ces deux doctrines, si diverses en apparence, ont plus d'un point commun. Sans entrer dans le détail, remarquons qu'Epicure et Spinosa dénaturent également la notion de l'être infini.

2. Isti autem (Epicurei) quemadmodum asseverant, ex corpusculis non colore, non qualitate aliqua, quam ποιό-τητα Græci vocant, non sensu præditis, sed concurrentibus temere atque casu, mundum esse perfectum ? vel innumerabiles potius in omni puncto temporis alios nasci, alios interire ? Quod si mundum efficere potest concursus atomorum, cur porticum, cur templum, cur domum, cur urbem non potest ? Quæ sunt minus operosa, et multo quidem faciliora. Certe ita temere de mundo effutiunt, ut mihi quidem nunquam hunc admirabilem cœli ornatum suspexisse videantur. Cic. De nat. Deor. II, XXXVII.

dans cette île, et qu'ils ont fait tous ces beaux ouvrages. Il faudrait dire : Peut-être qu'une des combinaisons infinies des atomes, que le hasard a faites successivement, a formé tous ces composés dans cette île déserte, sans que l'industrie d'aucun homme s'en soit mêlée. Ce discours ne serait qu'une conséquence très-bien tirée du principe des épicuriens ; mais l'absurdité de la conséquence sert à faire sentir celle du principe qu'ils veulent poser.

Quand les hommes, par la droiture naturelle de leur sens commun, concluent que ces sortes d'ouvrages ne peuvent venir du hasard, ils supposent visiblement, quoique d'une manière confuse, que les atomes ne sont point éternels, et qu'ils n'ont point eu dans leur concours fortuit une succession de combinaisons infinies ; car si on supposait ce principe, on ne pourrait plus distinguer jamais les ouvrages de l'art d'avec ceux de ces combinaisons qui seraient fortuites comme des coups de dés.

Tous les hommes, qui supposent naturellement une différence sensible entre les ouvrages de l'art et ceux du hasard, supposent donc, sans l'avoir bien approfondi, que les combinaisons d'atomes n'ont point été infinies ; et leur supposition est juste. Cette succession infinie de combinaisons d'atomes est, comme je l'ai déjà montré, une chimère plus absurde que toutes les absurdités qu'on voudrait expliquer par ce faux principe. Aucun nombre, ni successif, ni continu, ne peut être infini : d'où il s'ensuit[1] clairement que les atomes ne peuvent être infinis en nombre, que la succession de leurs divers mouvements et de leurs combinaisons n'a pu être infinie, que le monde n'a pu être éternel, et qu'il faut trouver un commencement précis et fixe de ces combinaisons successives. Il faut trouver un premier individu dans les générations de chaque espèce ; il faut trouver de même la première forme qu'a eue chaque portion de matière qui fait partie de l'univers : et comme les changements successifs de cette matière

---

1. Aujourd'hui nous disons *d'où il suit* au lieu de *d'où il s'ensuit*, et nous avons raison de suivre l'usage. Mais il ne faut pas croire que la seconde expression soit un pléonasme. Le verbe *s'ensuivre* est employé par la plupart des écrivains du xvii⁰ siècle. On peut faire la même remarque pour plusieurs autres expressions qui semblent incorrectes parce qu'elles ne sont plus usitées.

n'ont pu avoir qu'un nombre borné, il ne faut admettre dans ces différentes combinaisons que celles que le hasard produit d'ordinaire, à moins qu'on ne reconnaisse une sagesse supérieure qui ait fait avec un art parfait les arrangements que le hasard n'aurait su faire [1].

II. Les philosophes épicuriens sont si faibles dans leur système, qu'ils ne peuvent venir à bout de le former qu'autant qu'on leur donne sans preuve tout ce qu'ils demandent de plus fabuleux. Ils supposent d'abord des atomes éternels ; c'est supposer ce qui est en question. Où prennent-ils que les atomes ont toujours été, et sont par eux-mêmes ? Être par soi-même, c'est la suprême perfection. De quel droit supposent-ils, sans preuve, que les atomes ont un être parfait, éternel, immuable dans leur propre fond ? Trouvent-ils cette perfection dans l'idée qu'ils ont de chaque atome en particulier ? Un atome n'étant pas l'autre, et étant absolument distingué de lui, il faudrait que chacun d'eux portât en soi l'éternité et l'indépendance à l'égard de tout autre être. Encore une fois, est-ce dans l'idée qu'ils ont de chaque atome que ces philosophes trouvent cette perfection ? Mais donnons-leur là-dessus tout ce qu'ils demanderont, et ce qu'ils ne devraient pas même oser demander. Supposons donc que les atomes sont éternels, existants par eux-mêmes, indépendants de tout autre être, et par conséquent entièrement parfaits.

Faudra-t-il supposer encore qu'ils ont par eux-mêmes le mouvement ? le supposera-t-on à plaisir pour réaliser un système plus chimérique que les contes des fées ? Consul-

---

[1]. C'est ce que Gassendi n'hésite pas à reconnaître. « Véritablement si le monde n'était qu'un amas, ou une masse informe et indigeste de parties confusément mêlées sans aucune disposition, et sans aucun arrangement convenable, en sorte qu'il ressemblât à quelque tas confus de pierres, de poutres, de chevrons, de tables, de chaux, de sable, de tuiles, etc., il semble qu'il y aurait quelque sujet de dire qu'il se serait ainsi amassé et amoncelé par le hasard ; mais maintenant puisque le monde est bien plus stable dans ses parties, plus diversifié, plus orné et plus enrichi que le palais le mieux bâti, et le plus artistement travaillé qui puisse être ; comment se peut-il faire qu'il se trouve des hommes qui, pensant qu'un palais magnifique n'est point l'ouvrage du hasard, mais un effet de la sagesse et de la conduite d'un savant architecte, ne jugent pas la même chose de la fabrique du monde ? » *Abrégé de la philosophie de Gassendi*, par Bernier, t. Ier, *des Premiers principes*.

Si Gassendi partage les idées des atomistes sur la physique, il se sépare hautement d'Épicure dans la doctrine morale et surtout dans la théodicée.

tons l'idée que nous avons d'un corps ; nous le concevons parfaitement sans supposer qu'il se meuve : nous nous le représentons en repos ; et l'idée n'en est pas moins claire en cet état ; il n'en a pas moins ses parties, sa figure et ses dimensions.

C'est en vain qu'on veut supposer que tous les corps sont sans cesse en quelque mouvement sensible ou insensible, et que, si quelques portions de la matière sont dans un moindre mouvement que les autres, du moins la masse universelle de la matière a toujours dans sa totalité le même mouvement. Parler ainsi, c'est parler en l'air, et vouloir être cru sur tout ce qu'on s'imagine. Où prend-on que la masse de la matière a toujours dans sa totalité le même mouvement? qui est-ce qui en a fait l'expérience? Ose-t-on appeler philosophie cette fiction téméraire qui suppose ce qu'on ne peut jamais vérifier? N'y a-t-il qu'à supposer tout ce qu'on veut, pour éluder les vérités les plus simples et les plus constantes? De quel droit suppose-t-on aussi que tous les corps se meuvent sans cesse sensiblement ou insensiblement[1]? Quand je vois une pierre qui paraît immobile, comment me prouvera-t-on qu'il n'y a aucun atome dans cette pierre qui ne se meuve actuellement? Ne me donnera-t-on jamais, pour preuves décisives, que des suppositions sans vraisemblance?

Allons encore plus loin. Supposons, par un excès de complaisance, que tous les corps de la nature se meuvent actuellement : s'ensuit-il que le mouvement leur soit essentiel, et qu'aucun d'eux ne puisse jamais être en repos? s'ensuit-il que le mouvement soit essentiel à toute portion de matière? D'ailleurs, si tous les corps ne se meuvent pas également, si les uns se meuvent plus sensiblement et plus fortement que les autres, si le même corps peut se mouvoir tantôt plus et tantôt moins, si un corps qui se meut communique son mouvement au corps voisin qui était en repos, ou dans un mouvement tellement inférieur qu'il était insensible, il faut avouer qu'une manière d'être qui

---

1. Les physiciens modernes s'accordent à admettre un mouvement continu dans toutes les parties de la matière.

tantôt augmente et tantôt diminue dans les corps ne leur est pas essentielle.

Ce qui est essentiel à un être est toujours le même en lui. Le mouvement qui varie dans les corps, et qui, après avoir augmenté, se ralentit jusqu'à paraître absolument anéanti : le mouvement qui se perd, qui se communique, qui passe d'un corps dans un autre comme une chose étrangère, ne peut être de l'essence des corps. Je dois donc conclure que les corps sont parfaits dans leur essence, sans qu'on leur attribue aucun mouvement : s'ils ne l'ont point par leur essence, ils ne l'ont que par accident; s'ils ne l'ont que par accident, il faut remonter à la vraie cause de cet accident. Il faut, ou qu'ils se donnent eux-mêmes le mouvement, ou qu'ils le reçoivent de quelque autre être. Il est évident qu'ils ne se le donnent point eux-mêmes; nul être ne se peut donner ce qu'il n'a pas en soi. Nous voyons même qu'un corps qui est en repos demeure toujours immobile, si quelque autre corps voisin ne vient l'ébranler. Il est donc vrai que nul corps ne se meut par soi-même et n'est mû que par quelque autre corps qui lui communique son mouvement.

Mais d'où vient qu'un corps en peut mouvoir un autre? d'où vient qu'une boule qu'on fait rouler sur une table unie ne peut en aller toucher une autre sans la remuer? Pourquoi n'aurait-il pas pu se faire que le mouvement ne se communiquât jamais d'un corps à un autre? En ce cas, une boule mue s'arrêterait auprès d'une autre en la rencontrant et ne l'ébranlerait jamais.

On me répondra que les lois du mouvement entre les corps décident que l'un ébranle l'autre. Mais où sont-elles écrites, ces lois du mouvement? qui est-ce qui les a faites, et qui les rend si inviolables [1]? Elles ne sont point dans l'essence des corps; car on peut concevoir les corps en repos, et on conçoit même des corps dont les uns ne communiqueraient point leur mouvement aux autres, si ces règles, dont la source est inconnue, ne les y assujettis-

---

[1] Il faut toujours en venir là. C'est une objection insoluble pour ceux qui imaginent un monde sans Dieu, et cependant réglé par des *lois*.

saient. D'où vient cette police, pour ainsi dire arbitraire [1], par le mouvement entre tous les corps? D'où viennent ces lois si ingénieuses, si justes, si bien assorties les unes aux autres, et dont la moindre altération renverserait tout à coup tout le bel ordre de l'univers?

Un corps étant entièrement distingué de l'autre, il est par le fond de sa nature absolument indépendant de lui en tout : d'où il s'ensuit qu'il ne doit rien recevoir de lui, et qu'il ne doit être susceptible d'aucune de ses impressions. Les modifications d'un corps ne sont point une raison pour modifier de même un autre corps, dont l'être est entièrement indépendant de l'être du premier. C'est en vain qu'on allègue que les masses les plus solides et les plus pesantes entraînent celles qui sont moins grosses et moins solides, et que, suivant cette règle, une grosse boule de plomb doit ébranler une petite boule d'ivoire. Nous ne parlons point du fait; nous en cherchons la cause. Le fait est constant; la cause en doit aussi être certaine et précise. Cherchons-la sans aucune prévention, et dans un plein doute sur tout préjugé. D'où vient qu'un gros corps en entraîne un petit? La chose pourrait se faire aussi naturellement d'une autre façon; il pourrait tout aussi bien se faire que le corps le plus solide ne pût jamais ébranler aucun autre corps, c'est-à-dire que le mouvement fût incommunicable. Il n'y a que l'habitude qui nous assujettisse à supposer que la nature doit agir ainsi.

De plus, nous avons vu que la matière ne peut être ni infinie, ni éternelle. Il faut donc trouver un premier atome par où le mouvement aura commencé dans un moment précis, et un premier concours des atomes qui aura formé une première combinaison. Je demande quel moteur a mû ce premier atome, et a donné ce premier branle à la machine de l'univers [2]. Il n'est pas permis d'éluder une question si précise par un cercle sans fin [3]. Ce cercle, dans un

---

1. C'est-à-dire qui aurait pu être tout autre, qui n'a rien de nécessaire.

2. « Les atomes, dit Gassendi, sont la première cause mouvante dans les choses physiques; en ce que lorsqu'ils se meuvent d'eux-mêmes, j'entends toujours selon la forme qu'ils ont reçue de Dieu dès leur création. »

3. En d'autres termes, par un cercle vicieux ou par une pétition de principe. (Voir nos Éléments de logique, ch. XIV, des Erreurs volontaires.)

tout fini, doit avoir une fin certaine : il faut trouver le premier atome ébranlé, et le premier moment de cette première motion, avec le premier moteur dont la main a fait ce premier coup.

Parmi les lois du mouvement, il faut regarder comme arbitraires [1] toutes celles dont on ne trouve pas la raison dans l'essence même des corps. Nous avons déjà vu que nul mouvement n'est essentiel à aucun corps. Donc toutes ces lois qu'on suppose comme éternelles et immuables sont au contraire arbitraires, accidentelles et instituées sans nécessité; car il n'y en a aucune dont on trouve la raison dans l'essence d'aucun corps.

S'il y avait quelque règle du mouvement qui fût essentielle aux corps, ce serait sans doute celle qui fait que les masses moins grandes et moins solides sont mues par celles qui ont plus de grandeur et de solidité : or nous avons vu que celle-là même n'a point de raison dans l'essence des corps. Il y en a une autre qui semblerait encore être très-naturelle : c'est celle que les corps se meuvent toujours plutôt en ligne directe qu'en ligne détournée, à moins qu'ils ne soient contraints dans leur mouvement par la rencontre d'autres corps; mais cette règle même n'a aucun fondement réel dans l'essence de la matière. Le mouvement est tellement accidentel et surajouté à la nature des corps, que cette nature des corps ne nous montre point une règle primitive et immuable, suivant laquelle ils doivent se mouvoir et encore moins se mouvoir suivant certaines règles. De même que les corps auraient pu ne se mouvoir jamais, ou ne se communiquer jamais de mouvement les uns aux autres, ils auraient pu aussi ne se mouvoir jamais qu'en ligne circulaire; et ce mouvement aurait été aussi naturel que le mouvement en ligne directe. Qui est-ce qui a choisi entre ces deux règles également possibles? Ce que l'essence des corps ne décide point ne peut avoir été décidé que par celui qui a donné aux corps le mouvement qu'ils n'avaient point par leur essence. D'ailleurs ce mouvement en ligne directe pouvait être de bas-

---

1. Voir la page 97, note 1.

en haut ou de haut en bas, du côté droit au côté gauche, ou du côté gauche au droit, ou en ligne diagonale. Qui est-ce qui a déterminé le sens dans lequel la ligne droite serait suivie?

Ne nous lassons point de suivre les épicuriens dans leurs suppositions les plus fabuleuses; poussons la fiction jusqu'au dernier excès de complaisance. Mettons le mouvement dans l'essence des corps. Supposons à leur gré que le mouvement en ligne directe est encore de l'essence de tous les atomes. Donnons aux atomes une intelligence et une volonté, comme les poëtes en ont donné aux rochers et aux fleuves. Accordons-leur le choix du sens dans lequel ils commenceront leur ligne droite. Quel fruit tireront ces philosophes de tout ce que je leur aurai donné contre toute évidence? Il faudra : 1° que tous les atomes se meuvent de toute éternité; 2° qu'ils se meuvent tous également; 3° qu'ils se meuvent tous en ligne droite; 4° qu'ils le fassent par une règle immuable et essentielle.

Je veux bien encore, par grâce, supposer que ces atomes sont de figures différentes; car je laisse supposer à nos adversaires tout ce qu'ils seraient obligés de prouver, et sur quoi ils n'ont pas même l'ombre d'une preuve. On ne saurait trop donner à des gens qui ne peuvent jamais rien conclure de tout ce qu'on leur donnera. Plus on leur passe d'absurdités, plus ils sont pris par leurs propres principes.

Ces atomes de tant de bizarres figures, les uns ronds, les autres crochus, les autres en triangles, etc., sont obligés par leur essence d'aller toujours tout droit, sans pouvoir jamais tant soit peu fléchir ni à droite ni à gauche. Ils ne peuvent donc jamais s'accrocher, ni faire ensemble aucune composition. Mettez tant qu'il vous plaira les crochets les plus aiguisés auprès d'autres crochets semblables : si chacun d'eux ne se meut jamais qu'en ligne véritablement directe, ils se mouvront éternellement tout auprès les uns des autres sur des lignes parallèles, sans pouvoir se joindre et s'accrocher. Les deux lignes droites qu'on suppose parallèles, quoique immédiatement voisines, ne se couperont jamais, quand même on les pousserait à l'infini. Ainsi, pendant toute l'éternité, il ne peut résulter aucun accrochement, ni par conséquent aucune composition de ce mouvement des atomes en ligne directe.

Les épicuriens ne pouvant fermer les yeux à l'évidence de cet inconvénient, qui sape les fondements de tout leur système, ont encore inventé comme une dernière ressource ce que Lucrèce[1] nomme *clinamen*[2]. C'est un mouvement qui décline un peu de la ligne droite, et qui donne moyen aux atomes de se rencontrer. Ainsi ils les tournent en imagination comme il leur plaît, pour parvenir à quelque but. Mais où prennent-ils cette petite inflexion des atomes, qui vient si à propos pour sauver leur système? Si la ligne droite pour le mouvement est essentielle aux corps, rien ne peut les fléchir, ni par conséquent les joindre pendant toute l'éternité; le *clinamen* viole l'essence de la matière, et ces philosophes se contredisent sans pudeur. Si au contraire la ligne droite pour le mouvement n'est pas essentielle à tous les corps, pourquoi nous allègue-t-on d'un ton si affirmatif des lois éternelles, nécessaires et immuables pour le mouvement des atomes, sans recourir à un premier moteur? et pourquoi élève-t-on tout un système de philosophie sur le fondement d'une fable si ridicule? Sans le *clinamen*, la ligne droite ne peut jamais rien faire, et le système tombe par terre. Avec le *clinamen*, inventé comme les fables des poëtes, la ligne droite est violée, et le système se tourne en dérision. L'un et l'autre, c'est-à-dire la ligne droite et le *clinamen*, sont des suppositions en l'air et de purs songes. Mais ces deux songes s'entre-détruisent; et voilà à quoi aboutit la licence effrénée que les esprits se donnent de supposer comme vérité éternelle tout ce que leur imagination leur fournit pour autoriser une fable,

---

1. Lucrèce (T. Lucretius Carus), né en 95 avant J.-C., est un des plus grands poëtes de Rome. Son poëme *De rerum natura* contient l'exposition du système de Démocrite et des modifications qu'Epicure y a apportées. — Au commencement du XVIIIe siècle, le cardinal de Polignac a essayé de réfuter Lucrèce dans un autre poëme latin, qui a pour titre : *Anti-Lucretius, sive de Deo et natura*.

2. Epicurus, quum videret, si atomi ferrentur in locum inferiorem suopte pondere, nihil fore in nostra potestate, quod esset earum motus certus et necessarius; invenit, quo modo necessitatem effugeret, quod videlicet Democritum fugerat. Ait atomum, quum pondere et gravitate directo deorsum feratur, declinare paullulum. Cic. *De nat. Deor.* 1, 25.

pendant qu'ils refusent de reconnaître l'art avec lequel toutes les parties de l'univers ont été formées et mises en leurs places.

Pour dernier prodige d'égarement, il fallait que les épicuriens osassent expliquer encore par ce *clinamen*, qui est lui-même si inexplicable, ce que nous appelons l'âme de l'homme et son libre arbitre [1]. Ils sont donc réduits à dire que c'est dans ce mouvement où les atomes sont dans une espèce d'équilibre entre la ligne droite et la ligne un peu courbée, que consiste la volonté humaine.

Étrange philosophie! Les atomes, s'ils ne vont qu'en ligne droite, sont inanimés, incapables de tout degré de connaissance et de volonté : mais les mêmes atomes, s'ils ajoutent à la ligne droite un peu de déclinaison, deviennent tout à coup animés, pensants et raisonnables [2]; ils sont eux-mêmes des âmes intelligentes, qui se connaissent, qui réfléchissent, qui délibèrent, qui sont libres dans ce qu'elles font. Quelles métamorphoses plus absurdes que celles des poëtes? Que dirait-on de la religion, si elle avait besoin, pour être prouvée, de principes aussi puérils que ceux de la philosophie, qui ose la combattre sérieusement?

Mais remarquons à quel point ces philosophes s'imposent à eux-mêmes. Qu'est-ce qu'ils peuvent trouver dans le *clinamen* qui explique avec quelque couleur la liberté de l'homme? Cette liberté n'est point imaginaire, et il faudrait douter de tout ce qui nous est le plus intime et le plus certain, pour douter de notre libre arbitre. Je sens que je suis libre de demeurer assis, quand je me lève pour marcher; je le sens avec une si pleine certitude, qu'il n'est pas en mon pouvoir d'en douter jamais sérieusement, et que je me démentirais moi-même si j'osais dire le contraire. Peut-

---

1. . . . . . Ne mens ipsa necessum
Intestinum habeat cunctis in rebus
[agendis,
Et devicta quasi cogatur ferre patique :
Id facit exiguum *clinamen* principio-
[rum,
Nec regione loci certa, nec tempore
[certo.
Lucr. *De rerum natura*, lib. II, v. 289.
2. Le *clinamen*, ce dernier expédient de l'athéisme antique, ressemble fort à la chiquenaude dont parle Pascal. « Je ne puis pardonner à M. Descartes; il voudrait bien, dans toute sa philosophie, se pouvoir passer de Dieu; mais il n'a pu s'empêcher de lui accorder une chiquenaude pour mettre le monde en mouvement; après cela il n'a plus que faire de Dieu. »

on pousser plus loin l'évidence de la preuve de la religion? Il faut douter de notre liberté même, pour pouvoir douter de la Divinité; d'où je conclus qu'on ne saurait douter de la Divinité sérieusement; car personne ne peut entrer en un doute sérieux sur sa propre liberté[1]. Si, au contraire, on avoue de bonne foi que les hommes sont véritablement libres, rien n'est plus facile que de montrer que la liberté de la volonté humaine ne peut consister en aucune combinaison des atomes[2].

S'il n'y a aucun premier moteur qui ait donné à la matière des lois arbitraires pour son mouvement, il faut que le mouvement soit essentiel aux corps, et que toutes les lois du mouvement soient aussi nécessaires que les essences des natures le sont. Tous les mouvements des corps doivent donc, suivant ce système, se faire par des lois constantes, nécessaires et immuables. La ligne droite doit donc être essentielle à tous les atomes qui ne sont pas détournés par d'autres atomes. La ligne droite doit être essentielle, ou de bas en haut, ou de haut en bas, ou de droite à gauche, ou de gauche à droite, ou de quelque sens diagonal qui soit précis et immuable. D'ailleurs il est évident que nul atome ne peut être détourné par un autre; car cet autre atome porte aussi dans son essence la même détermination invincible et éternelle à suivre la ligne directe dans le même sens. D'où il s'ensuit que tous les atomes, d'abord posés sur différentes lignes, doivent parcourir à l'infini ces mêmes lignes parallèles sans s'approcher jamais, et que ceux qui sont dans la même ligne doivent se suivre les uns les autres à l'infini, sans jamais pouvoir s'attraper. Le *clinamen*, comme nous l'avons déjà dit, est manifestement impossible; mais supposant, contre la vérité

---

1. Tout dans notre nature nous fait penser à celui qui l'a faite : nos sens nous rapportent les merveilles de l'œuvre de Dieu; notre raison, faite pour la vérité, le conçoit comme la vérité suprême; et notre liberté, comme le remarque très-bien Fénelon, ne peut nous venir que de lui.

2. « Quelle conséquence, dit Bayle (art. sur Epicure), y a-t-il entre ces deux propositions, *l'âme de l'homme est composée d'atomes qui en se mouvant nécessairement par des lignes droites déclinent un peu du droit chemin, donc l'âme est un agent libre.* — Comment pourrait-on dire, comment voulez-vous que la liberté de l'homme soit fondée sur un mouvement d'atomes qui se fait sans aucune liberté? La cause peut-elle donner ce qu'elle n'a pas? »

évidente, qu'il soit possible, il faudrait alors dire que le *clinamen* n'est pas moins nécessaire, immuable et essentiel aux atomes, que la ligne droite.

Dira-t-on qu'une loi essentielle et immuable du mouvement local des atomes explique la véritable liberté de l'homme? Ne voit pas que le *clinamen* ne peut pas mieux l'expliquer que la ligne directe même. Le *clinamen*, s'il était vrai, serait aussi nécessaire que la ligne perpendiculaire, par laquelle une pierre tombe du haut d'une tour dans la rue. Cette pierre est-elle libre dans sa chute? La volonté de l'homme, selon le principe du *clinamen*, ne l'est pas davantage. Est-ce ainsi qu'on explique la liberté [1]? est-ce ainsi que l'homme ose démentir son propre cœur sur son libre arbitre, de peur de reconnaître son Dieu? D'un côté, dire que la liberté de l'homme est imaginaire, c'est étouffer la voix et le sentiment de toute la nature; c'est se démentir sans pudeur; c'est nier ce qu'on porte de plus certain au fond de soi-même; c'est vouloir réduire un homme à croire qu'il ne peut jamais choisir entre les deux partis sur lesquels il délibère de bonne foi en toute occasion. Rien n'est plus glorieux à la religion que de voir qu'il faille tomber dans des excès si monstrueux, dès qu'on veut révoquer en doute ce qu'elle enseigne. D'un autre côté, avouer que l'homme est véritablement libre, c'est reconnaître en lui un principe qui ne peut jamais être expliqué sérieusement par les combinaisons d'atomes et par les lois du mouvement local, qu'on doit supposer toutes également nécessaires et essentielles à la matière, dès qu'on nie le premier moteur. Il faut donc sortir de l'enceinte de la matière, et chercher loin des atomes combinés quelque principe incorporel pour expliquer le libre arbitre, dès qu'on l'admet de bonne foi. Tout ce qui est matière et atome ne se meut que par des lois nécessaires, immuables et invincibles. La liberté ne peut donc se trouver ni dans les corps, ni dans

[1] Carnéade n'approuvait pas cette explication; il en avait imaginé lui-même une autre qui est bien plus subtile. « Acutius Carneades, qui docebat posse Epicureos suam causam hac commentitia declinatione defendere. Nam quum doceret esse posse quemdam animi motum voluntarium, id, fuit defendi melius, quam introducere declinationem, cujus præsertim causam reperire non possunt. » (Cic. *De fato*.)

aucun mouvement local; il faut donc la chercher dans quelque être incorporel. Cet être incorporel, qui doit se trouver en moi uni à mon corps, quelle main l'a attaché et assujetti aux organes de cette machine corporelle? Où est l'ouvrier qui lie des natures si différentes[1]? Ne faut-il pas une puissance supérieure aux corps et aux esprits, pour les tenir dans cette union avec un empire si absolu?

Deux atomes crochus, dit un épicurien, s'accrochent ensemble. Tout cela est faux, selon son système; car j'ai prouvé que ces deux atomes crochus ne s'accrochent jamais, faute de se rencontrer. Mais enfin, après avoir supposé que deux atomes crochus s'unissent en s'accrochant, il faudra que l'épicurien avoue que l'être pensant qui est libre dans ses opérations, et qui par conséquent n'est point un amas d'atomes toujours mus par des lois nécessaires, est incorporel, et qu'il n'a pu s'accrocher par sa figure au corps qu'il anime. Ainsi l'épicurien, de quelque côté qu'il se tourne, renverse de ses propres mains son système. Mais gardons-nous bien de vouloir confondre les hommes qui se trompent, puisque nous sommes hommes comme eux et aussi capables de nous tromper : plaignons-les; ne songeons qu'à les éclairer avec patience, qu'à les édifier, qu'à prier pour eux, et qu'à conclure en faveur d'une vérité évidente.

Tout porte donc la marque divine dans l'univers : les cieux, la terre, les plantes, les animaux, et les hommes plus que tout le reste. Tout nous montre un dessein suivi, un enchaînement de causes subalternes conduites avec ordre par une cause supérieure.

Il n'est point question de critiquer ce grand ouvrage. Les défauts qu'on y trouve viennent de la volonté libre et déréglée de l'homme, qui les produit par son dérèglement; ou de celle de Dieu, toujours sainte et toujours juste, qui veut tantôt punir les hommes infidèles, et tantôt exercer par les méchants les bons qu'il veut perfectionner[2]. Souvent même ce qui paraît défaut à notre esprit borné, dans un

---

1. Voir la note 1, page 102.
2. Voir nos Eléments de logique, *Démonstration de la providence divine, objections tirées du mal physique.*

endroit séparé de l'ouvrage, est un ornement par rapport au dessein général, que nous ne sommes pas capables de regarder avec des vues assez étendues et assez simples pour connaître la perfection du tout. N'arrive-t-il pas tous les jours qu'on blâme témérairement certains morceaux des ouvrages des hommes, faute d'avoir assez pénétré toute l'étendue de leurs desseins? C'est ce qu'on éprouve tous les jours pour les ouvrages des peintres et des architectes.

Si des caractères d'écriture étaient d'une grandeur immense, chaque caractère regardé de près occuperait toute la vue d'un homme, il ne pourrait en apercevoir qu'un seul à la fois, et il ne pourrait lire, c'est-à-dire assembler les lettres et découvrir le sens de tous ces caractères rassemblés. Il en est de même des grands traits que la Providence forme dans la conduite du monde entier pendant la longue suite des siècles. Il n'y a que le tout qui soit intelligible, et le tout est trop vaste pour être vu de près. Chaque événement est comme un caractère particulier, qui est trop grand pour la petitesse de nos organes, et qui ne signifie rien s'il est séparé des autres. Quand nous verrons en Dieu à la fin des siècles, dans son vrai point de vue, le total des événements du genre humain, depuis le premier jusqu'au dernier jour de l'univers, et leurs proportions par rapport aux desseins de Dieu, nous nous écrierons : Seigneur, il n'y a que vous de juste et de sage[1].

On ne juge des ouvrages des hommes qu'en examinant le total : chaque partie ne doit point avoir toute perfection, mais seulement celle qui lui convient dans l'ordre et dans la proportion des différentes parties qui composent le tout. Dans un corps humain, il ne faut pas que tous les membres soient des yeux ; il faut aussi des pieds et des mains. Dans l'univers, il faut un soleil pour le jour ; mais il faut aussi une lune pour la nuit[2]. C'est ainsi qu'il faut juger de chaque

---

1. Voir nos Eléments de logique, ch. XVIII, *Preuve morale de la Providence divine*.
2. Nec tibi occurrit perfecta universitas, nisi ubi majora sic præsto sunt, ut minora non desint. S. Aug. *De lib. arbit.*, lib. III, c. VIII, n. 25.

partie par rapport au tout ; toute autre vue est courte et trompeuse. Mais qu'est-ce que les faibles desseins des hommes, si on les compare avec celui de la création et du gouvernement de l'univers ? Autant que le ciel est élevé au-dessus de la terre, autant, dit Dieu dans les Écritures[1], mes voies et mes pensées sont-elles élevées au-dessus des vôtres. Que l'homme admire tout ce qu'il entend, et qu'il se taise sur ce qu'il n'entend pas.

Mais après tout, les vrais défauts mêmes de cet ouvrage ne sont que des imperfections que Dieu y a laissées pour nous avertir qu'il l'avait tiré du néant. Il n'y a rien dans l'univers qui ne porte et qui ne doivent porter également ces deux caractères si opposés : d'un côté, le sceau de l'ouvrier sur son ouvrage ; de l'autre côté, la marque du néant d'où il est tiré et où il peut retomber à toute heure. C'est un mélange incompréhensible de bassesse et de grandeur, de fragilité dans la matière et d'art dans la façon. La main de Dieu éclate partout, jusque dans un ver de terre. Le néant se fait sentir partout, jusque dans les plus vastes et les plus sublimes génies. Tout ce qui n'est point Dieu ne peut avoir qu'une perfection bornée, et ce qui n'a qu'une perfection bornée demeure toujours imparfait par l'endroit où la borne se fait sentir, et avertit que l'on y pourrait encore beaucoup ajouter. La créature serait le créateur même, s'il ne lui manquait rien ; car elle aurait la plénitude de la perfection, qui est la Divinité même. Dès qu'elle ne peut être infinie, il faut qu'elle soit bornée en perfection, c'est-à-dire imparfaite par quelque côté[2]. Elle peut avoir plus ou moins d'imperfection ; mais enfin il faut qu'elle soit toujours imparfaite. Il faut qu'on puisse toujours marquer l'endroit précis où elle manque, et que la critique puisse dire : Voilà ce qu'elle pourrait avoir encore, et qu'elle n'a pas.

Concluons-nous qu'un ouvrage de peinture est fait par le hasard, quand on y remarque des ombres, ou même quel-

---

1. Quia sicut exaltantur cœli a terra, sic exaltatæ sunt viæ meæ a viis vestris, et cogitationes meæ a cogitationibus vestris. ISAIE. LV, 9.

2. Voir la deuxième partie de ce traité, ch. v, art. 1, *De l'unité de Dieu*, où il est prouvé qu'il ne peut y avoir deux êtres infiniment parfaits.

ques négligences de pinceau? Le peintre, dit-on, aurait pu finir davantage ces carnations, ces draperies, ces lointains. Il est vrai que ce tableau n'est point parfait selon les règles; mais quelle folie serait-ce de dire : Ce tableau n'est point absolument parfait; donc ce n'est qu'un amas de couleurs formé par le hasard, et la main d'aucun peintre n'y a travaillé! Ce qu'on rougirait de dire d'un tableau mal fait et presque sans art, on n'a pas de honte de le dire de l'univers, où éclate une foule de merveilles incompréhensibles avec tant d'ordre et de proportion.

Qu'on étudie le monde tant qu'on voudra; qu'on descende au dernier détail; qu'on fasse l'anatomie du plus vil animal; qu'on regarde de près le moindre grain de blé semé dans la terre, et la manière dont ce germe se multiplie; qu'on observe attentivement les précautions avec lesquelles un bouton de rose s'épanouit au soleil et se referme vers la nuit : on y trouvera plus de dessein, de conduite et d'industrie que dans tous les ouvrages de l'art. Ce qu'on appelle même l'art des hommes n'est qu'une faible imitation du grand art qu'on nomme les lois de la nature, et que les impies n'ont pas eu honte d'appeler le hasard aveugle[1].

Faut-il donc s'étonner si les poëtes ont animé tout l'univers[2]; s'ils ont donné des ailes aux vents et des flèches au soleil; s'ils ont peint les fleuves qui se hâtent de se précipiter dans la mer, et les arbres qui montent vers le ciel, pour vaincre les rayons du soleil par l'épaisseur de leurs ombrages? Ces figures ont passé même dans le langage vulgaire : tant il est naturel aux hommes de sentir l'art dont toute la nature est pleine. La poésie n'a fait qu'attribuer aux créatures inanimées le dessein du Créateur, qui fait tout en elles. Du langage figuré des poëtes, ces idées ont passé dans la théologie des païens, dont les théolo-

---

[1] Vanini, accusé d'athéisme, répond que la nature elle-même prouve évidemment qu'il y a un Dieu. En disant cela, ayant par hasard aperçu à terre une paille, il la ramasse, et la montrant aux juges : « Cette paille, dit-il, me force à croire qu'il y a un Dieu. »

[2] . . . Pour nous enchanter tout est
  [mis en usage;
Tout prend un corps, une âme, un es-
  [prit, un visage.
Chaque vertu devient une divinité :
Minerve est la prudence, et Vénus la
  [beauté.
BOILEAU, *Art poétique*, ch. II.

giens furent les poëtes[1]. Ils ont supposé un art, une puissance, une sagesse, qu'ils ont nommé *numen*[2], dans les créatures même les plus privées d'intelligence. Chez eux les fleuves ont été des dieux, et les fontaines des naïades : les bois et les montagnes ont eu leurs divinités particulières : les fleurs ont eu Flore, et les fruits Pomone. Plus on contemple sans prévention toute la nature, plus on y découvre partout un fonds inépuisable de sagesse, qui est comme l'âme de l'univers.

Que s'ensuit-il de là ? La conclusion vient d'elle-même. S'il faut tant de sagesse et de pénétration, dit Minutius Félix[3], même pour remarquer l'ordre et le dessein merveilleux de la structure du monde, à plus forte raison combien en a-t-il fallu pour le former[4] ! Si on admire tant les philosophes parce qu'ils découvrent une petite partie des secrets de cette sagesse qui a tout fait, il faut être bien aveugle pour ne l'admirer pas elle-même.

Voilà le grand objet du monde entier, où Dieu, comme dans un miroir, se présente au genre humain. Mais les uns (je parle des philosophes) se sont évanouis dans leurs pensées ; tout s'est tourné pour eux en vanité. A force de raisonner subtilement, plusieurs d'entre eux ont perdu même une vérité qu'on trouve naturellement et simplement en soi, sans avoir besoin de philosophie.

Les autres, enivrés par leurs passions, vivent toujours distraits. Pour apercevoir Dieu dans ses ouvrages, il faut

---

1. Ainsi, Orphée et Linus, et plus tard Homère et Hésiode, furent les théologiens du paganisme.

2. Numen (*numen*), vient de *nuo*, consentir, lequel vient probablement du mot grec νοῦς ou νόος, esprit.

3. Minutius Félix (Marcus), né en Afrique au commencement du III° siècle, se fit d'abord remarquer par l'élégance de sa parole et le charme de sa diction. Etant à Rome, il fut touché par la vérité du christianisme, se convertit et composa un dialogue intitulé *Octavius*, qui est une apologie souvent éloquente de sa foi nouvelle. Voici le passage auquel il est fait allusion : Quæ singula non modo, ut crearentur, fierent, disponerent, summi opificis et perfectæ rationis eguerunt, verum etiam sentiri, perspici, intelligi sine summa solertia et ratione non possunt. Cap. XVII.

4. La preuve physique de l'existence de Dieu se réduit au syllogisme de Bossuet : 1° Tout ce qui montre de l'ordre, des proportions bien prises et des moyens propres à faire de certains effets, montre aussi une fin expresse ; par conséquent, un dessein formé, une intelligence et un art parfait. 2° C'est ce qui se remarque dans la nature, etc. 3° Donc, etc. Toute la première partie de cet ouvrage est le développement de la mineure. (Voir le *Traité de la connaissance de Dieu et de soi-même*, ch. IV, 1.)

au moins y être attentif. Les passions aveuglent à un tel point, non-seulement les peuples sauvages, mais encore les nations qui semblent les mieux policées, qu'elles ne voient pas la lumière même qui les éclaire. A cet égard, les Égyptiens, les Grecs et les Romains n'ont pas été moins aveuglés et moins abrutis que les sauvages les plus grossiers[1]; ils se sont ensevelis comme eux dans les choses sensibles, sans remonter plus haut; et ils n'ont cultivé leur esprit que pour se flatter par de plus douces sensations, sans vouloir remarquer de quelle source elles venaient.

Ainsi vivent les hommes sur la terre : ne leur dites rien; ils ne pensent rien, excepté à ce qui flatte leurs passions grossières ou leur vanité. Leurs âmes s'appesantissent tellement, qu'ils ne peuvent plus s'élever à aucun objet incorporel : tout ce qui n'est point palpable, et qui ne peut être ni vu, ni goûté, ni entendu, ni senti, ni compté, leur semble chimérique. Cette faiblesse de l'âme, se tournant en incrédulité, leur paraît une force; et leur vanité s'applaudit de résister à ce qui frappe naturellement le reste des hommes. C'est comme si un monstre se glorifiait de n'être pas formé selon les règles communes de la nature; ou comme si un aveugle-né triomphait de ce qu'il serait incrédule pour la lumière et pour les couleurs que le reste des hommes aperçoit.

O mon Dieu! si tant d'hommes ne vous découvrent point dans ce beau spectacle que vous leur donnez de la nature entière, ce n'est pas que vous soyez loin de chacun de nous. Chacun de nous vous touche comme avec la main; mais les sens et les passions qu'ils excitent, emportent toute l'application de l'esprit. Ainsi, Seigneur, votre lumière luit dans les ténèbres; et les ténèbres sont si épaisses, qu'elles ne la comprennent pas[2] : vous vous montrez partout, et partout les hommes distraits négligent de vous apercevoir. Toute la nature parle de vous et retentit de votre saint nom; mais elle parle à des sourds, dont la surdité vient

---

1. Chez les anciens, dit Bossuet, tout était Dieu, hors Dieu lui-même.
2. Expressions tirées de l'Ecriture sainte.

de ce qu'ils s'étourdissent toujours eux-mêmes. Vous êtes auprès d'eux et au dedans d'eux ; mais ils sont fugitifs et errants hors d'eux-mêmes. Ils vous trouveraient, ô douce lumière! ô éternelle beauté, toujours ancienne et toujours nouvelle! ô fontaine des chastes délices! ô vie pure et bienheureuse de tous ceux qui vivent véritablement, s'ils vous cherchaient au dedans d'eux-mêmes! Mais les impies ne vous perdent qu'en se perdant. Hélas! vos dons, qui leur montrent la main d'où ils viennent, les amusent jusqu'à l'empêcher de la voir; ils vivent de vous, et ils vivent sans penser à vous : ou plutôt ils meurent auprès de la vie, faute de s'en nourrir; car quelle mort n'est-ce point de vous ignorer? Ils s'endorment dans votre sein tendre et paternel; et, pleins des songes trompeurs qui les agitent pendant leur sommeil, ils ne sentent pas la main puissante qui les porte. Si vous étiez un corps stérile, impuissant et inanimé, tel qu'une fleur qui se flétrit, une rivière qui coule, une maison qui va tomber en ruine, un tableau qui n'est qu'un amas de couleurs pour frapper l'imagination, ou un métal inutile qui n'a qu'un peu d'éclat, ils vous apercevraient et vous attribueraient follement la puissance de leur donner quelque plaisir, quoique en effet le plaisir ne puisse venir des choses inanimées qui ne l'ont pas, et que vous en soyez l'unique source. Si vous n'étiez donc qu'un être grossier, fragile et inanimé, qu'une masse sans vertu, qu'une ombre de l'être, votre nature vaine occuperait leur vanité; vous seriez un objet proportionné à leurs pensées basses et brutales; mais parce que vous êtes trop au dedans d'eux-mêmes, où ils ne rentrent jamais, vous leur êtes un Dieu caché : car ce fond intime d'eux-mêmes est le lieu le plus éloigné de leur vue, dans l'égarement où ils sont. L'ordre et la beauté que vous répandez sur la face de vos créatures sont comme un voile qui vous dérobe à leurs yeux malades. Quoi donc! la lumière qui devrait les éclairer les aveugle; et les rayons du soleil même empêchent qu'ils ne l'aperçoivent! Enfin, parce que vous êtes une vérité trop haute et trop pure pour passer par les sens grossiers, les hommes, rendus semblables aux bêtes, ne peuvent vous concevoir : comme si l'homme ne connaissait pas tous les jours la sagesse et la vertu, dont aucun de ses sens néanmoins ne peut lui rendre témoignage; car elles n'ont ni son, ni couleur, ni odeur, ni goût, ni figure, ni aucune qualité sensible. Pourquoi donc, ô mon Dieu! douter plutôt de vous que de ces autres choses, très-réelles et très-manifestes, dont on suppose la vérité certaine dans toutes les affaires les plus sérieuses de la vie, et lesquelles, aussi bien que vous, échappent à nos faibles sens? Ô misère! ô nuit affreuse qui enveloppe les enfants d'Adam! ô monstrueuse stupidité! ô renversement de tout l'homme! L'homme n'a des yeux que pour voir des ombres, et la vérité lui paraît un fantôme : ce qui n'est rien est tout pour lui; ce qui est tout ne lui semble rien. Que vois-je dans toute la nature? Dieu, Dieu partout, et encore Dieu seul. Quand je pense, Seigneur, que tout l'être est en vous, vous épuisez et vous engloutissez, ô abîme de vérité! toute ma pensée; je ne sais ce que je deviens : tout ce qui n'est point vous disparaît, et à peine me reste-t-il de quoi me trouver encore moi-même. Qui ne vous voit point n'a rien vu; qui ne vous goûte point n'a jamais rien senti : il est comme s'il n'était pas; sa vie entière n'est qu'un songe. Levez-vous, Seigneur, levez-vous; qu'à votre face vos ennemis se fondent comme la cire et s'évanouissent comme la fumée. Malheur à l'âme impie qui, loin de vous, est sans Dieu, sans espérance, sans éternelle consolation! Déjà heureuse celle qui vous cherche, qui soupire, et qui a soif de vous; mais pleinement heureuse celle sur qui rejaillit la lumière de votre face, dont votre main a essuyé les larmes, et dont votre amour a déjà comblé les désirs! Quand sera-ce, Seigneur? Ô beau jour sans nuage et sans fin, dont vous serez vous-même le soleil, et où vous coulerez au travers de mon cœur comme un torrent de volupté! A cette douce espérance mes os tressaillent et s'écrient : *Qui est semblable à vous?* Mon cœur se fond, et ma chair tombe en défaillance, ô Dieu de mon cœur, et mon éternelle portion!

SECONDE PARTIE

DÉMONSTRATION DE L'EXISTENCE ET DES ATTRIBUTS DE DIEU, TIRÉE DES IDÉES INTELLECTUELLES.

CHAPITRE PREMIER

Méthode qu'il faut suivre dans la recherche de la vérité [1].

Il me semble que la seule manière d'éviter toute erreur est de douter sans exception de toutes les choses dans lesquelles je ne trouverai pas une pleine évidence. Je me défie donc de tous mes préjugés : la clarté avec laquelle j'ai cru jusqu'ici voir diverses choses n'est point une raison de les supposer vraies. Je me défie de tout ce qu'on appelle impression des sens, principes accoutumés, vraisemblances : je ne veux rien croire, s'il n'y a rien qui soit parfaitement certain ; je veux que ce soit la seule évidence et l'entière certitude des choses qui me force à y acquiescer, faute de quoi je les laisserai au nombre des douteuses.

Cette règle posée, je ne compte plus sur aucun des êtres que j'ai cru jusqu'ici apercevoir autour de moi ; peut-être ne sont-ils que des illusions. J'ai toujours reconnu qu'il y a un temps, toutes les nuits, où je crois voir ce que je ne vois point, et où je crois toucher ce que je ne touche pas. J'ai appelé ce temps le temps du sommeil ; mais qui m'a dit que je ne suis pas toujours endormi, et que toutes mes perceptions ne sont pas des songes ?

Si le sommeil dans un certain degré peut causer une

---

1. Dans le *Discours de la Méthode*, Descartes formule brièvement son doute. Il l'expose de nouveau et avec plus d'insistance dans les *Méditations*, qui sont le commentaire du premier ouvrage. Fénelon reproduit ici les développements et même les exagérations du commentaire. Bossuet goûte peu ce doute provisoire. Il craint de le voir se transformer en un doute définitif. « J'ai trouvé, dit-il dans le troisième sermon pour la Toussaint, un remède pour me garantir de l'erreur. Je suspendrai mon esprit, et, retenant en arrêt sa mobilité indiscrète et précipitée, je douterai du moins s'il ne m'est pas permis de connaitre au vrai les choses. Mais, ô Dieu ! quelle faiblesse et quelle misère ! de crainte de tomber, je n'ose sortir de ma place et me remuer ! Triste et misérable refuge contre l'erreur, d'être contraint de se plonger dans l'incertitude et de désespérer de la vérité ! »

illusion que la veille fait découvrir, qui est-ce qui me répondra que la veille elle-même n'est pas une autre espèce de sommeil dans un autre degré, d'où je ne sors jamais, et dont aucun autre état ne me peut découvrir l'illusion? Quelle différence suppose-t-on entre un homme qui dort et un homme que la fièvre met dans le délire? Celui qui dort ne rêve que pendant quelques heures; ensuite il s'éveille, et le réveil lui montre la fausseté de ses songes[1]. Celui qui est en délire fait des espèces de songes pendant plusieurs jours; la guérison est pour lui ce que le réveil est pour l'autre : il n'aperçoit ses erreurs qu'après la fin de sa maladie. Voilà une illusion plus longue, mais qui a pourtant ses bornes, et qu'on découvre après qu'on n'y est plus.

Il y a d'autres illusions encore plus longues, et qui durent même toute la vie. Un insensé qui est incurable passera sa vie à croire voir ce qui n'est point devant ses yeux; jamais il ne s'apercevra de son illusion; c'est un songe de toute la vie qu'on fait les yeux ouverts et sans être endormi. Comment pourrai-je m'assurer que je ne suis point dans ce cas? Celui qui y est ne croit point y être, il se croit aussi sûr que moi de n'y être pas. Je ne crois pas plus fermement que lui voir ce qu'il me semble que je vois. Mais quoi ! je n'en saurais pourtant douter dans la pratique, il est vrai ; mais cet insensé dans la pratique ne peut, non plus que moi douter de tout ce qu'il s'imagine voir et qu'il ne voit point. Cette persuasion inévitable dans la pratique n'est donc point une preuve[2] : peut-être n'est-elle pas en moi, non plus que dans cet insensé, qu'une misère de ma condition, et un entraînement invincible dans l'erreur. Quoique celui qui songe ne puisse s'empêcher de croire ce que ses songes lui représentent, il ne s'ensuit pas

1. Voici de quelle manière, suivant Descartes, nous pouvons distinguer les idées du rêve et les idées de l'état de veille : 1° Les idées du songe ne sont ni si évidentes, ni si entières que celles de l'état de veille ; 2° nous ne pouvons lier par la mémoire les idées du songe à toute la suite de notre vie. C'est donc l'accord des sens, de la mémoire et de l'entendement qui nous fait distinguer l'état de veille de l'état de sommeil.

2. Pascal n'admet pas le doute poussé à l'extrême. « Que fera donc l'homme en cet état? Doutera-t-il de tout? Doutera-t-il s'il veille, si on le pince, si on le brûle? Doutera-t-il s'il doute? Doutera-t-il s'il est? On n'en peut venir là; et je mets en fait qu'il n'y a jamais eu de pyrrhonien effectif parfait. La nature soutient la raison impuissante, et l'empêche d'extravaguer jusques à ce point. » *Pensées*, c. 10.

que ses songes soient vrais. Quoique un insensé ne puisse s'empêcher de se croire roi, et de penser qu'il voit ce qu'il ne voit point, il ne s'ensuit pas que sa royauté et tous les autres objets de son extravagance soient véritables. Peut-être que dans le moment que j'appelle la mort, j'éprouverai une espèce de réveil qui me détrompera de tous les songes grossiers de cette vie ; comme le réveil du matin me détrompe des songes de la nuit, ou comme la guérison d'un fou le désabuse des erreurs dont il a été le jouet pendant sa folie.

Une autre chose est peut-être encore possible, qui est que l'illusion que je vois plus longue dans un fou que dans un homme qui dort sera encore plus longue et plus constante dans l'homme qui ne dort ni n'extravague. Peut-être que dans la veille et dans le plus grand sang-froid je suis le jouet d'une illusion qui ne se dissipera jamais, et que nul autre état ne me tirera de cette tromperie perpétuelle[1]. Que ferai-je? du moins je veux tâcher de me préserver de l'illusion, en doutant de tout. Mais quoi! peut-on toujours douter de tout? Est-ce un état sérieux et possible? Ne serait-ce point une folie pire que l'illusion même que je veux tâcher d'éviter? Non, il ne peut point y avoir de folie à n'assurer pas ce qu'on ne trouve point entièrement assuré. Si la pratique m'entraîne à supposer les choses dont je n'ai point de preuve évidente, je me regarderai comme un homme qu'un torrent entraîne toujours insensiblement, et qui se prend toujours, pour se retenir, aux branches des arbres plantés sur le rivage.

Un homme fort assoupi se fait violence pour vaincre le sommeil ; mais le sommeil le surprend toujours, et aussitôt qu'il dort, sa raison disparaît : il rêve, il fait des songes ridicules ; dès qu'il s'éveille, il aperçoit son erreur et l'illusion de ses songes, dans lesquels néanmoins il retombe au bout de trois minutes. C'est ainsi que je suis entre la veille et le sommeil, entre mon doute philosophique, qui seul est raisonnable[2], et le songe trompeur de la vie com-

---

1. Voir Descartes, première méditation. — 2. Parce qu'il est provisoire, et doit me conduire bientôt à la connaissance des caractères de la vérité et du fondement de la certitude. (Voyez nos Eléments de Logique, ch. XIV, p. 190.)

mune. Pour me défendre de cette continuelle et invincible illusion, au moins je tâcherai de temps en temps de me reprendre à ma règle immuable de n'admettre que ce qui est certain. Dans ces moments de retour au dedans de moi-même je désavouerai tous mes jugements précipités, je me remettrai en suspens, et je me défierai autant de moi que de tout ce qu'il me semble qui m'environne.

Voilà ce qu'il faut faire, si je veux suivre la raison; elle ne doit croire que ce qui est certain, elle ne doit que douter de ce qui est douteux. Jusqu'à ce que je trouve quelque chose d'invincible par pure raison[1] pour me montrer la certitude de tout ce qu'on appelle nature et univers, l'univers entier doit m'être suspect de n'être qu'un songe et une fable. Toute la nature n'est peut-être qu'un vain fantôme[2]. Cet état de suspension, il est vrai, m'étonne et m'effraye; il me jette au dedans de moi dans une solitude profonde et pleine d'horreur; il me gêne, il me tient comme en l'air; il ne saurait durer, j'en conviens; mais il est le seul état raisonnable. Ma pente à supposer les choses dont je n'ai point de preuve est semblable au goût des enfants pour les fables et les métamorphoses. On aime mieux supposer le mensonge que de se tenir dans cette violente suspension, pour ne se rendre qu'à la seule vérité exactement démontrée.

O raison! où me jetez-vous? où suis-je? que suis-je? Tout m'échappe; je ne puis me défendre de l'erreur qui m'entraîne ni renoncer à la vérité qui me fuit. Jusques à quand serai-je dans ce doute qui est une espèce de tourment, et qui est pourtant le seul usage que je puisse faire de la raison? O abîme de ténèbres qui m'épouvante! ne croirai-je jamais rien? croirai-je sans être assuré? Qui me tirera de ce trouble?

Il me vient une pensée que je dois examiner. S'il y a

---

[1] Il rejettera toutes les données de l'expérience et ne donnera sa foi qu'aux notions évidentes *a priori*.

[2] « Comme on rêve souvent qu'on rêve, entassant un songe sur un autre, il se peut aussi bien faire que cette vie n'est elle-même qu'un songe sur lequel les autres sont entés, dont nous nous éveillons à la mort, pendant laquelle nous avons aussi peu les principes du vrai et du bien que pendant le sommeil naturel. » *Manuscrit des Pensées de Pascal*, passage barré. Pascal dit encore: « Personne n'a d'assurance, hors de la foi, s'il veille ou s'il dort. »

un être de qui je tienne le mien, ne doit-il pas être bon et véritable ? pourrait-il l'être s'il me trompait, et s'il ne m'avait mis au monde que pour une illusion perpétuelle ? Mais qui m'a dit qu'un être puissant, malin et trompeur, ne m'ait point formé ? Qui est-ce qui m'a dit que je n'ai point été formé par le hasard dans un état qui porte l'illusion par lui-même [1] ? De plus, comment sais-je si je ne suis pas moi-même la cause volontaire de mon illusion ? Pour éviter l'erreur, je n'ai qu'à ne juger jamais, et à demeurer dans un doute universel sans exception. C'est en voulant juger que je m'expose à me tromper moi-même. Peut-être que celui qui m'a mis au monde ne m'y a mis que pour demeurer toujours dans le doute ; peut-être que j'abuse de ma raison, que je passe au delà des bornes qui me sont marquées, et que je me livre moi-même à l'erreur toutes les fois que je veux juger. Je ne jugerai donc plus ; mais j'examinerai toutes choses en me défiant de moi-même et de celui qui m'a formé, supposé que j'aie été formé par un être supérieur à moi [2].

Dans cette incertitude, que je veux pousser aussi loin qu'elle peut aller, il y a une chose qui m'arrête tout court. J'ai beau vouloir douter de toutes choses, il m'est impossible de pouvoir douter si je suis [3]. Le néant ne saurait douter ; et, quand même je me tromperais, il s'ensuivrait par mon erreur même que je suis quelque chose, puisque le néant ne peut se tromper. Douter et se tromper, c'est penser. Ce *moi* qui pense, qui doute, qui craint de se tromper, qui n'ose juger de rien, ne saurait faire tout cela, s'il n'était rien.

Mais d'où vient que je m'imagine que le néant ne sau-

---

1. Cette malheureuse hypothèse d'un être malin, qui prend plaisir à nous tromper, appartient à Descartes. (Voir les *Méditations*, I, 10).

2. A première vue, la distinction entre l'examen et le jugement semble un peu subtile ; mais il faut remarquer que *juger* signifie ici *conclure*, ou prendre un parti.

3. « Je me résolus, dit Descartes, de feindre que toutes les choses qui m'é- taient entrées en l'esprit, n'étaient non plus vraies que les illusions de mes songes. Mais aussitôt après je pris garde que, pendant que je voulais ainsi penser que tout était faux, il fallait nécessairement que moi qui le pensais fusse quelque chose ; en remarquant que cette vérité, *je pense, donc je suis*, était si ferme, etc. » *Discours de la méthode*, IV, 1.

rait penser? Je me réponds aussitôt à moi-même : C'est que qui dit néant exclut sans réserve toute propriété, toute action, toute manière d'être, et par conséquent la pensée ; car la pensée est une manière d'être et d'agir. Cela me paraît clair. Mais peut-être que je me contente trop aisément. Allons donc encore plus loin, et voyons précisément pourquoi cela me paraît clair.

Toute la clarté de ce raisonnement roule sur la connaissance que j'ai du néant, et sur celle que j'ai de la pensée. Je connais clairement que le néant ne peut rien, ne fait rien, ne reçoit rien et n'a jamais rien[1] ; d'un autre côté, je connais clairement que penser c'est agir, c'est faire, c'est avoir quelque chose : donc je connais clairement que la pensée actuelle ne peut jamais convenir au néant. C'est l'idée claire de la pensée qui me découvre l'incompatibilité qui est entre le néant et elle, parce qu'elle est une manière d'être ; d'où il s'ensuit que, quand j'ai une idée claire d'une chose, il ne dépend plus de moi d'aller contre l'évidence de cette idée. L'exemple sur lequel je suis le montre invinciblement. Quelque violence que je me fasse, je ne puis parvenir à douter si ce qui pense en moi existe : il n'est donc plus question que d'avoir des idées bien claires, comme celles que j'ai de la pensée ; en les consultant, on sera toujours déterminé à nier de la chose ce que son idée en exclut, et à affirmer de cette même chose ce que son idée renferme clairement.

Mais je parle d'idée, et je ne sais encore ce que c'est. C'est quelque chose que je ne puis encore bien démêler : c'est une lumière qui est en moi, qui n'est point moi-même, qui me corrige, qui me redresse, ou peut-être qui me trompe, mais enfin qui m'entraîne par son évidence véritable ou fausse. Quoi qu'il en soit, c'est une règle qui est au dedans de moi de laquelle je ne puis juger, et par laquelle au contraire il faut que je juge de tout si je veux juger : c'est une règle qui me force même à juger, comme il paraît par l'exemple de ce que j'examine maintenant ; car il m'est impossible de m'abstenir de juger que je suis :

[1]. Car lui-même il n'est rien. Hors de l'être point de manière d'être.

puisque je pense, la clarté de l'idée de la pensée me met dans une absolue impuissance de douter si je suis[1].

Ma règle de ne juger jamais, pour ne me tromper pas, ne peut donc me servir que dans les choses où je n'ai point d'idée claire : mais pour celles où j'ai une idée entièrement claire, cette clarté trompeuse ou véritable me force à juger malgré moi ; je ne suis plus libre d'hésiter. Quand même cette clarté d'idée ne serait qu'une illusion, il faut que je me livre à elle. Je pousse le doute aussi loin que je puis ; mais je ne puis le pousser jusqu'à contredire mes idées claires[2]. Qu'un autre encore plus incrédule et plus défiant que moi le pousse plus loin : je l'en défie ; je le défie de douter sérieusement de son existence. Pour en douter, il faudrait qu'il crût qu'on peut penser et n'être rien. La raison n'a que ses idées, elle n'a point en elle de quoi les combattre ; il faudrait qu'elle sortît d'elle-même, et qu'elle se tournât contre elle-même pour les contredire. Quand même elle ne trouverait point de quoi montrer la certitude de ses idées, elle n'a rien en elle qui puisse lui servir d'instrument pour ébranler ce que ses idées lui représentent. Il est vrai, encore une fois, qu'elle peut douter de ce que ses idées lui proposent comme douteux ; ce doute, bien loin de combattre les idées, est, au contraire, une manière très-exacte de les suivre et de s'y soumettre : mais pour les choses qu'elles représentent clairement, on ne peut s'empêcher ni de les concevoir clairement, ni de les croire avec certitude[3].

---

[1] « Je suis très-certain par moi-même, sans fantôme et sans illusion, que je suis. Et je ne redoute pas ici les arguments des académiciens, je ne crains pas qu'ils me disent : Mais si vous vous trompez ? — Si je me trompe, je suis ; car on ne se peut tromper, si l'on n'est. Ainsi, puisque je serais toujours, moi qui serais trompé, quand il serait vrai que je me tromperais, il est indubitable que je ne puis me tromper lorsque je crois que je suis. Il suit de là que quand je connais que je connais, je ne me trompe pas non plus, car je connais que j'ai cette connaissance, de la même manière que je connais qui je suis. » SAINT AUGUSTIN, *Cité de Dieu*, liv. XI, ch. 26.

[2] La croyance est fatale. La lumière frappe l'esprit et l'esprit voit la lumière, et, qu'elle soit trompeuse ou non, se laisse guider par elle. C'est la meilleure réponse qu'on puisse faire aux Pyrrhoniens. (Voir nos *Éléments de logique*, ch. XIV, *Examen du premier argument des sceptiques*.) — On peut répéter à ce propos ce que Richard de Saint-Victor dit de notre croyance touchant la divinité du Christ : *Domine, si error est, a te decepti sumus*.

[3] « En se renfermant dans son esprit seul, et en considérant ce qui s'y passe, on y trouvera une infinité de connaissances claires, et dont il est impossible de douter. » *Log. de Port-Royal*, IVᵉ partie, ch. I.

Je conclus donc trois choses sur l'idée claire que j'ai de mon existence par ma pensée : la première, est que nul homme de bonne foi ne peut douter contre une idée entièrement claire ; la seconde, que, quand même nos idées seraient trompeuses, elles nous entraîneraient invinciblement toutes les fois qu'elles auraient cette clarté parfaite ; la troisième, que nous n'avons rien en nous qui nous mette en droit de douter de la certitude de nos idées claires. Ce serait douter sans savoir pourquoi, et ce doute n'aurait rien de vraisemblable ; car toute l'étendue de notre raison, loin de nous révolter contre nos idées, ne consiste qu'à les consulter comme une règle supérieure et immuable.

Je sais bien que ceux qui se plaisent à douter confondront toujours les idées entièrement claires avec celles qui ne le sont pas, et qu'ils se serviront de l'exemple de certaines choses dont les idées sont obscures et laissent une entière liberté d'opinion, pour combattre la certitude des idées claires sur lesquelles on n'est point libre de douter : mais je les convaincrai toujours par leur propre expérience, s'ils sont de bonne foi. Pendant qu'ils doutent de tout, je les défie de douter si ce qui doute en eux est un néant[1]. Si la croyance que je suis, parce que je doute, est une erreur, non-seulement c'est une erreur sans remède, mais encore une erreur de laquelle la raison n'a aucun prétexte de se défier.

Ce qui résulte de tout ceci est qu'il faut bien se garder de prendre une idée obscure pour une idée claire, ce qui fait la précipitation des jugements et l'erreur ; mais aussi qu'on ne doit et qu'on ne peut jamais sérieusement hésiter sur les choses que nos idées renferment clairement.

Ce que je viens de dire est une espèce de lueur qui se

---

[1] « Que s'il se trouvait quelqu'un qui pût entrer en doute s'il ne dort point, ou s'il n'est point fou, ou qui pût même croire que l'existence de toutes les choses extérieures est incertaine... au moins personne ne saurait douter, comme dit saint Augustin, s'il est, s'il pense, s'il vit : car, soit qu'il dorme ou qu'il veille, soit qu'il ait l'esprit sain ou malade, soit qu'il se trompe ou qu'il ne se trompe pas, il est certain au moins, puisqu'il pense, qu'il est et qu'il vit, étant impossible de séparer l'être et la vie de la pensée, et de croire que ce qui pense n'est pas et ne vit pas ; et de cette connaissance claire, certaine et indubitable, il peut en former une règle pour approuver comme vraies toutes les pensées qu'il trouvera claires, comme celle-là lui paraît. » *Log. de Port-Royal*, IVe partie, ch. I.

présente à moi dans cet abîme de ténèbres où je suis enfoncé ; ce n'est point encore un vrai jour, ce n'est qu'un faible commencement ; et quelque envie que j'aie de voir la lumière, j'aime encore mieux la plus affreuse obscurité qu'une lumière fausse. Plus la vérité est précieuse, plus je crains de trouver ce qui lui ressemblerait et qui ne serait pas elle-même. O vérité ! si vous êtes quelque chose qui puisse m'entendre et me voir, écoutez mes désirs : voyez la préparation de mon cœur ; ne souffrez pas que je prenne votre ombre pour vous-même, soyez jalouse de votre gloire ; montrez-vous, il me suffira de vous voir : c'est pour vous seule, et non pour moi, que je vous veux. Jusques à quand m'échapperez-vous ?

Mais que dis-je ? peut-être que la vérité ne saurait m'entendre. Il est vrai que ma raison ne me fournit aucun sujet de doute sur mes idées claires : mais que sais-je si ma raison elle-même n'est point une fausse mesure pour mesurer toutes choses ! Qui m'a dit que cette raison n'est point elle-même une illusion perpétuelle de mon esprit, séduit par un esprit puissant et trompeur qui est supérieur au mien ? Peut-être que cet esprit me représente comme clair ce qui est le plus absurde ; peut-être que le néant est capable de penser, et qu'en pensant je ne suis rien ; peut-être qu'une même chose peut tout ensemble exister et n'exister pas, peut-être que la partie est aussi grande que le tout [1]. Me voilà rejeté dans une étrange incertitude ; et il ne m'est pas même permis d'avoir impatience d'en sortir, quelque violent que soit cet état, puisque mon impatience serait une mauvaise disposition pour connaître la vérité. Examinons donc tranquillement ce que je viens de dire.

Je fais une extrême différence entre mes opinions libres et variables et mes idées claires que je ne suis jamais libre de changer. Quand même elles seraient fausses, il m'est impossible de les redresser, et je suis sans ressource dévoué à l'erreur. Ceux mêmes qui m'accuseront de me trom-

---

1. Fénelon insiste outre mesure et fait une part trop belle au scepticisme qu'il a déjà combattu. La réponse qui suit a plus de subtilité que de force. Mieux vaudrait s'en tenir à cette déclaration : « Je pousse le doute aussi loin que je puis ; mais je ne puis le pousser jusqu'à contredire mes idées claires. »

per, si c'est une tromperie, sont dans la nécessité de se tromper toujours aussi bien que moi. Cette erreur n'est point un accident; c'est un état fixe où nous sommes nés: c'est leur nature, c'est la mienne. Cette raison qui nous trompe n'est point une inspiration étrangère, ni quelque chose de dehors qui vienne porter la séduction au dedans de nous, ou qui nous pousse pour nous égarer : cette raison trompeuse est nous-mêmes ; et s'il est vrai que nous soyons quelque chose, nous sommes précisément cette raison qui se trompe. Puisque cette raison est le fond de notre nature même, il faudrait que l'esprit supérieur qui nous tromperait nous eût donné lui-même une nature fausse toute tournée à l'erreur et incapable de la vérité; il faudrait qu'il nous eût donné, pour ainsi dire, une raison à l'envers, et qui s'attacherait toujours au contre-pied de la vérité. Un esprit qui aurait fait le mien de la sorte serait non-seulement supérieur, mais tout-puissant. Un esprit qui fait des esprits, qui les fait de rien, qui ne trouve rien de fait en eux par une règle droite et simple, mais qui y fait et qui y met tout suivant son dessein, et qui fait à son gré une raison qui n'est point une raison, une raison qui renverse la raison même, doit être un esprit tout-puissant. Il faut qu'il soit créateur, et qu'il ait fait son ouvrage de rien ; s'il avait fait son ouvrage de quelque chose, il aurait été assujetti à cette chose dont il se serait servi dans sa production ; ce qu'il aurait trouvé déjà fait aurait été dans la règle droite et primitive de la simple nature. Mais pour faire en sorte que tout ce qui est en nous et que tout nous-mêmes ne soit qu'erreur et illusion, il faut, pour ainsi dire, qu'il n'ait rien pris dans la nature, et qu'il ait formé tout exprès de rien un être tout nouveau qui soit l'antipode de la vraie raison. N'est-ce pas être créateur? n'est-ce pas être tout-puissant?

J'ose même dire que cet esprit trompeur serait plus que tout-puissant[1] ; et voici ma raison : je conçois que l'être et la vérité sont la même chose; en sorte qu'une chose

---

1. En effet, il pourrait faire ce que Dieu lui-même ne peut pas faire, c'est-à-dire, ce qui est contraire à la raison.

n'est qu'autant qu'elle est vraie, et qu'elle n'est vraie qu'autant qu'elle est. L'être intelligent, suivant cette règle, n'a d'être qu'autant qu'il a d'intelligence : donc si un esprit n'était point intelligent, il ne pourrait pas être; car il n'a d'autre être que son intelligence. Mais l'intelligence elle-même, qui est-elle? Qui dit intelligence dit essentiellement la connaissance de quelque vérité. Le pur néant ne saurait être l'objet de l'intelligence[1] : on ne le conçoit point, on n'en a point d'idée; il ne peut se présenter à l'esprit. Si donc il n'y avait dans toute la nature rien de vrai ni de réel qui répondît à nos idées, notre intelligence elle-même, et, par conséquent notre être, n'aurait rien de réel. Comme nous ne connaîtrions rien de véritable hors de nous ni en nous, nous ne serions aussi rien de véritable nous-mêmes; nous serions un néant qui doute; nous serions un néant qui ne peut s'empêcher de se tromper, parce qu'il ne peut s'empêcher de juger; un néant qui agit toujours, qui pense et qui repense sans cesse sur sa pensée; un néant qui se replie sur lui-même; un néant qui se cherche, qui se trouve, et enfin qui s'échappe à soi-même. Quel étrange néant! C'est ce néant monstrueux qu'un esprit supérieur tromperait. N'est-ce pas être plus que tout-puissant d'agir sur le néant comme sur quelque chose de vrai et de réel? Bien plus, quel prodige de faire que le néant agisse, qu'il se croie quelque chose, et qu'il se dise à lui-même, comme à quelqu'un : Je pense, donc je suis! Mais non, peut-être que je pense sans exister, et que je me trompe sans être sorti du néant.

Si cet esprit est tout-puissant, il ne peut donc m'avoir donné l'être qu'autant qu'il m'aura donné la vraie intelligence; car il n'y a que le réel et le véritable qui soit intelligible. Ainsi, supposé que je sois quelque chose, et quelque chose d'intelligent, un créateur tout-puissant n'a pu me créer qu'en me rendant intelligent de la vérité. Il n'est pas question de savoir s'il a voulu me tromper ou non : quand même il l'aurait voulu, il ne l'aurait pas pu. Il a bien pu me donner une intelligence bornée, et l'exclure

---

[1] « Entendre, dit Nicole, c'est connaître ce qui est; on ne saurait connaître ce qui n'est pas. »

de connaître les vérités infinies ; mais il n'a pu me donner quelque degré d'être, sans me donner aussi quelque degré d'intelligence de la vérité. La raison est, comme je l'ai déjà dit plusieurs fois, que le néant est aussi incapable d'être connu qu'il est incapable de connaître. Si je pense, il faut que je sois quelque chose, et il faut que ce que je pense soit quelque chose aussi.

Ce que je dis d'un être tout-puissant, il faut à plus forte raison le dire du hasard. Supposé même que le hasard pût former un être intelligent, et faire, par un assemblage fortuit, que ce qui ne pensait point commençât à penser ; du moins il ne pourrait pas faire qu'un être qui penserait pensât sans penser rien de vrai : car le mensonge est un néant, et le néant n'est point l'objet de la pensée. On ne peut penser qu'à l'être et à ce qui est vrai : car l'être et la vérité sont la même chose. On peut bien se tromper en partie, en joignant sans raison des êtres séparés ; mais cette erreur est mélangée de vérité, et il est impossible de se tromper en tout : ce serait ne plus penser ; car la pensée ne subsisterait plus, si elle portait entièrement à faux, et si elle n'avait aucun objet réel et véritable[1].

Tout se réduit donc à ce désespoir absolu et à ce naufrage universel de la raison humaine, de dire : Une même chose peut tout ensemble être et n'être pas ; penser et n'être rien ; penser et ne penser rien : ou bien il faut conclure qu'un premier être, quoique tout-puissant, n'a pu nous donner l'intelligence à quelque degré, sans nous donner en même temps quelque portion de vérité intelligible pour objet de notre pensée.

Je sais bien qu'après ce raisonnement il reste toujours à savoir si nous pouvons penser sans être, et si une même chose peut tout ensemble être et n'être pas ; mais au moins il est manifeste que, si ces deux choses sont incompatibles, un premier être, par sa toute-puissance, n'a pu, quand même il l'aurait voulu, nous créer intelligents dans une entière privation de la vérité.

1. Ce qui nous trompe et nous fait regarder une erreur comme une vérité, c'est la portion de vérité ou d'être qui est jointe à l'erreur.

D'ailleurs si cet être supérieur est créateur et tout-puissant, il faut qu'il soit infiniment parfait. Il ne peut être par lui-même, et pouvoir tirer quelque chose du néant, sans avoir en soi la plénitude de l'être, puisque l'être, la vérité, la bonté, la perfection ne peut être qu'une même chose. S'il est infiniment parfait, il est infiniment vrai; s'il est infiniment vrai, il est infiniment opposé à l'erreur et au mensonge. Cependant, s'il avait fait ma raison fausse et incapable de connaître la vérité, il l'aurait faite essentiellement mauvaise; et par conséquent il serait mauvais lui-même : il aimerait l'erreur, il en serait la cause volontaire, et en me créant, il n'aurait eu d'autre fin que l'illusion et la tromperie : il faut donc ou qu'il soit incapable de me créer de la sorte, ou qu'il n'existe point.

Je vois bien, par mes songes, que je puis avoir été créé pour être quelquefois dans une illusion passagère. Cette illusion est plutôt une suspension de ma raison qu'une véritable erreur. Pendant cette illusion je n'ai rien de libre [1] un moment après il me vient des pensées nettes, précises et suivies, qui sont supérieures à celles du songe, et qui les font évanouir. Ainsi cet état est bien appelé du nom d'illusion passagère et d'impuissance de raisonner de suite. Mais si l'état de la veille me trompait de même, ce serait une chose bien différente : ma raison serait essentiellement fausse, parce que toutes mes idées, qui sont le fond de ma raison même, et qui sont immuables en moi, seraient le contre-pied de la véritable raison : ce serait une erreur de nature et essentielle, de laquelle rien ne pourrait me tirer; il faudrait faire de moi un autre moi-même, et anéantir toutes mes idées pour me faire concevoir la moindre vérité; ou, pour mieux dire, cette nouvelle créature qui commencerait à voir quelque vérité ne serait rien moins que moi-même : elle serait plutôt une nouvelle créature produite en ma place après mon anéantissement.

Je comprends bien qu'un être créateur et infiniment parfait peut quelquefois suspendre, pour un peu de temps, ma

---

[1] Le sommeil et le songe qui l'accompagne, sont une suspension de la liberté, et par suite de la raison.

raison et ma liberté, en me donnant des perceptions confuses qui s'effacent et se perdent les unes dans les autres, comme je l'éprouve dans mes songes[1]. Ces erreurs passagères, si on peut les nommer ainsi, sont bientôt corrigées par les pensées fixes et réfléchies de la veille. Je ne sais même si on peut dire que je fasse aucun véritable jugement, ni par conséquent que je tombe réellement dans l'erreur pendant que je dors. J'avoue qu'à mon réveil il me semble que pendant mes songes j'ai jugé, j'ai raisonné, j'ai craint, j'ai espéré, j'ai aimé, j'ai haï, en conséquence de mes jugements : mais peut-être que mes jugements, non plus que les actes de ma volonté, n'ont point été véritables pendant que je dormais. Il peut se faire que des images empreintes dans mon cerveau pendant la journée se sont réveillées la nuit par le cours fortuit des esprits. Ces images de mes pensées et de mes volontés de la veille étant ainsi excitées, ont fait une nouvelle trace qui a été accompagnée de perceptions confuses et de sensations passagères, sans aucune réflexion ni jugement formel. A mon réveil je puis apercevoir ces nouvelles traces des images faites pendant la veille, et croire que j'y ai joint dans mon songe les jugements qu'elles représentent, quoique je ne les aie pas joints réellement pendant mon sommeil. Le souvenir n'est apparemment que la perception des traces déjà faites : ainsi quand j'aperçois à mon réveil les traces renouvelées en dormant, je rappelle les jugements du jour, dont les images du songe de la nuit sont composées ; et par conséquent je puis bien croire me souvenir que j'ai jugé en dormant, quoique je n'aie fait aucun jugement réel.

De plus, quand même j'aurais jugé et me serais réellement trompé pendant mes songes, je ne serais point surpris qu'un être infiniment parfait et véritable m'eût mis dans cette nécessité de me tromper pendant que je dors. Ces erreurs n'influent dans aucune action libre et raisonnable de ma vie ; elles ne me font faire rien de méritoire ni de démérivoire[2] ; elles ne sont ni un abus de la raison,

---

1. *Voir* la note 1, p. 113.
2. Peut-être. Il y a entre les pensées que nous avons volontairement pendant la veille et celles que nous

ni une opposition fixe à la vérité : elles sont bientôt redressées par les jugements que je fais quand je veille, et qui sont suivis d'une volonté libre.

Je comprends que le premier être peut vouloir tirer la vérité de l'erreur, comme tirer le bien du mal, en permettant que par la suspension des esprits je fasse en dormant des songes trompeurs. Par cette expérience il me montre de grandes vérités : car qu'y a-t-il de plus propre à me montrer la faiblesse de ma raison et le néant de mon esprit, que d'éprouver cet égarement périodique et inévitable de mes pensées ? C'est un délire réglé, qui tient près d'un tiers de ma vie, et qui m'avertit, pour les deux autres tiers, que je dois me défier de moi et rabaisser mon orgueil. Il m'apprend que ma raison même n'est pas à moi en propre, qu'elle m'est prêtée et retirée tour à tour, sans que je puisse ni la retenir quand elle m'échappe, ni la rappeler quand elle est absente, ni résister à l'illusion que son absence cause en moi, ni même avoir par mon industrie aucune part à son retour.

Voilà un temps d'erreurs bien employé, s'il me mène tout droit à me connaître, et à me faire remonter à une sagesse sans laquelle la mienne n'est que folie. Mais quelle comparaison peut-on faire de cette illusion si passagère et si utile, avec un état d'erreur d'où rien ne pourrait me tirer, et où ma raison la plus évidente serait par elle-même un fonds inépuisable de séduction et de mensonge ? Une nature et une essence toute d'erreur, qui serait un néant de raison, une nature toute fausse et toute mauvaise, ou, pour mieux dire, qui ne serait point une nature positive, mais un absolu néant en toute manière, ne peut jamais être l'ouvrage du créateur tout bon, tout véritable et tout-puissant[1].

Voilà ce que ma raison me représente sur elle-même, et voilà ce que je trouve, ce me semble, clairement toutes les fois que je la consulte. Le doute universel et absolu

---

avons pendant le sommeil un rapport trop peu remarqué. Il serait intéressant d'étudier jusques à quel point nous sommes responsables de nos rêves.

[1]. Οὐκ ἔστιν οὗ ἕνεκα ἂν θεὸς ψεύδοιτο. Platon, *De Rep.* II.

dans lequel je m'étais retranché n'est-il pas plus sûr? Nullement; car on se trompe autant à douter lorsqu'il faudrait croire, que l'on se trompe à croire lorsqu'il faudrait encore douter. Douter, c'est juger qu'il ne faut rien croire. Supposé qu'il faille croire quelque chose, et que j'hésite mal à propos, je me trompe en doutant de tout, et je suis en demeure à l'égard de la vérité[1] qui se présente à moi. Que ferai-je? La dernière espérance m'est arrachée; il ne me reste pas même la triste consolation d'éviter l'erreur en me retranchant dans le doute. Où suis-je? que suis-je? où est-ce que je vais? où m'arrêterai-je? Mais comment puis-je m'arrêter? Si je renonce à ma raison, et si elle m'est suspecte en ce qu'elle me présente de plus clair, je suis réduit à cette extrémité, de douter si une même chose peut tout ensemble être et n'être pas. Je ne puis me prendre à rien pour m'arrêter dans une pente si effroyable; il faut que je tombe au fond de cet abîme. Encore, si je pouvais y demeurer! mais cet abîme où je suis tombé me repousse, et le doute me paraît aussi sujet à l'erreur que mes anciennes opinions. Si un être tout-puissant, infiniment bon et véritable, m'a fait pour connaître la vérité par la raison droite qu'il m'a donnée, je suis inexcusable de m'aveugler moi-même par un doute capricieux, et mon doute universel est un monstre[2]. Si au contraire ma raison est fausse, je ne laisse pas d'être excusable en la suivant; car que puis-je faire de mieux que de me servir fidèlement de tout ce qui est en moi, pour tâcher d'aller droit à la vérité? M'est-il permis de me défier, sans aucun fondement ni intérieur ni extérieur, de tout ce qui me paraît également dans tous les temps raison, certitude, évidence[3]? Il vaut donc mieux suivre cette évidence qui m'entraîne nécessairement, qui ne peut m'être suspecte d'aucun côté, qui est conforme à tout ce que je puis con-

1. *Je suis en demeure à l'égard de la vérité*, c'est-à-dire *je suis en retard, je ne remplis pas mon devoir* envers la vérité.

2. *Monstrum*, une chose étrange, une monstruosité; on ne se sert plus de cette expression que pour désigner les personnes ou les animaux dont la constitution morale ou physique n'est pas conforme à la nature.

3. Voir pour la distinction de la *certitude* et de *l'évidence* nos Eléments de logique, ch. xiv.

cevoir de l'être tout-puissant qui peut m'avoir fait, enfin contre laquelle je ne saurais trouver aucun fondement de doute solide, que de me livrer au doute vague, qui peut être lui-même une erreur et une hésitation de mon faible esprit qui demeure incertain, faute de savoir saisir la vérité par une vue ferme et constante.

Me voilà donc enfin résolu à croire que je pense, puisque je doute, et que je suis, puisque je pense ; car le néant ne saurait penser, et une même chose ne peut tout ensemble être et n'être pas. Ces vérités que je commence à connaître, et dont la découverte a tant coûté à mon esprit, sont en bien petit nombre. Si j'en demeure là, je ne connais dans toute la nature que moi seul, et cette solitude me remplit d'horreur. De plus, si je me connais, je ne me connais guère. Il est vrai que je suis quelque chose qui se connaît soi-même, et dont la nature est de connaître ; mais d'où est-ce que je viens ? est-ce du néant que je suis sorti ? ou bien ai-je toujours été ? qui est-ce qui a pu commencer en moi la pensée ? ce qu'il me semble voir autour de moi est-il quelque chose ? O vérité ! vous commencez à luire à mes yeux. Je vois poindre un faible rayon de lumière naissante sur l'horizon, au milieu d'une profonde et affreuse nuit : achevez de percer mes ténèbres ; débrouillez peu à peu le chaos où je suis enfoncé. Il me semble que mon cœur est droit devant vous : je ne crains que l'erreur ; je crains autant de résister à l'évidence, et de ne pas croire ce qui mérite d'être cru, que de croire trop légèrement ce qui est incertain. O vérité ! venez à moi ; montrez-vous toute pure ! que je vous voie, et je serai rassasié en vous voyant[1].

---

1. Il n'est pas sans intérêt de comparer ce chapitre, où le doute provisoire est reproduit, et quelque peu exagéré par un disciple, avec le texte même du maître et l'exposition des autres disciples. (Voir le *Discours de la méthode*, IV⁵ partie, et la II⁰ méditation ; voir aussi la *Logique de Port-Royal*, IV⁵ partie, ch. 1ᵉʳ.)

CHAPITRE II

Preuves métaphysiques de l'existence de Dieu[1].

Notions préliminaires.

Tous mes soins pour douter ne me peuvent donc plus empêcher de croire certainement plusieurs vérités. La première est que je pense quand je doute. Le seconde, que je suis un être pensant, c'est-à-dire dont la nature est de penser ; car je ne connais encore que cela de moi. La troisième, d'où les deux autres premières dépendent, est qu'une même chose ne peut tout ensemble exister et n'exister pas[2] ; car si je pouvais tout ensemble être et n'être pas, je pourrais aussi penser et n'être pas. La quatrième, que ma raison ne consiste que dans mes idées claires, et qu'ainsi je puis affirmer d'une chose tout ce qui est clairement renfermé dans l'idée de cette chose-là ; autrement je ne pourrais conclure que je suis, puisque je pense. Ce raisonnement n'a aucune force, qu'à cause que l'existence est clairement renfermée dans l'idée de la pensée[3]. Penser est une action et une manière d'être : donc il est évident, par cet exemple, qu'on peut assurer d'une chose tout ce qui est clairement renfermé dans son idée : hésiter encore là-dessus, ce n'est plus exactitude et force d'esprit pour douter de ce qui est douteux, c'est légèreté et irrésolution ; c'est inconstance d'un esprit flottant qui ne sait rien saisir par un jugement ferme, qui n'embrasse ni ne suit rien, à qui la vérité connue échappe, et qui se laisse ébranler contre ses plus parfaites convictions par toutes sortes de pensées vagues[4].

Ce fondement immobile étant posé, je me réjouis de connaître quelques vérités ; c'est là mon véritable bien ;

---

1. Les preuves de l'existence de Dieu se partagent en deux catégories : 1° les preuves *morales* ou *physiques* qui sont tirées de l'expérience, c'est-à-dire du témoignage de la conscience ou des sens (preuves dites *a posteriori*) ; 2° les preuves tirées de la raison ou *métaphysiques* (preuves dites *a priori*).

2. Cette troisième vérité, fondement logique de toutes les autres, est ce qu'on appelle le principe de contradiction.

3. Voir le *Discours de la méthode*, IVᵉ partie.

4. « Il y a bien de la différence entre douter et douter. On doute par emportement et par brutalité, par aveuglement et par malice ; et enfin par fantaisie, parce que l'on veut douter. Mais

mais je suis bien pauvre, mon esprit se trouve rétréci dans quatre vérités ; je n'oserais passer au delà sans crainte de tomber dans l'erreur. Ce que je connais n'est presque rien, ce que j'ignore est infini ; mais peut-être que je tirerai insensiblement du peu que je connais déjà quelque partie de cet infini qui m'est jusqu'ici inconnu.

Je connais ce que j'appelle *moi*, qui pense, et à qui je donne le nom d'esprit. Hors de moi je ne connais encore rien ; je ne sais s'il y a d'autres esprits que le mien, ni s'il y a des corps. Il est vrai que je crois apercevoir un corps, c'est-à-dire une étendue qui m'est propre, que je remue comme il me plaît, et dont les mouvements me causent de la douleur ou du plaisir. Il est vrai aussi que je crois voir d'autres corps à peu près semblables au mien, dont les uns se meuvent et les autres sont immobiles autour de moi. Mais je me tiens ferme à ma règle inviolable, qui est de douter sans relâche de tout ce qui peut être tant soit peu douteux.

Non-seulement tous ces corps qu'il me semble apercevoir, tant le mien que les autres, mais encore tous les esprits qui me paraissent en société avec moi, qui me communiquent leurs pensées et qui sont attentifs aux miennes, tous ces êtres, dis-je, peuvent n'avoir rien de réel, et n'être qu'une pure illusion qui se passe tout entière au dedans de moi seul : peut-être suis-je moi seul toute la nature. N'ai-je pas l'expérience que, quand je dors, je crois voir, entendre, toucher, flairer, goûter ce qui n'est point et ce qui ne sera jamais ? Tout ce qui me frappe pendant mon songe, je le porte au dedans de moi, et au dehors il n'y a rien de vrai. Ni le corps que je m'imagine sentir, ni les esprits que je me représente en société de pensée avec le mien, ne sont ni esprit ni corps ; ils ne sont, pour ainsi dire, que mon erreur. Qui me répondra, encore une fois, que ma vie entière ne soit point un songe, et un charme que rien ne peut rompre ? Il faut donc par nécessité suspendre encore mon jugement sur tous ces êtres qui me sont suspects de fausseté[1].

on doute aussi par prudence et par défiance, par sagesse et par pénétration d'esprit. » MALEBRANCHE, *Recherche de la vérité*, liv. 1ᵉʳ.

[1]. Voilà le paralogisme de Descartes. Si le signe de la vérité est la clarté et la distinction des idées ou l'évidence, peut-on douter de l'existence du corps ?

Etant ainsi comme repoussé par tout ce que je m'imagine connaître au dehors de moi, je rentre au dedans, et je suis encore étonné dans cette solitude au fond de moi-même. Je me cherche, je m'étudie ; je vois bien que je suis, mais je ne sais ni comment je suis, ni si j'ai commencé à être, ni par où j'ai pu exister. O prodige ! je ne suis sûr que de moi-même ; et ce moi où je me renferme m'étonne, me surpasse, me confond et m'échappe dès que je prétends le tenir. Me suis-je fait moi-même ? Non, car pour faire il faut être ; le néant ne fait rien : donc, pour me faire, il aurait fallu que j'eusse été avant que d'être ; ce qui est une manifeste contradiction. Ai-je toujours été ? suis-je par moi-même ? Il me semble que je n'ai pas toujours été ; je ne connais mon être que par la pensée, et je suis un être pensant. Si j'avais toujours été, j'aurais toujours pensé ; si j'avais toujours pensé, ne me souviendrais-je point de mes pensées ? Ce que j'appelle mémoire, c'est ce qui fait connaître ce que l'on a pensé autrefois[1]. Mes pensées se replient sur elles-mêmes ; en sorte qu'en pensant je m'aperçois que je pense, et ma pensée se connaît elle-même : il m'en reste une connaissance après même qu'elle est passée, qui fait que je la retrouve quand il me plaît, et c'est ce que j'appelle souvenir. Il y a donc bien de l'apparence que, si j'avais toujours pensé, je m'en souviendrais[2].

Il peut néanmoins se faire que quelque cause inconnue et étrangère, quelque être puissant et supérieur au mien, aurait agi sur le mien, pour lui ôter la perception de ses pensées anciennes, et aurait produit en moi ce que j'appelle oubli. J'éprouve en effet que quelques-unes de mes pensées m'échappent, en sorte que je ne les retrouve plus. Il y en a même quelques-unes qui se perdent tellement, qu'à cet égard-là je ne pense point d'avoir jamais pensé.

Mais quel serait cet être étranger et supérieur au mien

Cette existence n'est-elle pas aussi manifeste que l'existence même de Dieu ?

1. Excellente explication de la mémoire. Nous ne nous souvenons pas des objets, mais de la connaissance que nous en avons eue ou de nos idées.

2. C'est l'objection capitale contre l'hypothèse pythagoricienne des vies successives. (Voir nos Eléments de logique, ch. xx, *De la destinée de l'homme et de l'immortalité de l'âme*.)

qui aurait empêché ma pensée de se replier ainsi sur elle-même, et de s'apercevoir, comme elle le fait naturellement? Dans cette incertitude je suspends mon jugement, suivant ma règle, et je me tourne d'un autre côté par un chemin plus court. Suis-je par moi-même, ou suis-je par autrui? Si je suis par moi-même, il s'ensuit que j'ai toujours été : car je porte, pour ainsi dire, au dedans de moi essentiellement la cause de mon existence ; ce qui me fait exister aujourd'hui a dû me faire exister éternellement, et d'une manière immuable[1]. Si au contraire je suis par autrui, d'une manière variable et empruntée, cet autrui, quel qu'il soit, m'a fait passer du néant à l'être. Qui dit un passage du néant à l'être dit une succession dans laquelle on commence à être et où le néant précède l'existence. Tout consiste donc à examiner si je suis par moi-même, ou non.

Pour faire cet examen, je ne puis manquer en m'attachant à une de mes principales règles, qui est comme la clef universelle de toute vérité, qui est de consulter mes idées et de n'affirmer que ce qu'elles renferment clairement.

Pour démêler ceci, j'ai besoin de rassembler certaines choses qui me paraissent claires. L'être, la vérité et la bonté ne sont qu'une même chose[2] ; en voici la preuve. La bonté et la vérité ne peuvent convenir au néant, car le néant ne peut jamais être ni vrai ni bon à aucun degré : donc la vérité et la bonté ne peuvent convenir qu'à l'être. Pareillement l'être ne peut convenir qu'à ce qui est vrai ; car ce qui est entièrement faux n'est rien, et ce qui est faux en partie n'existe aussi qu'en partie. Il en est de même de la bonté : ce qui n'est qu'un peu bon n'a qu'un peu

---

1. « Tout ce qui existe doit avoir une cause de son existence, une raison ou un fondement sur lequel son existence est appuyée, un fondement, une raison pourquoi il existe plutôt qu'il n'existe pas ; car il existe ou en vertu d'une nécessité qu'il trouve dans la nature même, auquel cas il est éternel par soi-même, ou en conséquence de la volonté de quelque autre être ; et alors il faut que cet autre être ait existé avant lui, au moins d'une priorité de nature, et comme la cause est conçue être avant l'effet. » CLARKE, *De l'existence de Dieu*, ch. II.

2. L'identité du bien, du beau et du vrai est le fond de la doctrine de Platon. (Voir le VIe et le VIIe livre de la *République*.)

d'être; ce qui est meilleur est davantage : ce qui n'a aucune bonté n'a aucun être. Le mal n'est rien de réel, il n'est que l'absence du bien, comme une ombre n'est qu'une absence de la lumière.

Il est vrai qu'il y a certaines choses très-réelles et très-positives que l'on nomme mauvaises, non à cause de leur nature réelle et véritable, qui est bonne en elle-même en tout ce qu'elle contient, mais par la privation de certains biens qu'elles devraient avoir et qu'elles n'ont pas. Je ne saurais donc me tromper en croyant que la vérité et la bonté ne sont que l'être. La bonté et la vérité étant réelles, et n'y ayant point d'autre réalité que l'être, il s'ensuit clairement qu'être vrai, être bon, et être simplement, c'est la même chose ; mais comme je puis concevoir qu'une chose soit plus ou moins, je la puis concevoir aussi plus ou moins vraie, plus ou moins bonne.

Première preuve tirée de l'imperfection de l'être humain [1].

Ces principes posés, je reviens à l'être qui serait par lui-même, et je trouve qu'il serait dans la suprême perfection. Ce qui a l'être par soi est éternel et immuable, car il porte toujours également dans son propre fonds la cause et la nécessité de son existence. Il ne peut rien recevoir de dehors : ce qu'il recevrait de dehors ne pourrait jamais faire une même chose avec lui, ni par conséquent le perfectionner ; car ce qui serait d'une nature communiquée et variable ne peut jamais faire un même être avec ce qui est par soi et incapable de changement. La distance et la disproportion entre de telles parties serait infinie : donc elles ne pourraient jamais entre elles composer un vrai tout. On ne peut donc rien ajouter à sa vérité, à sa bonté et à sa perfection ; il est par lui-même tout ce qu'il peut être, et il ne peut jamais être moins que ce qu'il est. Être ainsi, c'est exister au suprême degré de l'être, et par conséquent au suprême degré de vérité et de perfection.

---

1. Si l'on étudie attentivement la preuve tirée de l'imperfection de l'être humain, et celle qui repose sur l'idée que nous avons de l'infini, on reconnaîtra qu'elles ne sont qu'une seule et même preuve présentée sous un double point de vue. On part toujours de l'être imparfait pour s'élever à la conception et à l'existence d'un être parfait.

Donnez-moi un être communiqué et dépendant, et concevez-le à l'infini aussi parfait qu'il vous plaira : il demeurera toujours infiniment au-dessous de celui qui est par lui-même. Quelle comparaison entre un être emprunté[1], changeant, susceptible de perdre et de recevoir, qui est sorti du néant, et qui est prêt à y retomber, avec un être nécessaire, indépendant, immuable, qui ne peut dans son indépendance rien recevoir d'autrui, qui a toujours été, qui sera toujours, et qui trouve en soi tout ce qu'il doit être ?

Puisque l'être qui est par lui-même surpasse tellement la perfection de tout être créé qu'on puisse concevoir en montant jusqu'à l'infini, il s'ensuit qu'un être qui est par lui-même est au suprême degré d'être, et par conséquent infiniment parfait dans son essence.

Il reste à savoir si ce que j'appelle *moi*, qui pense, qui raisonne, et qui se connaît soi-même, est cet être immuable qui subsiste par lui-même, ou non. Ce que j'appelle *moi*, ou mon esprit, est infiniment éloigné de l'infinie perfection. J'ignore, je me trompe, je me détrompe, du moins je m'imagine me détromper ; je doute, et souvent le doute, qui est une imperfection, est le meilleur parti pour moi. Quelquefois j'aime mes erreurs, je m'y obstine et je crains de m'en détromper, je tombe dans la mauvaise foi, et je dis le contraire de ce que je pense. Je reçois l'instruction d'autrui ; on me reprend, on a raison de me reprendre ; je reçois donc la vérité d'autrui. Mais ce qui est bien pis encore, je veux, je ne veux pas ; ma volonté est variable, incertaine, contraire à elle-même. Puis-je me croire souverainement parfait parmi tant de changements et de défauts, parmi tant d'ignorance et d'erreurs involontaires et même volontaires ?

S'il est manifeste que je ne suis point infiniment parfait, il est manifeste aussi que je ne suis point par moi-même. Si je ne suis point par moi-même, il faut que je sois par autrui ; car j'ai déjà reconnu clairement que je

---

[1]. Un être emprunté, un être communiqué, expressions synonymes pour désigner un être qui n'est pas par lui-même.

n'ai pu me produire moi-même. Si je suis par autrui, il faut que cet autrui, qui m'a fait passer du néant à l'être, soit par lui-même, et par conséquent infiniment parfait. Ce qui fait passer une chose du néant à l'être, non-seulement doit avoir l'être par soi-même, mais encore une puissance infinie de le communiquer; car il y a une distance infinie depuis le néant jusqu'à l'existence. Si quelque chose pouvait ajouter à l'infini, il faut avouer que la fécondité de créer ajouterait infiniment à la perfection infinie de l'être qui est par lui-même[1]: donc cet être qui est par lui-même, et par qui je suis, est infiniment parfait, et c'est ce qu'on appelle Dieu.

Toutes ces propositions sont claires, et rien ne peut m'arrêter dans leur enchaînement. Car de quoi douterai-je? N'est-il pas vrai que ce qui est par soi-même est pleinement et parfaitement? C'est sans doute, s'il est permis de parler ainsi, le plus être de tous les êtres, et par conséquent infiniment parfait. Mon esprit n'est donc point par soi-même, car il n'est point dans cette infinie perfection: en le reconnaissant, je ne dois point craindre de me tromper; et je me tromperais bien grossièrement, si peu que j'en doutasse. Il est donc indubitable que je ne suis point par moi-même et que suis par autrui[2].

Encore une fois, cet autrui, s'il est lui-même sorti du néant, n'a pu m'en tirer. Ce qui n'a l'être que par autrui ne peut le garder par soi-même, bien loin de le pouvoir donner à qui ne l'a pas. Faire que ce qui n'était pas commence à être, c'est disposer de l'être en propre et avoir la puissance infinie : car on ne peut concevoir nulle puissance finie à aucun degré qui ne soit au-dessous de celle-là. Donc l'être par qui je suis est au suprême degré d'être et de puissance; il est infiniment parfait, et je ne vois plus rien qui me donne le moindre prétexte de doute.

Voilà donc enfin le premier rayon de vérité qui luit à

---

1. Il faut se bien garder d'exagérer la portée de cette remarque; on tomberait dans le système de la création nécessaire, système qui conduit logiquement au panthéisme.

2. « Je sens que je peux n'avoir point été : car le moi consiste dans ma pensée. Donc moi qui pense n'aurais point été, si ma mère eût été tuée avant que j'eusse été animé. Donc je ne suis pas un être nécessaire. » PASCAL, Pensées, ch. II, 15.

mes yeux. Mais quelle vérité, celle du premier être! O vérité plus précieuse elle seule que toutes les autres ensemble que je puis découvrir! Vérité qui me tient lieu de toutes les autres! Non, je n'ignore plus rien, puisque je connais ce qui est tout, et que tout ce qui n'est pas lui n'est rien. O vérité universelle, infinie, immuable, c'est donc vous-même que je connais; c'est vous qui m'avez fait, et qui m'avez fait par vous-même! Je serais comme si je n'étais pas, si je ne vous connaissais point. Pourquoi vous ai-je si longtemps ignorée? Tout ce que j'ai cru voir sans vous n'était point véritable; car rien ne peut avoir aucun degré de vérité que par vous seule, ô vérité première! Je n'ai vu jusqu'ici que des ombres; ma vie entière n'a été qu'un songe. J'avoue que je connais jusqu'à présent peu de vérités; mais ce n'est pas la multitude que je cherche.

O vérité précieuse! ô vérité féconde! ô vérité unique! en vous seule je trouve tout, et ma curiosité s'épuise. De vous sortent tous les êtres, comme de leur source; en vous je trouve la cause immédiate de tout : votre puissance, qui est sans bornes, n'en laisse aucune à ma contemplation. Je tiens la clef de tous les mystères de la nature, dès que je découvre son auteur. O merveille qui m'explique toutes les autres! vous êtes incompréhensible, mais vous me faites tout comprendre; vous êtes incompréhensible, et je m'en réjouis. Votre infini m'étonne et m'accable : c'est ma consolation; je suis ravi que vous soyez si grand que je ne puisse vous voir tout entier; c'est à cet être infini que je vous reconnais pour l'être qui m'a tiré du néant. Mon esprit succombe sous tant de majesté; heureux de baisser les yeux, ne pouvant soutenir par mes regards l'éclat de votre gloire.

Deuxième preuve tirée de l'idée que nous avons de l'infini.

Toutes les choses que j'ai déjà remarquées me font voir que j'ai en moi l'idée de l'infini et d'une infinie perfection. Il est vrai que je ne saurais épuiser l'infini ni le comprendre, c'est-à-dire le connaître autant qu'il est intelligible.

CHAPITRE II.

Je ne dois pas m'en étonner, car j'ai déjà reconnu que mon intelligence est finie; par conséquent elle ne saurait égaler ce qui est infiniment intelligible. Il est néanmoins constant que j'ai une idée précise de l'infini[1]; je discerne très-nettement ce qui lui convient et ce qui ne lui convient pas, je n'hésite jamais à en exclure toutes les propriétés des nombres et des quantités finies. L'idée même que j'ai de l'infini n'est ni confuse ni négative; car ce n'est point en excluant indéfiniment toutes bornes que je me représente l'infini. Qui dit borne dit une négation toute simple; au contraire, qui nie cette négation affirme quelque chose de très-positif. Donc le terme d'infini, quoiqu'il paraisse dans ma langue un terme négatif, et qu'il veuille dire *non fini*, est néanmoins très-positif. C'est le mot de *fini* dont le vrai sens est très-négatif. Rien n'est si négatif qu'une borne; car qui dit borne dit négation de toute étendue ultérieure. Il faut donc que je m'accoutume à regarder toujours le *fini* comme étant négatif; par conséquent, celui d'infini est très-positif. La négation redoublée vaut une affirmation; d'où il s'ensuit que la négation absolue de toute négation est l'expression la plus positive qu'on puisse concevoir et la suprême affirmation : donc le terme d'infini est infiniment affirmatif par sa signification, quoiqu'il paraisse négatif dans le tour grammatical[2].

En niant toutes bornes, ce que je conçois est si précis et si positif qu'il est impossible de me faire jamais prendre aucune autre chose pour celle-là.

Donnez-moi une chose finie aussi prodigieuse qu'il vous plaira; faites en sorte qu'à force de surpasser toute mesure sensible, elle devienne comme infinie à mon imagination : elle demeure toujours finie en mon esprit; j'en conçois la borne lors même que je ne puis l'imaginer[3]. Je ne puis

---

1. Ici Fénelon montre clairement qu'on peut avoir une idée précise d'une chose sans la comprendre. Cette distinction est importante.
2. Au sens étymologique, *infini* signifie *non-fini, in-finitus*.
3. *Imaginer*, c'est se représenter et par conséquent voir avec netteté et précision un objet, un rapport, une limite; *concevoir*, c'est comprendre l'existence d'un objet, d'un rapport ou d'une limite, sans pouvoir les déterminer. — Le *fini* est quelque chose de borné que j'imagine et dont je vois la limite; l'*indéfini* est quelque chose qui est également borné et dont je *conçois* la limite sans l'apercevoir. — L'erreur des sensualistes consiste dans la confusion de

marquer où elle est, mais je sais clairement qu'elle est; et, loin qu'elle se confonde avec l'infini, je conçois avec évidence qu'elle est encore infiniment distante de l'idée que j'ai de l'infini véritable.

Que si on me vient parler d'indéfini, comme d'un milieu entre ce qui est infini et ce qui est borné, je réponds que cet indéfini ne peut signifier rien, à moins qu'il ne signifie quelque chose de véritablement fini, dont les bornes échappent à l'imagination, sans échapper à l'esprit. Mais enfin tout ce qui n'est point précisément l'infini, de quelque grandeur énorme qu'il soit, est infiniment éloigné de lui ressembler.

Non-seulement j'ai l'idée de l'infini, mais encore j'ai celle d'une perfection infinie. Parfait et bon, c'est la même chose. La bonté et l'être sont encore la même chose. Être infiniment bon et parfait, c'est être infiniment parfait. Il est certain que je conçois un être infini et infiniment parfait. Je distingue nettement de lui tout être d'une perfection bornée, et je ne me laisserais non plus éblouir à une perfection indéfinie qu'à un corps indéfini. Il est donc vrai, et je ne me trompe point, que je porte toujours au dedans de moi, quoique je sois fini, une idée qui me représente une chose infinie.

Où l'ai-je prise, cette idée qui est si fort au-dessus de moi, qui me surpasse infiniment, qui m'étonne, qui me fait disparaître à mes propres yeux, qui me rend l'infini présent? d'où vient-elle? où l'ai-je prise? dans le néant? Rien de ce qui est fini ne peut me la donner; car le fini ne représente point l'infini, dont il est infiniment dissemblable. Si nul fini, quelque grand qu'il soit, ne peut me donner l'idée du vrai infini, comment est-ce que le néant me la donnerait? Il est manifeste d'ailleurs que je n'ai pu me la donner moi-même, car je suis fini comme toutes les autres choses dont je puis avoir quelques idées. Bien loin que je puisse comprendre que j'invente l'infini, s'il n'y en a aucun de véritable, je ne puis pas même comprendre

---

l'indéfini et de l'infini, c'est-à-dire de ce qui a une borne qu'on ne connaît pas, mais qu'on connaîtra peut-être plus tard, et de ce qui n'a point de bornes.

qu'un infini réel[1] hors de moi ait pu imprimer en moi, qui suis borné, une image ressemblante à la nature infinie. Il faut donc que l'idée de l'infini me soit venue du dehors, et je suis même bien étonné qu'elle ait pu y entrer.

Encore une fois, d'où me vient-elle, cette merveilleuse représentation de l'infini, qui tient de l'infini même, et qui ne ressemble à rien de fini? Elle est en moi, elle est plus que moi; elle me paraît tout, et moi rien. Je ne puis l'effacer ni l'obscurcir, ni la diminuer, ni la contredire. Elle est en moi; je ne l'y ai pas mise, je l'y ai trouvée, et je ne l'y ai trouvée qu'à cause qu'elle y était déjà avant que je la cherchasse. Elle y demeure invariable, lors même que je n'y pense pas, et que je pense à autre chose. Je la retrouve toutes les fois que je la cherche, et elle se présente souvent, quoique je ne la cherche pas. Elle ne dépend point de moi, c'est moi qui dépends d'elle. Si je m'égare, elle me rappelle; elle me corrige; elle redresse mes jugements; et quoique je l'examine, je ne puis ni la corriger, ni en douter, ni juger d'elle : c'est elle qui me juge et qui me corrige.

Si ce que j'aperçois est l'infini même immédiatement présent à mon esprit, cet infini est donc; si au contraire ce n'est qu'une représentation de l'infini qui s'imprime en moi, cette ressemblance de l'infini doit être infinie : car le fini ne ressemble en rien à l'infini et n'en peut être la vraie représentation. Il faut donc que ce qui représente véritablement l'infini ait quelque chose d'infini pour lui ressembler et pour le représenter.

Cette image de la Divinité même sera donc un second Dieu semblable au premier en perfection infinie ; comment sera-t-il reçu et contenu dans mon esprit borné? D'ailleurs, qui aura fait cette représentation infinie de l'infini pour me la donner? Se sera-t-elle faite elle-même? L'image infinie de l'infini n'aura-t-elle ni original sur lequel elle soit faite, ni cause réelle qui l'ait produite? Où en sommes-nous?

1. Réel, c'est-à-dire existant. Expression impropre; car il ne peut pas y avoir d'infini qui ne soit réel.

et quel amas d'extravagances! Il faut donc conclure invinciblement que c'est l'être infiniment parfait qui se rend immédiatement présent à moi quand je le conçois, et qu'il est lui-même l'idée que j'ai de lui[1].

Je l'avais déjà trouvé, lorsque j'ai reconnu qu'il y a nécessairement dans la nature un être qui est par lui-même, et par conséquent infiniment parfait. J'ai reconnu que je ne suis point cet être, parce que je suis infiniment au-dessous de l'infinie perfection. J'ai reconnu qu'il est hors de moi, et que je suis par lui. Maintenant je découvre qu'il m'a donné l'idée de lui, en me faisant concevoir une perfection infinie sur laquelle je ne puis me méprendre; car quelque perfection bornée[2] qui se présente à moi, je n'hésite point; sa borne fait aussitôt que je la rejette, et je lui dis dans mon cœur : Vous n'êtes point mon Dieu, vous n'êtes point mon infiniment parfait; vous n'êtes point par vous-même : quelque perfection que vous ayez, il y a un point et une mesure au delà de laquelle vous n'avez plus rien et vous n'êtes plus rien.

Il n'en est pas de même de mon Dieu, qui est tout; il est, et il ne cesse point d'être; il est, et il n'y a pour lui ni degré ni mesure; il est, et rien n'est que par lui. Tel est ce que je conçois, et puisque je le conçois, il est, car il n'est pas étonnant qu'il soit, puisque rien, comme je l'ai vu, ne peut être que par lui. Mais ce qui est étonnant et incompréhensible, c'est que moi, faible, borné, défectueux, je puisse le concevoir. Il faut qu'il soit non-seulement l'objet immédiat de ma pensée, mais encore la cause qui me fait penser; comme il est la cause qui me fait être, et qu'il élève ce qui est fini à penser l'infini.

Voilà le prodige que je porte toujours au dedans de moi. Je suis un prodige moi-même. N'étant rien, du moins n'étant qu'un être emprunté, borné, passager, je tiens de l'infini et de l'immuable que je conçois : par là, je ne puis me comprendre moi-même. J'embrasse tout, et je ne suis rien;

---

1. Voir le *Discours de la méthode*, IV⁰ partie, première preuve de l'existence de Dieu.
2. Il n'y a point de perfection bornée; l'auteur veut seulement dire : quelque ressemblance finie de la perfection infinie qui se présente à moi, etc.

je suis un rien qui connaît l'infini : les paroles me manquent pour m'admirer et me mépriser tout ensemble. O Dieu! ô le plus être de tous les êtres! ô être devant qui je suis comme si je n'étais pas! vous vous montrez à moi; et rien de tout ce qui n'est pas vous ne peut vous ressembler. Je vous vois, c'est vous-même; et ce rayon qui part de votre face rassasie mon cœur, en attendant le plein jour de la vérité.

Troisième preuve, tirée de l'idée de l'être nécessaire [1].

Mais la règle fondamentale de toute certitude que j'ai posée d'abord me découvre encore évidemment la vérité du premier être. J'ai dit que si la raison est raison, elle ne consiste que dans la simple et fidèle consultation de mes idées. Je ne saurais juger d'elle, et je juge de tout par elle. Si quelque chose me paraît certain et évident, c'est que mes idées me le représentent comme tel, et je ne suis plus libre d'en douter. Si, au contraire, quelque chose me paraît faux et absurde, c'est que mes idées y répugnent. En un mot, dans tous mes jugements, soit que j'affirme ou que je nie, c'est toujours mes idées immuables qui décident de ce que je pense. Il faut donc, ou renoncer pour jamais à toute raison, ce que je ne suis pas libre de faire, ou suivre mes idées claires sans crainte de me tromper.

Quand j'examine si le néant peut penser, au lieu de l'examiner sérieusement, il me prend envie de rire. D'où cela vient-il? C'est que l'idée de la pensée renferme clairement quelque chose de positif et de réel qui ne convient qu'à l'être. La seule attention à cette idée porte un ridicule manifeste dans ma question. Il en est de même de certaines autres questions.

Demandez à un enfant de quatre ans [2] si la table de la chambre où il est se promène d'elle-même, et si elle se

---

1. Un être *contingent* est celui dont je puis concevoir ou supposer, sans être déraisonnable, la non-existence; un être *nécessaire* est celui dont l'existence s'impose à mon entendement. De là la distinction des idées contingentes et des idées nécessaires.

2. Cet exemple n'est pas très-juste. Les petits enfants sont portés à attribuer aux êtres inanimés l'intelligence et la liberté qu'ils trouvent en eux-mêmes. De là, leur colère lorsque les objets ne se plient pas à leurs volontés.

joue comme lui ; au lieu de répondre, il rira. Demandez à un laboureur bien grossier si les arbres de son champ ont de l'amitié pour lui, si ses vaches lui ont donné conseil dans ses affaires domestiques, si sa charrue a bien de l'esprit, il répondra que vous vous moquez de lui. En effet, toutes ces questions ont une impertinence qui choque même le laboureur le plus ignorant et l'enfant le plus simple.

En quoi consiste cette impertinence, à quoi précisément se réduit-elle ? A choquer le sens commun, dira quelqu'un. Mais qu'est-ce que le sens commun ? n'est-ce pas les premières notions que tous les hommes ont également des mêmes choses[1] ? Ce sens commun, qui est toujours et partout le même, qui prévient tout examen, qui rend l'examen même de certaines questions ridicule, qui fait que malgré soi on rit au lieu d'examiner, qui réduit l'homme à ne pouvoir douter, quelque effort qu'il fît pour se mettre dans un vrai doute, ce sens qui est celui de tout homme ; ce sens qui n'attend que d'être consulté, mais qui se montre au premier coup d'œil, et qui découvre aussitôt l'évidence ou l'absurdité de la question, n'est-ce pas ce que j'appelle mes idées ? Les voilà donc ces idées ou notions générales que je ne puis ni contredire ni examiner, suivant lesquelles au contraire j'examine et je décide tout, en sorte que je ris au lieu de répondre, toutes les fois qu'on me propose ce qui est clairement opposé à ce que ces idées immuables me représentent.

Ce principe est constant, et il n'y aurait que son application qui pourrait être fautive, c'est-à-dire qu'il faut, sans hésiter, suivre toutes mes idées claires, mais qu'il faut bien prendre garde de ne prendre jamais pour idée claire celle qui renferme quelque chose d'obscur. Aussi veux-je suivre exactement cette règle dans les choses que je vais méditer.

J'ai déjà reconnu que j'ai l'idée d'un être infiniment parfait ; jai vu que cet être est par lui-même, supposé qu'il soit ; qu'il est nécessairement ; qu'on ne saurait jamais le

---

[1]. Voir nos Eléments de Logique, ch. v, *Des notions et vérités premières*.

concevoir que comme existant, parce que l'on conçoit que son essence est d'exister toujours par soi-même. Si on ne peut le concevoir que comme existant, parce que l'existence est renfermée dans son essence, on ne saurait jamais le concevoir comme n'existant pas actuellement, et n'étant que simplement possible. Le mettre hors de l'existence actuelle au rang des choses purement possibles, c'est anéantir son idée, c'est changer son essence : par conséquent, ce n'est plus lui ; c'est prendre un autre être pour lui, afin de pouvoir s'en imaginer ce qui ne peut jamais lui convenir ; c'est détruire la supposition ; c'est se contredire soi-même.

Il faut donc ou nier absolument que nous ayons aucune idée d'un être nécessaire et infiniment parfait, ou reconnaître que nous ne le saurions jamais concevoir que dans l'existence actuelle qui fait son essence. S'il est donc vrai que nous le concevions, et si nous ne pouvons le concevoir qu'en cette manière, je dois conclure, suivant ma règle, sans crainte de me tromper, qu'il existe toujours actuellement[1].

1° Il est certain que j'ai une idée de cet être, puisqu'il faut nécessairement qu'il y en ait un. Si je ne suis pas moi-même cet être, il faut que j'aie reçu l'existence par lui. Non-seulement je le conçois, mais encore je vois évidemment qu'il faut qu'il soit dans la nature. Il faut, ou que tout soit nécessaire, ou qu'un seul être nécessaire ait fait tous les autres ; mais dans l'une ou dans l'autre de ces deux suppositions, il demeure également vrai qu'on ne

---

1. Cette preuve appartient à saint Anselme. Descartes, Fénelon et Leibnitz l'ont reproduite. Voici le passage du *Proslogium* de saint Anselme : « L'insensé lui-même est obligé de convenir qu'il a dans l'esprit l'idée d'un être au-dessus duquel on ne saurait rien imaginer de plus grand, parce que, lorsqu'il entend énoncer cette pensée, il la comprend, et tout ce que l'on comprend est dans l'intelligence ; et, sans aucun doute, cet objet au-dessus duquel on ne peut rien comprendre n'est pas dans l'intelligence seule ; car s'il n'était que dans l'intelligence, on pourrait au moins supposer qu'il est aussi dans la réalité : nouvelle condition qui constituerait un être plus grand que celui qui n'a d'existence que dans la simple et pure pensée. Si donc cet objet, au-dessus duquel il n'est rien, était seulement dans l'intelligence, il serait cependant tel, qu'il y aurait quelque chose au-dessus de lui : conclusion qui ne saurait être légitime. Il existe donc certainement un être au-dessus duquel on ne peut rien imaginer, ni dans la pensée, ni dans le fait. » *Proslogium*, ch. 1.

peut se passer de quelque être nécessaire. Je conçois cet être et sa nécessité.

2° L'idée que j'en ai renferme clairement l'existence actuelle. Je ne le distingue de tout autre être que par là[1]. Ce n'est que par cette existence actuelle que je le conçois : ôtez-la-lui, il n'est plus rien ; laissez-la-lui, il demeure tout. Elle est donc clairement renfermée dans son essence, comme l'existence est renfermée dans la pensée. Il n'est pas plus vrai de dire que qui dit penser dit être, que qui dit être par soi-même dit essentiellement une existence actuelle et nécessaire. Donc il faut affirmer l'existence actuelle, de la simple idée de l'être infiniment parfait, de même que j'affirme mon actuelle existence de ma pensée actuelle.

On me dira peut-être que c'est un sophisme. Il est vrai, dira quelqu'un, que cet être existe nécessairement, supposé qu'il existe ; mais comment saurons-nous s'il existe effectivement ? Quiconque me fera cette objection n'entend ni l'état de la question, ni la valeur des termes. Il est question ici de juger de l'existence pour Dieu, comme nous sommes obligés de juger, par rapport à tous les autres êtres, des qualités qui conviennent ou ne conviennent pas à leur essence. Si l'existence actuelle est aussi inséparable de l'essence de Dieu que la raison, par exemple, est inséparable de l'homme, il faut conclure que Dieu existe essentiellement, avec la même certitude que l'on conclut que l'homme est essentiellement raisonnable. Quand on a vu clairement que la raison est essentielle à l'homme, on ne s'amuse pas à conclure puérilement que l'homme est raisonnable, supposé qu'il soit raisonnable ; mais on conclut absolument et sérieusement qu'il ne peut jamais être que raisonnable. De même, quand on a une fois reconnu que l'existence actuelle est essentielle à l'être nécessaire et infiniment parfait que nous concevons, il n'est plus temps de s'arrêter ; il faut nécessairement achever d'aller jusqu'au bout ; en un mot, il faut conclure que cet être existe ac-

[1] « La seule idée juste d'un Être qui existe nécessairement et par lui-même, est précisément l'idée d'un être dont on ne peut nier l'existence sans une expresse contradiction. » CLARKE, *De l'existence de Dieu*, ch. IV.

tuellement et essentiellement, en sorte qu'il ne saurait jamais n'exister pas.

Que si ce raisonnement abstrait de toutes les choses sensibles échappe à quelques esprits par son extrême simplicité et son abstraction, loin de diminuer sa force, cela l'augmente ; car il n'est fondé sur aucune des choses qui peuvent séduire les sens ou l'imagination. Tout s'y réduit à deux règles : l'une de pure métaphysique, que nous avons déjà admise, qui est de consulter nos idées claires et immuables ; l'autre, de pure dialectique, qui est de tirer la conséquence immédiate, et d'affirmer précisément d'une chose ce que son idée claire renferme.

Ainsi ce qui arrête pour une conclusion si évidente en elle-même quelques esprits, c'est qu'ils ne sont point accoutumés à raisonner certainement[1] sur ce qui est abstrait et insensible ; c'est qu'ils tombent dans un préjugé d'habitude, qui est de raisonner sur l'existence de Dieu comme ils raisonnent sur les qualités des créatures, ne voyant pas combien leur sophisme est absurde. Il faut ici raisonner de l'existence qui est essentielle comme on raisonne pour l'intelligence, qui est essentielle à l'homme[2]. Il n'est pas essentiel à l'homme d'être ; mais, supposé qu'il soit, il lui est essentiel d'être intelligent : donc on peut affirmer en tout temps de l'homme que c'est un être intelligent, quand il existe. Pour Dieu, l'existence actuelle lui est essentielle : donc il faut toujours affirmer de lui, non pas qu'il existe actuellement, supposé qu'il existe[3], ce qui serait ridicule et identique pour parler comme l'école, mais qu'il existe actuellement, puisque les essences ne peuvent

---

1. C'est-à-dire, avec exactitude.

2. « Mais, a-t-on dit, un Dieu qui n'existerait pas ne serait ni imparfait, ni parfait, ni contingent, ni nécessaire ; il ne serait rien ; et l'on ne pourrait rien affirmer de lui, sinon qu'il n'est pas. » — Cette objection serait sans réplique, si Fénelon voulait démontrer l'existence de Dieu *more geometrico*, c'est-à-dire en s'appuyant sur un principe supérieur. Il se propose seulement d'*éclaircir* et de fortifier l'idée que nous avons d'un être suprême, en faisant voir qu'il se révèle à toutes nos facultés cognitives. (Voir pour la signification du mot *démontrer* nos Eléments de Logique, ch. XVIII.)

3. On a reproché à saint Anselme de confondre la nécessité logique et abstraite, créée pour ainsi dire par l'analyse des notions, avec la nécessité réelle et actuelle des choses. Fénelon n'admet point cette critique ou plutôt y répond d'avance, en marquant nettement le sens du mot *existence*. Dès que Dieu est pour nous *in intellectu*, il est aussi pour nous *in re*.

changer, et que la sienne emporte l'existence actuelle[1]. Si on était ferme à contempler les choses abstraites qui sont évidentes par elles-mêmes, on rirait autant de ceux qui doutent là-dessus qu'un enfant rit quand on lui demande si la table se joue avec lui, si une pierre lui parle, si sa poupée a bien de l'esprit.

Il est donc vrai, ô mon Dieu, que je vous trouve de tous côtés ! J'avais déjà vu qu'il fallait dans la nature un être nécessaire et par lui-même ; que cet être était nécessairement parfait et infini ; que je n'étais point cet être, et que j'avais été fait par lui : c'était déjà vous reconnaître et vous avoir trouvé. Mais je vous retrouve encore par un autre endroit : vous sortez, pour ainsi dire, du fond de moi-même par tous les côtés. Cette idée que je porte au dedans de moi-même d'un être nécessaire et infiniment parfait, que dit-elle, si je l'écoute au fond de mon cœur ? Qui l'y a mise, si ce n'est vous ? Ou plutôt cette idée n'est-elle pas vous-même ? Le mensonge et le néant pourrait-il me représenter une suprême et éternelle vérité ? Cette idée infinie de l'infini dans un esprit borné n'est-elle pas le sceau de l'ouvrier tout-puissant, qui l'a imprimée sur son ouvrage[2] ?

De plus, cette idée ne m'apprend-elle pas que vous êtes toujours actuellement et nécessairement, comme mes autres idées m'apprennent que d'autres choses peuvent être par vous, ou n'être point, suivant qu'il vous plaît ? Je vois aussi évidemment votre existence nécessaire et immuable, que je vois la mienne empruntée et sujette au changement. Pour en douter, il faudrait douter de la raison même, qui ne consiste que dans les idées : il faudrait démentir l'essence des choses, et se contredire soi-même. Toutes ces différentes manières d'aller à vous, ou plutôt

---

1. Leibnitz a formé l'argument de saint Anselme en un syllogisme :
1° Ens ex cujus essentia sequitur existentia, si est possibile, id est, si habet essentiam, existit (est axioma identicum demonstratione non indigens).
2° Atqui Deus est ens ex cujus essentia sequitur existentia (est definitio).
3° Ergo, Deus, si est possibilis, existit (per ipsius conceptus necessitatem).

2. Descartes s'exprime à peu près dans les mêmes termes : « On ne doit pas trouver étrange que Dieu, en me créant, ait mis en moi cette idée pour être comme la marque de l'ouvrier empreinte sur son œuvre. » IIIe *Méditation*.

de vous trouver en moi, sont liées et s'entre-soutiennent. Ainsi, ô mon Dieu! quand on ne craint point de vous voir, et qu'on n'a point des yeux malades qui fuient la lumière, tout sert à vous découvrir, et la nature entière ne parle que de vous : on ne peut même la concevoir, si on ne vous conçoit. C'est dans votre pure et universelle lumière qu'on voit la lumière inférieure par laquelle tous les objets particuliers sont éclairés.

CHAPITRE III

Réfutation du spinosisme [1].

Il me reste encore une difficulté à éclaircir : elle se présente à moi tout à coup, et me rejette dans l'incertitude. La voici dans toute son étendue. J'ai l'idée de quelque chose qui est infiniment parfait, il est vrai, et je vois bien que cette idée doit avoir un fondement réel : il faut qu'elle ait son objet véritable; il faut que quelque chose ait mis en moi une si haute idée : tout ce qui est inférieur à l'infini en est infiniment dissemblable, et par conséquent n'en peut donner l'idée. Il faut donc que l'idée de l'infinie perfection me vienne par un être réel et existant avec une perfection infinie : tout cela est certain. J'ai cru trouver un premier être par cette preuve; mais ne pourrais-je point me tromper? Ce raisonnement prouve bien qu'il y a réellement dans la nature quelque chose qui est infiniment parfait ; mais il ne prouve point que cette perfection infinie soit distinguée de tous les êtres qui paraissent m'environ-

---

[1]. Baruch ou Benoist Spinosa, fils d'un juif portugais qui s'était retiré en Hollande, naquit en 1632 à Amsterdam. Bientôt dégoûté des superstitions juives, il s'adonna au culte de la philosophie. Sa vie fut austère et cachée; il fabriquait des verres d'optique, dont le produit le faisait subsister. Il mourut en 1677. — Ses principaux ouvrages sont : 1° *Renati Descartes principia more geometrico demonstrata;* 2° *Tractatus theologico-politicus*, mais son système philosophique ne se trouve que dans ses œuvres posthumes, et particulièrement dans son *Ethica, ordine geometrico demonstrata*.

On peut réduire le *Spinosisme* à quelques propositions fondamentales : I. Il n'y a qu'une substance, et cette substance est absolue et infinie; II. Les attributs de la substance sont l'*étendue* infinie et la *pensée* infinie, qui forment une unité indivisible; III. Le monde, l'homme, l'âme et le corps, les choses spirituelles et les choses matérielles ne sont que des phénomènes ou des modes de la pensée divine.

Cette absorption de tous les êtres dans un seul être n'est autre chose que le panthéisme. Il est facile de démontrer, *more geometrico*, qu'elle implique la négation de la personnalité, de la liberté et de la moralité humaines.

ner[1]. Peut-être que cette multitude d'êtres, dont l'assemblage porte le nom d'univers, est une masse infinie qui dans son tout renferme des perfections infinies par sa variété. Peut-être même que toutes ses parties, qui paraissent se diviser les unes des autres, sont indivisibles du tout, et que ce tout infini et indivisible en lui-même contient cette infinie perfection dont j'ai l'idée, et dont je cherche la réalité[2].

Pour mieux développer cette indivisibilité du tout, je me représente que la séparation des parties entre elles ne doit pas me faire conclure qu'aucune de ces parties puisse jamais être séparée du tout. La séparation des parties entre elles n'est qu'un changement de situation, et point une division réelle. Afin que les parties fussent réellement divisées, il faudrait qu'elles ne fissent plus un même tout ensemble. Pendant qu'une partie qui est dans une extrême distance d'une autre tient à elle par toutes celles qui occupent le milieu, on ne peut pas dire qu'il y ait une réelle division. Pour séparer réellement une partie de toutes les autres, il faut mettre quelque espace réel entre toutes les autres et elle : or, cela est impossible, supposé que le tout soit infini ; car où trouvera-t-on, au delà de l'infini, qui n'a point de bornes, un espace vide qu'on puisse mettre entre une partie de cet infini et tout le reste dont il est composé ? Il est donc vrai que cet infini sera indivisible dans son tout, quoiqu'il soit divisible pour le rapport que chacune de ses parties a avec les autres parties voisines.

Un corps rond qui se meut sur son propre centre demeure immobile dans son tout, quoique chacune de ses parties soit en mouvement. Cet exemple fait entendre quelque chose de ce que je veux dire ; mais il est très-impar-

---

1. Principio cœlum et terram cam-
[posque liquentes,
Lucentemque globum lunæ, Tita-
[niaque astra
Spiritus intus alit, totamque infusa
[per artus
Mens agitat molem, et magno se cor-
[pore miscet.
Inde hominum pecudumque genus,
[vitæque volantum,
Et quæ marmoreo fert monstra sub
[æquore pontus.
(*Æneis*, lib. vi, 724 et seq.)

2. « Tout le monde matériel et chacune de ses parties, aussi bien que leur ordre et leur manière d'exister, tout cela, suivant Spinosa, est l'unique être qui existe nécessairement et par lui-même. » CLARKE.

fait : car ce corps rond a une superficie qui correspond à d'autres corps voisins ; et comme toute cette superficie change de situation et de correspondance aux corps voisins, on peut conclure par là que tout le corps de figure ronde se meut et change de place. Mais pour une masse infinie, il n'en est pas de même; elle n'a aucune borne ni superficie; elle ne correspond à aucun corps étranger : donc il est certain qu'elle est, dans son tout, parfaitement immobile, quoique ses parties bornées, si on les considère par rapport les unes aux autres, se meuvent perpétuellement. En un mot, le tout infini ne peut se mouvoir, quoique les parties étant finies se meuvent sans cesse. Par là, je rassemble dans ce tout infini toutes les perfections d'une nature simple et indivisible et toutes les merveilles d'une nature divisible et variable. Le tout est un et immuable par son infini : les parties se multiplient à l'infini, et forment par des combinaisons infinies une variété que rien n'épuise. Une même chose prend successivement toutes les formes les plus contraires : c'est une fécondité de natures diverses, où tout est nouveau, tout est éternel, tout est changeant, tout est immuable. N'est-ce point cet assemblage infini, ce tout infini, et par conséquent indivisible et immuable, qui m'a donné l'idée d'une infinie perfection? Pourquoi irais-je la chercher ailleurs, puisque je puis si facilement la trouver là? Pourquoi ajouter à l'univers qui paraît m'environner une autre nature incompréhensible, que j'appelle Dieu?

Voilà, ce me semble, la difficulté aussi grande qu'elle peut l'être; et, de bonne foi, je n'oublie rien de tout ce qui peut la fortifier; mais je trouve sans prévention qu'elle s'évanouit dès que je veux l'examiner de près. Voici comment :

1° Quand je suppose l'univers infini, je ne puis éviter de croire que le tout est changeant, si toutes les parties prises séparément sont changeantes. Il est vrai qu'il n'y aura point dans cet univers infini une superficie ou circonférence qui tourne comme la circonférence d'un corps circulaire, dont le centre est immobile; mais comme toutes les parties de ce tout infini seront en mouvement et changeantes, il s'ensuivra nécessairement que tout sera aussi en mouvement et dans un changement perpétuel; car le tout n'est point un fantôme ni une idée abstraite [1], il n'est précisément que l'assemblage des parties : donc si toutes les parties se meuvent, le tout, qui n'est que toutes les parties prises ensemble, se meut aussi.

A la vérité, je dois, pour lever toute équivoque, distinguer soigneusement deux sortes de mouvements : l'un interne, pour ainsi dire, l'autre externe. Par exemple, on fait rouler une boule dans un lieu uni, et on fait bouillir devant le feu un pot rempli d'eau et bien fermé : la boule se meut de ce mouvement que j'appelle externe, c'est-à-dire qu'elle sort tout entière d'un espace pour aller dans un autre. Voilà ce que l'univers qu'on suppose infini ne saurait faire, je l'avoue. Mais le pot rempli d'eau bouillante, et qui est bien fermé, a une autre sorte de mouvement que j'appelle interne; c'est-à-dire que cette eau se meut, et très-rapidement, sans sortir de l'espace qui la renferme : elle est toujours au même lieu, et elle ne laisse pas de se mouvoir sans cesse. Il est vrai de dire que toute cette eau bout, qu'elle est agitée, qu'elle change de rapports, et qu'en un mot, rien n'est plus changeant par le dedans, quoique le dehors paraisse immobile. Il en serait précisément de même de cet univers qu'on supposerait infini : il ne pourrait changer tout entier de place; mais tous les mouvements différents du dedans qui forment tous les rapports, qui font les générations et les corruptions des substances, seraient perpétuels et infinis. La masse entière se mouvrait sans cesse dans toutes ses parties. Or, il est évident qu'un tout qui change perpétuellement ne saurait remplir l'idée que j'ai de l'infinie perfection; car un être simple, immuable, qui n'a aucune modification parce qu'il n'a ni parties ni bornes, qui n'a en soi ni changement ni ombre de changement, et qui renferme toutes les per-

---

1. Séparer par la pensée ce qui n'est pas séparé dans la réalité, isoler la qualité du sujet ou le sujet de la qualité, c'est ce qu'on appelle abstraire : simples conceptions de l'esprit, les *idées abstraites* ne correspondent à rien de réel. (Voir nos Eléments de Logique, ch. IV.)

fections[1] de toutes les modifications les plus variées dans sa parfaite et immuable simplicité, est plus parfait que cet assemblage infini et éternel d'êtres changeants, bornés et incapables d'aucune consistance. Donc il est manifeste qu'il faut renoncer à l'idée d'un être infiniment parfait, ou qu'il le faut chercher dans une nature simple et indivisible, loin de ce chaos qui ne subsisterait que dans un perpétuel changement.

2° Il faut reconnaître de bonne foi qu'un assemblage de parties réellement distinguées les unes des autres ne peut point être cette unité souveraine et infinie dont j'ai l'idée. Si ce tout était réellement un et simple, il serait vrai de dire que chaque partie serait le tout : si chaque partie était réellement le tout, il faudrait qu'elle fût comme lui réellement infinie, indivisible, immobile, immuable, incapable d'aucune borne ni modification. Tout au contraire, chaque partie est défectueuse, bornée, changeante, sujette à je ne sais combien de modifications successives.

Il faudrait encore admettre une autre absurdité et contradiction manifeste ; c'est qu'y ayant une identité réelle entre toutes les parties qui feraient un tout réellement un et indivisible, il s'ensuivrait que les parties ne seraient plus parties, et que l'une serait réellement l'autre : d'où il faudrait conclure que l'air serait l'eau ; que le ciel serait la terre ; que l'hémisphère où il est nuit serait celui où il serait jour ; que la glace serait chaude et le feu froid ; qu'une pierre serait du bois ; que le verre serait du marbre ; qu'un corps rond serait tout ensemble rond, carré, triangulaire, et de toutes les figures et dimensions concevables à l'infini ; que mes erreurs seraient celles de mon voisin ; que je serais tout ensemble croyant ce qu'il croit, et doutant des mêmes choses qu'il croit et dont je doute ; il serait vicieux par mes vices, je serais vertueux par ses vertus ; je serais tout ensemble vicieux et vertueux, sage et insensé, ignorant et instruit[2]. En un mot, tous les corps et toutes

---

1. Voir le ch. V, art. 4, de l'*Immensité de Dieu*.
2. Partant plus de vice ni de vertu, plus de sagesse, ni de folie, plus de science ni d'ignorance. En un mot, ce serait la négation de la raison et de la liberté, et la ruine de la morale.—Il est à regretter que Fénelon n'ait pas insisté

les pensées de l'univers ne faisant tous ensemble qu'un seul être simple, réellement un et indivisible, il faudrait brouiller toutes les idées, confondre toutes les natures et propriétés, renoncer à toutes les distinctions, attribuer à la pensée toutes les qualités sensibles des corps et aux corps toutes les pensées des êtres pensants; il faudrait attribuer à chaque corps toutes les modifications de tous les corps et de tous les esprits; il faudrait conclure que chaque partie est le tout, et que chaque partie est aussi chacune des autres parties : ce qui ferait un monstre dont la raison a honte et horreur. Ainsi rien n'est si insensé que cette vision.

S'il y a identité réelle entre les parties et le tout, il faut dire ou que le tout est chaque partie, ou que chaque partie est le tout : si le tout est chaque partie, il a toutes les modifications changeantes et tous les défauts qui sont dans les parties : donc ce tout n'est pas l'être infiniment parfait, et il renferme en soi d'infinies contradictions par l'opposition de toutes les modifications ou qualités des parties. Si au contraire chaque partie est le tout, chaque partie est donc infinie, immuable, incapable de bornes et de modifications : donc elle n'est plus partie ni rien de tout ce qu'elle paraît.

3° Dès que vous n'admettez point cette identité réelle et réciproque de tous les êtres de l'univers, vous ne pouvez plus en faire quelque chose d'une unité réelle, ni par conséquent en rien faire ni de parfait ni d'infini. Chacun de ces êtres a une existence indépendante des autres. Chaque atome existant par lui-même, il faudrait qu'il fût, lui seul pris séparément, infiniment parfait; car, suivant la règle que nous avons posée, on ne peut être à un plus haut degré d'être que d'être par soi. Il est manifeste qu'un seul atome n'est point infiniment parfait, puisque tout le reste de la matière de l'univers ajoute tant à son étendue et à sa perfection : donc chaque atome pris séparément ne peut exister par soi-même. S'il n'existe point par soi-même, il

---

sur ces conséquences désastreuses. En pareille matière, la démonstration par l'absurde a un grand prix, car elle touche les esprits les plus prévenus.

ne peut exister que par autrui, et cet autrui qu'il faut nécessairement trouver est la première cause que je cherche [1].

Je remarque en passant qu'il faut conclure de tout ceci que tout composé doit nécessairement avoir des bornes. Un être qui est parfaitement un et simple peut être infini, parce que l'unité ne le borne point, et qu'au contraire plus il est un, plus il est parfait : de sorte que s'il est souverainement un, il est souverainement et infiniment parfait. Mais pour tout ce qui est composé, ayant des parties bornées dont l'une n'est point réellement l'autre, et dont l'une a son existence indépendante de l'autre, je puis concevoir nettement la non-existence d'une de ses parties, puisqu'elle n'est point essentiellement existante par elle-même ; je puis, dis-je, la concevoir sans altérer ni diminuer l'existence de toutes les autres [2]. Cependant il est manifeste qu'en ne concevant plus cette partie comme existante et unie aux autres, j'amoindris le tout. Un tout amoindri n'est point infini : ce qui est moindre est borné ; car ce qui est au-dessous de l'infini n'est point infini. Si ce tout amoindri est borné, comme il n'est amoindri que par le retranchement d'une seule unité, il s'ensuit clairement qu'il n'était point infini avant même que cette unité en eût été détachée ; car vous ne pouvez jamais faire l'infini d'un composé fini, en lui ajoutant une seule unité finie.

Ma conclusion est que tout composé ne peut jamais être infini. Tout ce qui a des parties réelles qui sont bornées et mesurables ne peut composer que quelque chose de fini : tout nombre collectif ou successif ne peut jamais être infini. Qui dit nombre, dit amas d'unités réellement distinguées, et réciproquement indépendantes les unes des autres pour exister et n'exister pas. Qui dit amas d'unités réci-

---

1. Nous retrouvons ici, et à peu près dans les mêmes termes, les arguments dirigés contre la doctrine des Epicuriens. Qu'on n'en soit pas surpris : l'athéisme et le panthéisme, comme nous l'avons déjà remarqué, se font la même idée de l'infini.

2. « Si aucune des parties n'existe nécessairement, il est clair que le tout ne peut exister nécessairement, la nécessité absolue d'exister n'étant pas une chose extérieure relative et accidentelle, mais une propriété essentielle de l'être qui existe nécessairement. » CLARKE, de l'*Existence de Dieu*, ch. III.

proquement indépendantes, dit un tout qu'on peut diminuer, et qui par conséquent n'est point infini. Il est certain que le même nombre était plus grand avant le retranchement d'une unité qu'il ne l'est après qu'elle est retranchée. Depuis le retranchement de cette unité bornée, le tout n'est point infini : donc il ne l'était pas avant ce retranchement.

L'unique moyen d'éluder ce raisonnement est de dire qu'il y a dans l'infini des infinités d'infinis ; mais c'est un tour captieux [1] : il ne faut point s'imaginer qu'il puisse y avoir des infinis plus grands les uns que les autres. Si l'on était bien attentif à la vraie idée de l'infini, on concevrait sans peine qu'il ne peut y avoir ni de plus ni de moins, qui sont les mesures relatives, dans ce qui ne peut jamais avoir aucune mesure. Il est ridicule de penser qu'il n'y ait rien au delà d'une chose dès qu'elle est véritablement infinie, ni que cent millions d'infinis soient plus qu'un seul infini. C'est dégrader l'infini que d'en imaginer plusieurs, puisque plusieurs n'ajoutent rien de réel à un seul.

Voilà donc une règle qui me paraît certaine pour rejeter tous les infinis composés : ils se détruisent et se contredisent eux-mêmes par leur composition ; ils ne peuvent être ni infinis ni parfaits : ils ne peuvent être infinis, par la raison que je viens d'expliquer ; ils ne peuvent être parfaits au plus haut degré de perfection, puisque je conçois qu'un être infini et réellement un doit être incomparablement plus parfait que tous ces composés. Donc il est essentiel, pour remplir mon idée d'une infinie perfection, de revenir à l'unité ; et toutes les perfections que je cherche dans les composés, loin d'augmenter par la multitude, ne font que s'affaiblir en se multipliant.

4° J'ai reconnu une vérité dont il ne m'est pas permis de douter : c'est que l'être et la bonté ou perfection sont précisément la même chose. La perfection est quelque chose de positif, et l'imperfection n'est que l'absence de ce positif : or il n'y a rien de réel et de positif que l'être. Tout ce qui

---

1. Voir le ch. V, art. 1, de l'*Unité de Dieu*.

n'est point réellement l'être est le néant[1]. Diminuez la perfection, vous diminuez l'être : ôtez-la entièrement, vous anéantirez l'être ; augmentez la perfection, vous augmenterez l'être ; il est donc vrai que ce qui est peu a peu de perfection ; ce qui est davantage est plus parfait ; ce qui est infiniment est infiniment parfait.

S'il y avait donc un composé infini, il faudrait qu'il eût une perfection infinie. Puisqu'il aurait un être infini, il aurait une substance infinie ; il aurait une variété infinie de modifications qui seraient toutes de véritables degrés de perfection[2] ; et par conséquent il y aurait dans cet infini infiniment varié un infini actuel de véritables perfections. On n'oserait pourtant dire qu'il fût infiniment parfait, par la raison que j'ai souvent retouchée : c'est que ce tout n'est point un, il ne fait point une unité simple, réelle, à laquelle on puisse donner l'être de toutes les parties pour y accumuler une infinie perfection.

Par là on tombe, en supposant ce tout, dans une absurdité et une contradiction manifestes. Il y a des êtres infinis, et par conséquent des perfections infinies : ce tout n'est pourtant pas infiniment parfait, quoiqu'il contienne un infini de perfections ; car un seul être qui sans parties existerait infiniment serait infiniment plus parfait : d'où je conclus que ce composé infini est une chimère indigne d'un examen sérieux.

Pour me convaincre encore mieux de ce qui me paraît déjà clair, je prends l'assemblage de tous les corps qui me paraissent m'environner, et que j'appelle l'univers : je suppose cet univers infini. S'il est infini en être, il doit par conséquent l'être en perfection. Cependant je ne saurais dire qu'une masse infinie, en quelque ordre et arrangement qu'on la mette, puisse jamais être d'une infinie perfection ; car cette masse, quoique infinie, qui compose tant de globes, de terres et de cieux, ne se connaît point elle-même : je ne puis m'empêcher de croire que ce qui se con-

---

1. C'est-à-dire n'est pas.
2. Ex necessitate divinæ naturæ, infinita infinitis modis sequi debent. Spin. *Eth.*, pars prima, *prop.* xvi.

naît soi-même, et qui pense, est d'une perfection supérieure.

Je ne veux point examiner ici si la matière pense [1], et je supposerai même, tant qu'on le voudra, que la matière peut penser; mais enfin la masse infinie de l'univers ne pense pas [2], et il n'y a que les corps organisés des animaux auxquels on peut vouloir attribuer la pensée. Qu'on le prétende donc tant qu'on voudra, cela ne peut pas m'empêcher de reconnaître manifestement que cette portion de l'être qu'on appellera esprit ou matière, comme on voudra, que cette portion, dis-je, de l'être qui pense et qui se connaît a plus de perfection que la masse infinie et inanimée du reste de l'univers. Voilà donc quelque chose qu'il faut mettre au-dessus de l'infini.

Mais passons maintenant à cette portion de l'être pensant qui est supérieure au reste de l'univers. Supposons, pour pousser à bout la difficulté, un nombre infini d'êtres pensants; toutes nos difficultés reviennent toujours : un de ces êtres n'est point l'autre; on peut en concevoir un de moins sans détruire tout le reste; et par là on détruit l'infini. Étrange infini, que le retranchement d'une seule unité rend fini! Ces êtres pensants sont tous très-imparfaits : ils ignorent, ils doutent, ils se contredisent; ils pourraient avoir plus de perfection qu'ils n'en ont; et réellement ils croissent en perfection, lorsqu'ils sortent de quelque ignorance, ou qu'ils se tirent de quelque erreur, ou qu'ils deviennent plus sincères et mieux intentionnés pour se conformer à la raison. Quel est donc cet infini en perfections, qui est plein d'imperfections manifestes? Quel est cet infini si fini par tous les côtés, qui croît et qui décroît sensiblement?

Je vois donc bien qu'il me faut un autre infini pour remplir cette haute idée qui est en moi. Rien ne peut m'arrêter qu'un infini simple et indivisible, immuable et sans aucune modification, en un mot, un infini qui soit un, et qui soit toujours le même. Ce qui n'est pas réellement et parfaitement immuable n'est pas un; car il est tantôt une

---

1. Voir p. 36, note 1.
2. Concession dangereuse. C'est accorder trop ou trop peu. Si les parties de l'univers, corps ou atomes, sont capables de penser, pourquoi l'univers ne penserait-il pas? Ce qui convient aux parties convient au tout.

chose, tantôt une autre ; ainsi ce n'est pas un même être, mais plusieurs êtres successifs. Ce qui n'est pas souverainement un n'existe point souverainement : tout ce qui est divisible n'est point le vrai et réel être; ce n'est qu'une composition et un rapport de divers êtres, et non pas un être réel qu'on puisse désigner [1].

Ce n'est pas encore la réalité qu'on cherche et qu'on veut trouver seule : on n'arrive à la réalité de l'être que quand on parvient à la véritable unité de quelque être ; ce qui existe souverainement doit être un, et être même la souveraine unité. Il en est de l'unité comme de la bonté et de l'être; ces trois choses n'en font qu'une : ce qui existe moins est moins bon et moins un ; ce qui existe davantage est davantage bon et un ; ce qui existe souverainement est souverainement bon et un. Donc un composé n'est point souverainement, et il faut chercher dans la parfaite simplicité l'être souverain [2].

Je vous avais donc perdu de vue pour un peu de temps, ô mon trésor ! ô Unité infinie qui surpassez toutes les multitudes ! je vous avais perdue, et c'était pis que me perdre moi-même ! Mais je vous retrouve avec plus d'évidence que jamais. Un nuage avait couvert mes faibles yeux pour un moment; mais vos rayons, ô Vérité éternelle ! ont percé ce nuage. Non, rien ne peut remplir mon idée que vous, ô Unité qui êtes tout, et devant qui tous les nombres accumulés ne seront jamais rien ! Je vous revois, et vous me remplissez. Tous les faux infinis mis en votre place me laissaient vide. Je chanterai éternellement au fond de mon cœur : *Qui est semblable à vous* [3] ?

---

1. Voir les *Lettres sur la métaphysique*, extrait d'une lettre sur la réfutation de Spinosa.
2. On ne doit pas perdre de vue que ce chapitre est un complément du précédent. Fénelon n'a voulu donner ni une exposition ni une réfutation complète du spinosisme. Il s'est particulièrement attaché à ce qui touche le sujet qu'il traite.
3. Parole tirée de l'Ecriture sainte

CHAPITRE IV

Nouvelle preuve de l'existence de Dieu, tirée de la nature des idées [1].

Il y a déjà quelque temps que je raisonne sur mes idées, sans avoir bien démêlé ce que c'est qu'idée : c'est sans doute ce qui m'est le plus intime, et c'est peut-être ce que je connais le moins. En un sens, mes idées sont moi-même ; car elles sont ma raison. Quand une proposition est contraire à mes idées, je trouve qu'elle est contraire à tout moi-même, et qu'il n'y a rien en moi qui n'y résiste. Ainsi mes idées et le fond de moi-même ou de mon esprit ne me paraissent qu'une même chose. D'un autre côté, mon esprit est changeant, incertain, ignorant, sujet à l'erreur, précipité dans ses jugements, accoutumé à croire ce qu'il n'entend point clairement, et à juger sans avoir bien consulté ses idées, qui sont certaines et immuables par elles-mêmes. Mes idées ne sont donc point moi, et je ne suis point mes idées. Que croirai-je donc qu'elles puissent être ? Elles ne sont point les êtres particuliers qui me paraissent autour de moi ; car que sais-je si ces êtres sont réels hors de moi [2] ? et je ne puis douter que les idées que je porte au dedans de moi ne soient très-réelles. De plus, tous ces êtres sont singuliers, contingents, changeants et passagers : mes idées sont universelles, nécessaires, éternelles et immuables.

Quand même je ne serais [3] plus pour penser aux essences des choses, leur vérité ne cesserait point d'être : il serait toujours vrai que le néant ne pense point, qu'une même chose ne peut tout ensemble être et n'être pas ; qu'il est plus parfait d'être par soi que d'être par autrui. Ces objets généraux sont immuables, et toujours exposés à quiconque

---

1. C'est la grande preuve platonicienne. Saint Augustin, saint Thomas, Malebranche, Bossuet, Fénelon, Leibnitz l'ont reproduite.
2. Voilà le doute qui reparaît. Il nous semble qu'il ne devrait plus en être question : n'a-t-on pas reconnu à la fin du premier chapitre qu'il serait absurde de douter de nos idées claires ?
3. C'est-à-dire quand même je n'existerais pas.

a des yeux: ils peuvent bien manquer de spectateurs; mais qu'ils soient vus ou qu'ils ne le soient pas, ils sont toujours également visibles [1]. Ces vérités, toujours présentes à tout œil ouvert pour les voir, ne sont donc point cette vile multitude d'êtres singuliers et changeants, qui n'ont pas toujours été, et qui ne commencent à être que pour n'être plus dans quelques moments. Où êtes-vous donc, ô mes idées, qui êtes si près et si loin de moi, qui n'êtes ni moi ni ce qui m'environne, puisque ce qui m'environne et ce que j'appelle moi-même est si imparfait?

Quoi donc! mes idées seront-elles Dieu? Elles sont supérieures à mon esprit, puisqu'elles le redressent et le corrigent. Elles ont le caractère de la Divinité, car elles sont universelles et immuables comme Dieu. Elles subsistent très-réellement selon un principe que nous avons déjà posé: rien n'existe tant que ce qui est universel et immuable. Si ce qui est changeant, passager et emprunté existe véritablement, à plus forte raison ce qui ne peut changer et qui est nécessaire. Il faut donc trouver dans la nature quelque chose d'existant et de réel qui soit mes idées, quelque chose qui soit au dedans de moi et qui ne soit point moi, qui me soit supérieur, qui soit en moi lors même que je n'y pense pas; avec qui je croie être seul, comme si je n'étais qu'avec moi-même; enfin qui me soit plus présent et plus intime que mon propre fond. Ce je ne sais quoi si admirable, si familier et si inconnu, ne peut être que Dieu [2]. C'est donc la vérité universelle et indivisible qui me montre comme par morceaux, pour s'accommoder à ma portée, toutes les vérités que j'ai besoin d'apercevoir.

C'est dans l'infini que je vois le fini : en donnant à l'in-

---

1. Bossuet marque les caractères des idées à peu près dans les mêmes termes : « J'entends, dit-il, par ces principes de vérité éternelle, que quand aucun autre être que l'homme et moi-même, ne serions pas actuellement, etc. — toutes les vérités, et toutes celles que j'en déduis par un raisonnement certain, subsistent indépendamment de tous les temps; en quelque temps que je mette un entendement humain, il les connaîtra. » *De la connaissance de Dieu et de soi-même*, c. IV, 5.

2. « Cet objet éternel (auquel se rapportent les vérités), c'est Dieu, éternellement subsistant, éternellement véritable, éternellement la vérité même. » *De la connaiss. de Dieu et de soi-même*, c. IV, 5.

fini diverses bornes, je fais, pour ainsi dire, du Créateur diverses natures créées et bornées. Le même Dieu qui me fait être me fait penser; car la pensée est mon être. Le même Dieu qui me fait penser n'est pas seulement la cause qui produit ma pensée, il en est encore l'objet immédiat; il est tout ensemble infiniment intelligent et infiniment intelligible. Comme intelligence universelle, il tire du néant toute actuelle intellection; comme infiniment intelligible, il est l'objet immédiat de toute intellection actuelle. Ainsi tout se rapporte à lui : l'intelligence et l'intelligibilité sont comme l'être; rien n'est que par lui; par conséquent, rien n'est intelligent ni intelligible que par lui seul. Mais l'intelligence et l'intelligibilité sont de même que l'être[1]; c'est-à-dire qu'elles sont réelles dans les créatures, parce qu'elles sont réelles dans les créatures, parce que les créatures existent réellement.

Tout ce qui est vérité universelle et abstraite est une idée, tout ce qui est idée est Dieu même, comme je l'ai déjà reconnu.

Il reste à expliquer plusieurs choses : 1° comment est-ce que, Dieu étant parfait, nos idées sont néanmoins imparfaites; 2° comment est-ce que nos idées, si elles sont Dieu, qui est simple, indivisible et infini, peuvent être distinctes les unes des autres, et fixées par certaines bornes; 3° comment est-ce que nous pouvons connaître des natures bornées dans un être qui ne peut avoir aucune borne; 4° comment est-ce que nous pouvons connaître les individus qui n'ont rien que de singulier et de différent des idées universelles, et qui, étant très-réels, ont aussi immédiatement en eux-mêmes une vérité et une intelligibilité très-propre et très-réelle.

Il faut d'abord présupposer que l'être qui est par lui-même, et qui fait exister tout le reste, renferme en soi la plénitude et la totalité de l'être. On peut dire qu'il est souverainement, et qu'il est le plus être de tous les êtres. Quand je dis *le plus être*, je ne dis pas qu'il est un plus

---

1. L'*intelligence* est la faculté de connaître; l'*intellection* est le fait même de la connaissance; l'*intelligibilité* est la qualité de l'objet connu.

CHAPITRE IV.

grand nombre d'êtres; car s'il était multiplié, il serait imparfait. A choses égales, un vaut toujours mieux que plusieurs. Qui dit plusieurs ne saurait faire un être parfait. Ce sont plusieurs êtres imparfaits, qui ne peuvent jamais faire une unité réelle et parfaite. Qui dit une multitude réelle de parties dit nécessairement l'imperfection de chaque partie; car chaque partie prise séparément est moins parfaite que le tout[1]. De plus, il faut ou qu'elle soit inutile au tout, et par conséquent un défaut en lui, ou qu'elle achève sa perfection : ce qui marque que cette perfection est bornée, puisque sans cette union le tout serait fini et imparfait, et qu'en ajoutant quelque chose de fini à un tout qui était fini lui-même, on ne peut jamais faire que quelque chose de fini et d'imparfait.

D'ailleurs, qui dit parties réellement distinguées les unes des autres dit des choses qui peuvent réellement subsister sans faire un tout ensemble, et dont l'union n'est qu'accidentelle; par conséquent, le tout peut diminuer, et même souffrir une entière dissolution, ce qui ne peut jamais convenir à un être infiniment parfait. Je le conçois nécessairement immuable, et dont la perfection ne peut décroître. Je le conçois véritablement un, véritablement simple, sans composition, sans division, sans nombre, sans succession et indivisible. C'est la parfaite unité qui est équivalente à l'infinie multitude, ou pour mieux dire qui la surpasse infiniment; puisque nulle multitude, ainsi que je viens de le remarquer, ne peut jamais être conçue infiniment parfaite.

Cependant j'ai l'idée d'un être infiniment parfait; cette idée exclut toute composition et toute divisibilité : elle renferme donc essentiellement une parfaite unité. Par conséquent, le premier être doit être conçu comme étant tout, non comme *plures*, mais comme *plus omnibus*[2]. S'il est infiniment plus que toutes choses, n'étant néanmoins qu'une

---

1. Voir le chap. V, art. 1, de l'*Unité de Dieu*.
2. Il faut bien entendre ce point, en tant qu'être nécessaire et parfait, Dieu est tout, car il n'y a rien de nécessaire ni de parfait qui soit en dehors de lui. Il est un être, et non *plusieurs* êtres, et il est plus que *tous* les êtres dépendants. — Donner une autre signification au mot *tout*, c'est tomber dans le panthéisme.

seule chose, il faut qu'il ait en vertu et en degré de perfection ce qu'il ne peut avoir en multiplication et en étendue. En un mot, il faut que l'unité ait elle seule, sans se multiplier, des degrés infinis de perfection qui surpassent infiniment toute multitude, si grande et si parfaite qu'on puisse la concevoir.

C'est donc, s'il est permis de parler ainsi, par les degrés de perfections intensives[1], et non par la multitude des parties et des perfections, qu'il faut élever le premier être jusqu'à l'infini. Cela posé, je dis que Dieu voit une infinité de degrés de perfection en lui, qui sont la règle et le modèle d'une infinité de natures possibles, qu'il est libre de tirer du néant. Ces degrés n'ont rien de réellement distingué entre eux ; mais nous les appelons degrés, parce qu'il faut bien parler comme on peut, et que l'homme, fini et grossier, bégaye toujours quand il parle de l'être infini et infiniment simple. Celui qui existe souverainement et infiniment peut, par son existence infinie, faire exister ce qui n'existe pas. Il manquerait quelque chose à l'être infiniment parfait, s'il ne pouvait rien produire hors de lui. Rien ne marque tant l'être par soi que de pouvoir tirer du néant et faire passer à l'existence actuelle. Cette fécondité toute-puissante, plus elle nous est incompréhensible, plus elle est le dernier trait et le plus fort caractère de l'être infini[2].

Cet être qui est infiniment voit, en montant jusqu'à l'infini, tous les divers degrés auxquels il peut communiquer l'être. Chaque degré de communication possible constitue une essence possible, qui répond à ce degré d'être qui est en Dieu indivisible avec tous les autres. Ces degrés infinis, qui sont indivisibles en lui, se peuvent diviser à l'infini dans les créatures, pour faire une infinie variété d'espèces. Chaque espèce sera bornée dans un degré d'être correspondant à ces degrés infinis et indivisibles que Dieu connaît en lui.

1. Expression inusitée qui signifie *progressives, qui croissent par degrés.*
2. La raison conçoit d'une part que l'être infini est doué d'une fécondité toute-puissante, et de l'autre, qu'il est absolument libre de créer ou de ne créer pas, comme de créer tel ou tel monde. Fénelon a fortement établi cette double vérité dans sa réfutation du système du P. Malebranche.

Ces degrés que Dieu voit distinctement en lui-même, et qu'il voit éternellement de la même manière, parce qu'ils sont immuables, sont les modèles fixes de tout ce qu'il peut faire hors de lui. Voilà la source des vrais universaux, des genres, des différences et des espèces; et voilà en même temps les modèles immuables des ouvrages de Dieu, qui sont les idées que nous consultons pour être raisonnables [1]. Quand Dieu nous montre en lui ces divers degrés avec leurs propriétés et les rapports qu'ils ont entre eux éternellement, c'est Dieu même, infinie vérité, qui se montre immédiatement à nous avec les bornes ou degrés auxquels il peut communiquer son être.

La perception de ces degrés de l'être de Dieu est ce que nous appelons la consultation de nos idées. Cela étant, il est aisé de voir comment nos idées sont imparfaites. Dieu ne nous montre pas tous les degrés infinis d'être qui sont en lui; il nous borne à ceux que nous avons besoin de concevoir dans cette vie. Ainsi, nous ne voyons l'infini que d'une manière finie, par rapport aux degrés ou bornes auxquels il peut se communiquer en la création de ses ouvrages.

Ainsi nous n'avons qu'un petit nombre d'idées, et chacune d'elles est restreinte à un certain degré d'être. Il est vrai que nous voyons ce degré d'être, qui fait un genre ou une espèce, d'une manière abstraite de tout individu changeant et avec une universalité sans bornes; mais enfin ce genre universel n'est pas le genre suprême : ce n'est qu'un degré fini d'être, qui peut être communiqué à l'infini aux individus que Dieu voudrait produire dans ce degré. Ainsi nos idées sont un mélange perpétuel de l'être infini de Dieu qui est notre objet, et des bornes qu'il donne toujours essentiellement à chacune des créatures, quoique sa fécondité puisse produire des créatures à l'infini.

Il est aisé de voir par là que nos idées, quoique impar-

---

[1]. Il y a cinq universaux ou idées universelles, le *genre*, l'*espèce*, la *différence*, le *propre* et l'*accident*. Parmi ces cinq idées universelles, les trois premières expriment ce qui est essentiel à la chose, comme genre, espèce, différence; et les deux autres, ce qui est comme attaché à l'essence ou à la nature. Voir la *Logique* de Bossuet, l. I, ch. 44.

faites dans le sens que j'ai expliqué, ne laissent pas d'être Dieu même. C'est la raison infinie de Dieu et sa vérité immuable, qui se présente à nous à divers degrés, selon notre mesure bornée.

Il faut encore remarquer que parmi les degrés infinis d'êtres qui constituent toutes les essences des créatures possibles, Dieu ne nous montre que celles qu'il lui plaît, suivant les usages qu'il veut que nous en fassions. Par exemple, je ne trouve en moi l'idée que de deux sortes de substances, les unes pensantes, les autres étendues[1]. Pour la nature pensante, je vois bien qu'elle existe : car je suis actuellement ; mais je ne sais point encore si elle existe hors de moi. Pour la nature étendue que j'appelle corps, je sais bien que j'en ai l'idée ; mais je doute encore s'il y a des corps réels dans la nature. Il faut donc convenir que Dieu, en me donnant des idées, ne m'a montré, pour ainsi dire, qu'une parcelle de lui-même. Ce n'est pas qu'il soit divisible dans sa substance ; mais c'est que, comme elle est communicable hors de lui avec une espèce de divisibilité par degrés, une puissance bornée, telle que mon esprit, se soulage à la considérer suivant cette division de degrés.

On peut aussi accuser nos idées d'imperfection sur ce qu'il nous arrive de nous tromper souvent. Mais nos erreurs ne viennent point de nos idées ; car nos idées sont vraies et immuables : en les suivant, nous ne connaîtrions pas toute vérité, mais nous ne croirions jamais rien que de véritable. Nous en avons de claires, nous en avons de confuses. A l'égard des confuses, il faut demeurer dans la suspension du doute ; à l'égard des claires, il faut, ou renoncer à toute raison, ou décider comme elles sans crainte de se tromper.

D'où viennent donc nos erreurs ? de la précipitation de nos jugements[2] ? La suspension du doute nous est un supplice : nous ne voulons nous assujettir longtemps ni à la

---

1. Voir le *Discours de la méthode*, quatrième partie.

2. L'erreur, selon Descartes, provient de ce que notre entendement n'étant pas infini, la volonté qui nie et affirme en dépasse les limites. — Descartes confond la volonté et le jugement. — Voir nos Eléments de Logique, ch. xiv.

peine d'examiner ce qui est obscur, ni à l'inquiétude attachée au doute. Nous croyons nous rendre supérieurs aux difficultés, en les décidant bien ou mal, et en nous flattant de croire que nous en avons tranché le nœud. Au défaut de la vérité, son ombre nous flatte et nous amuse. Après avoir jugé témérairement sur les idées obscures qui nous avertissent de ne juger point, nous nous jetons à contre-temps dans l'autre extrémité. Nous hésitons sans savoir pourquoi, nous devenons ombrageux et irrésolus[1]. La force nous manque pour suivre toute notre raison jusqu'au bout. Nous voyons clairement ce qu'elle renferme, et nous n'osons le conclure avec elle; nous nous en défions comme si nous étions en droit de la redresser, et que nous portassions au dedans de nous un principe plus raisonnable que la raison même. Ainsi nous ne sommes pas trompés; mais nous nous trompons toujours nous mêmes, ou en décidant sur des idées obscures, ou en ne consultant pas assez des idées claires, ou enfin en rejetant par incertitude ce que nos idées claires nous ont découvert.

Je crois avoir éclairci, par toutes ces remarques, les quatre premières difficultés que j'avais proposées. Il reste donc que toutes nos connaissances universelles, que nous appelons consultation[2] d'idées, ont Dieu même pour objet immédiat, mais Dieu considéré avec certaine précision[3] par rapport aux divers degrés selon lesquels il peut communiquer son être, de même que nous le divisions quelquefois par certaines précisions de l'esprit, pour distinguer ses attributs les uns des autres, sans nier néanmoins sa souveraine simplicité.

Si quelqu'un me demande comment est-ce que Dieu se rend présent à l'âme, quelle espèce, quelle image, quelle lumière nous le découvre, je réponds qu'il n'a besoin ni d'espèce, ni d'image, ni de lumière. La souveraine vérité

---

1. Voir la *Logique* de Port-Royal, premier discours. « L'unique moyen de se garantir de ces dérèglements d'esprit est d'apporter une attention exacte à nos jugements et à nos pensées. »
2. Expression inusitée qui marque le lien qui unit nos idées à Dieu.
3. *Précision* (du mot latin *præcidere*) signifie ici détermination. Souvent Fénelon, comme tous les grands écrivains du XVII° siècle, Bossuet, Labruyère, Racine, etc., emploie des *latinismes* pour exprimer plus exactement sa pensée.

est souverainement intelligible : l'être par lui-même est par lui-même intelligible ; l'être infini est présent à tout. Le moyen par lequel on supposerait que Dieu se rendrait présent à mon esprit ne serait point un être par lui-même; il ne pourrait exister que par création : n'étant point par lui-même, il ne serait point intelligible par lui-même, et ne le serait que par son créateur. Ainsi, bien loin qu'il pût servir à Dieu de milieu[1], d'image, d'espèce ou de lumière, tout au contraire il faudrait que Dieu lui en servît. Ainsi je ne puis concevoir que Dieu seul intimement présent par son infinie vérité, et souverainement intelligible par lui-même, qui se montre immédiatement à moi.

Mais il reste une difficulté qui mérite d'être débrouillée : c'est de savoir comment je connais les individus. Les idées universelles, nécessaires et immuables ne peuvent me les représenter ; car elles ne leur ressemblent en rien, puisqu'ils sont contingents, changeants et particuliers. D'ailleurs, puisqu'ils ont un être réel et propre qui leur est communiqué, ils ont donc une vérité et une intelligibilité qui n'est point celle de Dieu ; autrement nous concevrions Dieu quand nous croyons concevoir la créature.

A cela je réponds que l'intelligibilité n'est autre chose que la vérité, et que la vérité n'est autre chose que l'être. Quand nous considérons une chose universelle, nécessaire et immuable, c'est l'être suprême que nous considérons immédiatement, puisqu'il n'y a que lui seul à qui toutes ces choses conviennent. Quand je considère quelque chose de singulier, qui n'est ni vrai, ni intelligible, ni existant par soi, mais qui a une véritable et propre intelligibilité par communication, ce n'est plus l'Être suprême que je conçois, car il n'est ni singulier, ni produit, ni sujet au changement : c'est donc un être changeant et créé que j'aperçois en lui-même. Dieu, qui me crée, et qui le crée aussi, lui donne une véritable et propre intelligibilité, en même temps qu'il me donne de mon côté une véritable et propre intelligence. Il ne nous en faut pas davantage, et je ne puis rien concevoir au delà. Si on me demande encore

---

1. C'est-à-dire d'intermédiaire.

comment est-ce qu'un être particulier peut être présent à mon esprit, et qui est-ce qui détermine mon esprit à l'apercevoir plutôt qu'un autre être, je réponds qu'il est vrai qu'après avoir conçu mon intelligence actuelle et l'intelligibilité actuelle de cet individu, je me trouve encore indifférent à l'apercevoir plutôt qu'un autre ; mais ce qui lève cette indifférence, c'est Dieu, qui modifie ma pensée comme il lui plaît[1].

Pour expliquer ce que je conçois là-dessus, je me servirai d'une comparaison tirée de la nature corporelle. Ce n'est pas que je veuille affirmer qu'il y a des corps : car il n'y a encore rien d'évident qui me tire du doute sur cette matière ; mais c'est que la comparaison que je vais faire ne roule que sur les apparences des corps et sur les idées que j'ai de leur possibilité, sans décider de leur existence actuelle. Je suppose donc un corps capable par ses dimensions de correspondre à une superficie capable de recevoir ce corps. Ces deux choses posées, il ne s'ensuit point encore que ce corps soit actuellement dans ce lieu ; car il peut être aussitôt ailleurs, et rien de ce que nous avons vu ne le détermine à cette situation. Que faut-il donc pour l'y déterminer ? Il faut que Dieu, qui crée de nouveau son ouvrage en chaque moment[2], comme nous l'avons déjà remarqué, détermine ce corps, dans le moment où il le crée, à correspondre plutôt à cette superficie qu'à une autre. Dieu, en donnant l'être dans chaque instant, donne aussi la manière et les circonstances de l'être. Par exemple, il crée le corps A voisin du corps B, plutôt que du corps C, parce que le corps qu'il crée est par lui-même indifférent à ces divers rapports. Ainsi la même action de Dieu qui crée le corps fait sa position actuelle. Le même qui le crée le modifie et le rend contigu aux corps qu'il lui plaît.

Tout de même, quand Dieu tire du néant une puissance intelligente, et que d'ailleurs il a formé des natures

---

1. Ce passage est une réminiscence de la vision en Dieu du P. Malebranche. Voir notre introduction.

2. Suivant Descartes, les êtres créés ne sont des substances qu'au regard des autres êtres créés, lorsque pour exister, ils peuvent se passer de leur concours, mais ils n'en sont pas au regard de Dieu, puisqu'ils n'existent qu'à la condition d'être continuellement créés par lui.

intelligibles, il ne s'ensuit pas qu'une de ces natures intelligibles doive être plutôt qu'une autre l'objet de cette intelligence. La puissance ne peut être déterminée par les objets, puisque je les suppose tous également intelligibles : par où le sera-t-elle donc? par elle-même? nullement; car étant en chaque moment créée, elle se trouve en chaque moment dans l'actuelle modification où Dieu la met par cette création toujours actuelle. C'est donc le choix de Dieu qui la modifie comme il lui plaît. Il la détermine à un objet particulier de sa pensée, comme il détermine un corps à correspondre par sa dimension à une certaine superficie plutôt qu'à une autre. Si un corps était immense[1], il serait partout, n'aurait aucune borne, et par conséquent ne serait resserré dans aucune superficie. De même, si mon intelligence était infinie, elle atteindrait toute vérité intelligible, et ne serait bornée à aucune en particulier. Ainsi le corps infini n'aurait aucun lieu, et l'esprit infini n'aurait aucun objet particulier de sa pensée. Mais comme je connais l'un et l'autre borné, il faut que Dieu crée à chaque moment l'un et l'autre dans des bornes précises : la borne de l'étendue, c'est le lieu; la borne de la pensée, c'est l'objet particulier. Ainsi je conçois que c'est Dieu qui me rend les objets présents.

J'avoue qu'il reste encore une difficulté, qui est de savoir ce que c'est qu'un individu. Tout le reste, comme nous l'avons vu, consiste en des vérités universelles et immuables que j'appelle idées, qui sont Dieu même. Mais elles ne sont point l'être singulier ; et dans cet être singulier j'observe deux choses : la première est son existence actuelle, qui est contingente et variable ; la seconde est sa correspondance à un certain degré d'être qui est en Dieu, et dont cet individu est lui-même une communication. Cette correspondance est l'espèce de cette créature, et cela rentre dans les idées universelles.

Pour l'existence actuelle, il m'est impossible de l'expliquer ; car je n'ai point de terme plus clair pour définir ceux-là. Il est inutile de m'objecter que deux individus ne

---

1. C'est-à-dire infini (*in—mensus*, non mesuré, qui ne peut être limité).

peuvent être distingués par l'existence actuelle, qui, loin d'être la différence essentielle de chacun d'eux, leur est commune, puisque tous deux existent actuellement. C'est un sophisme facile à démêler.

L'existence actuelle peut être prise génériquement ou singulièrement[1]. L'existence actuelle prise génériquement non-seulement n'est point la différence dernière d'un être, mais elle est au contraire le genre suprême, et le plus universel de tous. Que si on veut de bonne foi considérer l'existence actuelle sans abstraction, il est vrai de dire qu'elle est précisément ce qui distingue une chose d'une autre. L'existence actuelle de mon voisin n'est point la mienne ; la mienne n'est point celle de mon voisin ; l'une est entièrement indépendante de l'autre : il peut cesser d'être sans que mon existence soit en péril ; la sienne ne souffrira rien quand je serai anéanti. Cette indépendance réciproque montre l'entière distinction, et c'est la véritable différence individuelle. Cette existence actuelle et indépendante de toute autre existence produite est l'être singulier ou l'individu : cet être singulier est vrai et intelligible selon la mesure dont il existe par communication. Il est intelligible ; je suis intelligent, et c'est Dieu qui me modifie pour rapporter mon intelligence bornée à cet objet intelligible plutôt qu'à un autre : voilà tout ce que je puis concevoir là-dessus. Je conclus donc que l'objet immédiat de toutes mes connaissances universelles est Dieu même, et que l'être singulier ou l'individu créé, qui ne laisse pas d'être réel, quoiqu'il soit communiqué, est l'objet immédiat de mes connaissances singulières.

Ainsi je vois Dieu en tout, ou, pour mieux dire, c'est en Dieu que je vois toutes choses ; car je ne connais rien, et je ne distingue rien, et je ne m'assure de rien que par mes idées. Cette connaissance même des individus, où Dieu n'est pas l'objet immédiat de ma pensée, ne peut se faire qu'autant que Dieu donne à cette créature l'intelligibilité, et à moi l'intelligence actuelle. C'est donc à la

---

[1]. *Génériquement* signifie par rapport au genre ; *singulièrement*, par rapport à l'individu. Voir Eléments de logique, ch. x, *De la définition scientifique*.

lumière de Dieu que je vois tout ce qui peut être vu [1].

Mais quelle différence entre cette lumière et celle qui me paraît éclairer les corps ! C'est un jour sans nuage et sans ombre, sans nuit, et dont les rayons ne s'affaiblissent par aucune distance. C'est une lumière qui n'éclaire pas seulement les yeux ouverts et sains : elle ouvre, elle purifie, elle forme les yeux qui doivent être dignes de la voir. Elle ne se répand pas seulement sur les objets pour les rendre visibles : elle fait qu'ils sont vrais, et hors d'elle rien n'est véritable, car c'est elle qui fait tout ce qu'elle montre. Elle est tout ensemble lumière et vérité ; car la vérité universelle n'a pas besoin de rayons empruntés pour luire. Il ne faut point la chercher, cette lumière, au dehors de soi : chacun la trouve en soi-même ; elle est la même pour tous. Elle découvre également toute chose ; elle se montre à la fois à tous les hommes dans tous les coins de l'univers. Elle met au dedans de nous ce qui est dans la distance la plus éloignée ; elle nous fait juger de ce qui est au delà des mers, dans les extrémités de la terre, par ce qui est au dedans de nous. Elle n'est point nous-mêmes ; elle n'est point à nous ; elle est infiniment au-dessus de nous : cependant elle nous est si familière et si intime, que nous la trouvons toujours aussi près de nous que nous-mêmes. Nous nous accoutumons même à supposer, faute de réflexion, qu'elle n'est rien de distingué de nous. Elle nous réconcilie souvent avec nous-mêmes : jamais elle ne tarit ; jamais elle ne nous trompe ; et nous ne nous trompons que faute de la consulter assez attentivement, ou en décidant avec impatience quand elle ne décide pas.

O vérité, ô lumière, tous ne voient que par vous ; mais peu vous voient et vous reconnaissent ! On ne voit tous les objets de la nature que par vous ; et on doute si vous êtes ! C'est à vos rayons qu'on discerne toutes les créatures, et on doute si vous luisez ! Vous brillez en effet dans les ténèbres [2] ; mais les ténèbres ne vous comprennent pas, et

---

1. Malebranche enseigne la même doctrine, mais il la compromet en l'exagérant. — Fénelon lui-même va un peu trop loin (Voir notre introduction).
2. Expression tirée de l'Ecriture sainte.

ne veulent pas vous comprendre. O douce lumière ! heureux qui vous voit ! heureux, dis-je, par vous : car vous êtes la vérité et la vie. Quiconque ne vous voit pas est aveugle : c'est trop peu, il est mort. Donnez-moi donc des yeux pour vous voir, un cœur pour vous aimer. Que je vous voie, et que je ne voie plus rien ! Que je vous voie, et tout est fait pour moi ! Je suis rassasié dès que vous paraissez.

CHAPITRE V

De la nature et des attributs de Dieu [1].

J'ai reconnu un premier être, qui a fait tout ce qui n'est point lui ; mais il s'en faut bien que j'aie assez médité ce qu'il est, et comment tout le reste est par lui. J'ai dit qu'il est l'être infini, mais infini par intension, comme dit l'Ecole [2], et non par collection [3] : ce qui est un est plus que ce qui est plusieurs. L'unité peut être parfaite ; la multitude ne peut l'être, comme nous l'avons vu. Je conçois un être qui est souverainement un, et souverainement tout ; il n'est formellement aucune chose singulière ; il est éminemment toutes choses en général. Il ne peut être resserré dans aucune manière d'être.

Être une certaine chose précise, c'est n'être que cette chose en particulier. Quand je dis de l'être infini qu'il est l'Être simplement, sans rien ajouter, j'ai tout dit. Sa différence, c'est de n'en avoir point [4]. Le mot d'infini, que j'ai ajouté, ne lui donne rien d'effectif ; c'est un terme presque superflu, que je donne à la coutume et à l'imagination des hommes. Les mots ne doivent être ajoutés que pour ajouter au sens des choses. Ici, qui ajoute au mot d'être diminue le sens, bien loin de l'augmenter : plus on ajoute, plus on diminue ; car ce qu'on ajoute ne fait que limiter ce qui était dans sa première simplicité sans restriction. Qui dit l'Être sans restriction emporte l'infini ; et il est

---

1. Voir notre introduction.
2. On entend par *l'école* l'enseignement du moyen âge ou scolastique.
3. Le vrai Dieu est infini par *intension*, parce qu'il renferme en soi et dans son indivisible unité la plénitude de l'Être. Le Dieu de Spinosa est infini par *collection*.
4. Voilà pourquoi Dieu échappe à toute définition.

inutile de dire l'infini, quand on n'a ajouté aucune différence au genre universel, pour le restreindre à une espèce ou à un genre inférieur. Dieu est donc l'Être ; et j'entends enfin cette grande parole de Moïse : *Celui qui est m'a envoyé vers vous*[1]. L'Être est son nom essentiel, glorieux, incommunicable, ineffable, inouï à la multitude[2].

J'ai l'idée de deux espèces d'êtres ; je conçois l'être pensant et l'être étendu. Que l'être étendu existe actuellement ou non, il est certain que j'en ai l'idée. Mais comme cette idée ne renferme point cette existence actuelle, il pourrait n'exister pas, quoique je le conçoive. Outre ces deux espèces de l'être, Dieu peut en tirer du néant une infinité d'autres dont il ne m'a donné aucune idée ; car il peut former des créatures correspondantes aux divers degrés d'êtres qui sont en lui, en remontant jusqu'à l'infini. Toutes ces espèces d'êtres sont en lui comme dans leur source. Tout ce qu'il y a d'être, de vérité et de bonté dans chacune de ces essences possibles découle de lui, et elles ne sont possibles qu'autant que leur degré d'être est actuellement en Dieu.

Dieu est donc véritablement en lui-même tout ce qu'il y a de réel et de positif dans les esprits, tout ce qu'il y a de réel et de positif dans les corps, tout ce qu'il y a de réel et de positif dans les essences de toutes les autres créatures possibles, dont je n'ai point l'idée distincte. Il a tout l'être du corps, sans être borné au corps ; tout l'être de l'esprit, sans être borné à l'esprit ; et de même des autres essences possibles. Il est tellement tout être, qu'il a tout l'être de chacune de ces créatures, mais en retranchant la borne qui la restreint. Otez toutes bornes, ôtez toute différence qui resserre l'être dans les espèces, vous demeurez dans l'universalité de l'être, et par conséquent dans la perfection infinie de l'être par lui-même.

Il s'ensuit de là que l'être infini ne pouvant être resserré dans aucune espèce, Dieu n'est pas plus esprit que corps, ni corps qu'esprit ; à parler proprement, il n'est ni

---

1. Paroles tirées de l'Écriture sainte.
2. Dieu est. « Mais dès qu'il s'agit de déterminer ce qu'il est par rapport à son essence, nous demeurons courts, et c'est pour nous un système incompréhensible. » CLARKE, *Démonstration de l'existence et des attributs de Dieu*, ch. v.

l'un ni l'autre : car qui dit ces deux sortes de substance dit une différence précise de l'être, et par conséquent une borne, qui ne peut jamais convenir à l'être universel.

Pourquoi donc dit-on que Dieu est un esprit? d'où vient que l'Écriture même l'assure? C'est pour apprendre aux hommes grossiers que Dieu est incorporel, et que ce n'est point un être borné par la nature matérielle ; c'est encore dans le dessein de faire entendre que Dieu est intelligent comme les esprits, et qu'il a en lui tout le positif, c'est-à-dire toute la perfection de la pensée, quoiqu'il n'en ait point la borne. Mais enfin, quand il envoie Moïse avec tant d'autorité pour prononcer son nom et pour déclarer ce qu'il est, Moïse ne dit point : Celui qui est esprit m'a envoyé vers vous, il dit: *Celui qui est*. Celui *qui est* dit infiniment davantage que Celui *qui est esprit*. Celui qui est esprit n'est qu'esprit. Celui qui est, est tout être, et est souverainement, sans être rien de particulier. Il ne faut point disputer sur une équivoque.

Au sens où l'Écriture appelle Dieu esprit, je conviens qu'il en est un : car il est incorporel et intelligent; mais, dans la rigueur des termes métaphysiques, il faut conclure qu'il n'est non plus esprit que corps. S'il était esprit, c'est-à-dire déterminé à ce genre particulier d'être, il n'aurait aucune puissance sur la nature corporelle, ni aucun rapport à tout ce qu'elle contient; il ne pourrait ni la produire, ni la conserver, ni la mouvoir. Mais quand je conçois dans ce genre que l'École appelle transcendantal [1], que nulle différence ne peut jamais faire déchoir de sa simplicité universelle, je conçois qu'il peut également tirer de son être simple et infini les esprits, les corps, et toutes les autres essences possibles qui correspondent à ses degrés infinis d'être.

ARTICLE PREMIER. — *Unité de Dieu* [2].

J'ai commencé à découvrir l'être qui est par lui-même ; mais il s'en faut bien que je ne le connaisse ; et je n'espère

---

1. C'est-à-dire supérieur aux autres genres.

2. Fénelon tire tous les attributs métaphysiques de l'idée d'un être *infini, nécessaire et parfait;* en sorte qu'on pourrait dire qu'il y a deux degrés dans ces attributs : 1° ceux qui sont conçus *à priori* et en même temps que Dieu (infinitude, perfection et nécessité); 2° ceux qui sont conçus à *poste-*

pas même de le connaître tout entier, puisqu'il est infini et que ma pensée a des bornes. Je conçois néanmoins que je puis en connaître beaucoup de choses très-utiles, en consultant l'idée que j'ai de la suprême perfection [1]. Tout ce qui est clairement renfermé dans cette idée doit être attribué à cet être souverain [2] ; et je dois aussi exclure de lui tout ce qui est contraire à cette idée. Il ne me reste donc, pour connaître Dieu autant qu'il peut être connu par ma faible raison, qu'à chercher dans cette idée tout ce que je puis concevoir de plus parfait. Je suis assuré que c'est Dieu. Tout ce qui paraît excellent, mais au-dessus de quoi on peut encore concevoir un autre degré d'excellence, ne peut lui appartenir ; car il n'est pas seulement la perfection, mais il est la perfection suprême en tout genre. Ce principe est bientôt posé ; mais il est très-fécond : les conséquences en sont infinies ; et c'est à moi à prendre garde de les tirer toutes, sans me relâcher jamais.

I. L'être qui est par lui-même est un, comme je l'ai déjà remarqué [3] : s'il était composé, il ne serait plus souverainement parfait ; car je conçois qu'à choses égales d'ailleurs, ce qui est simple, indivisible et véritablement un est plus parfait que ce qui est divisible et composé de parties. J'ai même déjà reconnu que nul composé divisible ne peut être véritablement infini.

II. Je conçois qu'il ne peut point y avoir deux êtres infiniment parfaits. Toutes les raisons qui me convainquent qu'il faut qu'il y en ait un ne me mènent point à croire qu'il y en ait deux. Il faut qu'il y ait un être par lui-même qui ait tiré du néant tous les autres êtres qui ne sont point par eux-mêmes : cela est clair. Mais un seul être par soi-même suffit pour tirer du néant tout ce qui en a été tiré. A cet égard, deux ne feraient pas plus qu'un : par conséquent, rien n'est plus inutile et plus téméraire que d'en croire plusieurs. Deux également parfaits seraient

---

riori et qui se déduisent des précédents (unité, simplicité, immutabilité, éternité et immensité).

1. L'unité, nous l'avons déjà dit, est un attribut métaphysique qui se déduit de la conception d'un être nécessaire et parfait.

2. Conformément au principe cartésien (V. le *Disc. de la Méthode*, IV° part.).

3. Voir le chapitre III. *Réfutation du Spinosisme* (et première partie, *Réponse aux objections des Epicuriens*).

semblables en tout, et l'un ne serait qu'une répétition inutile de l'autre¹. Il n'y a pas plus de raison de croire qu'il y en a deux que de croire qu'il y en a cinq cent mille. De plus, je conçois qu'une infinité d'êtres infiniment parfaits ne mettraient dans la nature rien de réel au delà d'un seul être infiniment parfait. Rien ne peut aller au delà du véritable infini ; quand on s'imagine que plusieurs infinis font plus qu'un infini tout seul, c'est qu'on perd de vue ce que c'est qu'infini, et qu'on détruit, par une imagination fausse, ce qu'on avait supposé en consultant la pure idée de l'infini.

Il ne peut point y avoir plusieurs infinis. Qui dit plusieurs dit une augmentation de nombres. L'infini ne peut admettre ni nombre ni augmentation. Cent mille êtres infiniment parfaits ne pourraient faire tous ensemble dans leur collection qu'une perfection infinie, et rien au delà. Un seul être infiniment parfait fournit également cette infinie perfection ; avec cette différence qu'un seul être infiniment parfait est infiniment un et simple, au lieu que cette collection infinie d'êtres infiniment parfaits aurait le défaut de la composition ou de la collection, et par conséquent serait moins parfaite qu'un seul être qui aurait dans son unité l'infinie et souveraine perfection ; ce qui détruit la supposition et renferme une contradiction manifeste ².

D'ailleurs, il faut remarquer que si nous supposons deux êtres dont chacun soit par soi-même, aucun des deux ne sera véritablement d'une perfection infinie : en voici la preuve, qui est claire. Une chose n'est point infiniment parfaite quand on peut en concevoir une autre d'une perfection supérieure. Or est-il que je conçois quelque chose de plus parfait que ces deux êtres par eux-mêmes que nous venons de supposer : donc ces deux êtres ne seraient point infiniment parfaits.

---

1. Admettre deux êtres parfaits, c'est nier la nécessité de l'être parfait ; puisque l'on peut concevoir la non-existence de chacun d'eux.

2. « Qu'on multiplie tant qu'on voudra le nombre des êtres, il n'y en a qu'un seul qui puisse être infini et exister par lui-même. S'il y en avait un autre, il s'ensuivrait qu'il serait tout ensemble et différent du premier et individuellement le même, ce qui est absurde. » CLARKE, *Dém. de l'existence de Dieu*, ch. VIII.

Il me reste à prouver que je conçois quelque chose de plus parfait que ces deux êtres, et je n'aurai aucune peine à le démontrer. Quelque concorde et quelque union qu'on se représente entre deux premiers êtres, il faut toujours se les représenter comme deux puissances mutuellement indépendantes, et dont l'une ne peut rien ni sur l'action ni sur les ouvrages de l'autre. Voilà ce qu'on peut penser de mieux pour ces deux êtres, pour éviter l'opposition entre eux; mais ce système est bientôt renversé. Il est plus parfait de pouvoir tout seul produire toutes les choses possibles que de n'en pouvoir produire qu'une partie, quelque infinie qu'on veuille se l'imaginer, et d'en laisser à une autre cause une autre partie également infinie à produire de son côté. En un mot, il est plus parfait de réunir en soi la toute-puissance, que de la partager avec un autre être égal à soi. Dans ce système, chacun de ces deux êtres n'aurait aucun pouvoir sur tout ce que l'autre aurait fait : ainsi sa puissance serait bornée, et nous en concevons une autre bien plus grande, je veux dire celle d'un seul premier être qui réunisse en lui la puissance des deux autres. Donc un seul être par soi-même est quelque chose de plus parfait que deux êtres qui auraient par eux-mêmes l'existence.

Cela posé, il s'ensuit clairement que pour remplir mon idée d'un être infiniment parfait, de laquelle je ne dois jamais rien relâcher, il faut que je lui attribue d'être souverainement un. Ainsi, qui dit perfection souveraine et infinie réduit manifestement tout à l'unité. Je ne puis donc avoir aucune idée de deux êtres infiniment parfaits; car l'un partageant la même puissance infinie avec l'autre, il partagerait avec lui aussi l'infinie perfection, et par conséquent chacun d'eux serait moins puissant et moins parfait que s'il était tout seul. D'où il faut conclure contre la supposition, que ni l'un ni l'autre ne serait véritablement cette souveraine et infinie perfection que je cherche et qu'il faut que je trouve quelque part, puisque j'en ai une idée claire et distincte [1].

1. Voir la note 1, page 175.

On peut encore ici faire une remarque décisive : c'est que si ces deux êtres qu'on suppose sont également et infiniment parfaits, ils se ressemblent en tout ; car si chacun contient toute perfection, il n'y en a aucune dans l'un qui ne soit de même dans l'autre. S'ils sont si exactement semblables en tout, il n'y a rien qui distingue l'idée de l'un d'avec l'idée de l'autre ; et on ne peut les discerner que par l'indépendance mutuelle de leur existence, comme les individus d'une même espèce. S'ils n'ont aucune distinction ou dissemblance dans l'idée, il n'est donc pas vrai que j'aie des idées distinctes de deux êtres de cette nature, et par conséquent je ne dois pas croire qu'ils existent.

III. Il est évident qu'il ne peut point y avoir plusieurs êtres par eux-mêmes qui soient inégaux, en sorte qu'il y en ait un supérieur aux autres, et auquel les autres soient subordonnés. J'ai déjà remarqué [1] que tout être qui existe par soi-même et nécessairement est au souverain degré de l'être, et par conséquent de la perfection. S'il est souverainement parfait, il ne peut être inférieur en perfection à aucun autre. Donc il ne peut y avoir plusieurs êtres par eux-mêmes qui soient subordonnés les uns aux autres : il ne peut y en avoir qu'un seul infiniment parfait, et nécessairement existant par soi-même. Tout ce qui existe au-dessous de celui-là n'existe que par lui, et par conséquent tout ce qui lui est inférieur est infiniment au-dessous de lui : puisqu'il y a une distance infinie entre l'existence nécessaire par soi-même, qui emporte l'infinie perfection, et l'existence empruntée d'autrui, qui emporte toujours une perfection bornée, et par conséquent, s'il m'est permis de parler ainsi, une imperfection infinie.

L'être par lui-même ne peut être qu'un. Il est l'être sans rien ajouter. S'il était deux, ce serait un ajouté à un, et chacun des deux ne serait plus l'être sans rien ajouter. Chacun des deux serait borné et restreint par l'autre. Les deux ensemble feraient la totalité de l'être par soi, et cette

---

1. Voir plus haut le chap. II de la seconde partie (et le chap. III de la première, à laquelle l'auteur ne renvoie jamais, quoiqu'elle traite souvent des mêmes idées et presque dans les mêmes termes).

totalité serait une composition. Qui dit composition dit parties et bornes, parce que l'une n'est point l'autre. Qui dit composition de parties dit nombre, et exclut l'infini. L'infini ne peut être qu'un. L'Être suprême doit être la suprême unité, puisque être et unité sont synonymes. Nombre et bornes sont synonymes pareillement. De tous les nombres, celui qui est le plus éloigné de l'unité c'est le nombre de deux, parce qu'il est nombre comme les autres, et qu'il est le plus borné de tous. Il n'y a aucun des autres nombres, quelque grand qu'on le conçoive, qui ne demeure toujours infiniment au-dessous de l'infini.

J'en conclus que plusieurs dieux non-seulement ne seraient pas plus qu'un seul Dieu, mais encore seraient infiniment moins qu'un seul. 1° Ils ne seraient pas plus qu'un seul ; car cent millions d'infinis ne peuvent jamais surpasser un seul infini : l'idée véritable de l'infini exclut tout nombre d'infinis et l'infinité même d'infinis. Qui dit infinité d'infinis ne fait qu'imaginer une multitude confuse d'êtres indéfinis, c'est-à-dire sans bornes précises, mais néanmoins véritablement bornés. Dire une infinité d'infinis, c'est un pléonasme et une vaine et puérile répétition du même terme, sans pouvoir rien ajouter à la force de sa simplicité ; c'est comme si on parlait de l'anéantissement du néant. Le néant anéanti est ridicule, et il n'est pas plus néant que le néant simple. De même l'infinité des infinis n'est que le simple infini unique et indivisible [1]. Qui dit simplement infini dit un être auquel on ne peut rien ajouter, et qui épuise tout être. Si on pouvait y ajouter, ce qui pourrait être ajouté, étant distingué de cet infini, ne serait point lui, et serait quelque chose qui en serait la borne. Donc l'infini auquel on pourrait ajouter ne serait pas vrai infini. L'infini étant l'être auquel on ne peut rien ajouter, une infinité d'infinis ne seraient pas plus que l'infinité simple. Ils sont donc clairement impossibles ; car les nombres ne sont que des répétitions de l'unité, et

---

1. Il est impossible de marquer plus fortement que l'idée d'unité est impliquée dans celle d'infini. Les développements qui suivent n'ajoutent rien à cette idée si nette et si précise.

toute répétition est une addition. Puisqu'on ne peut rien ajouter à l'infini, il est évident qu'il est impossible de le répéter. Le tout est plus que les parties : les infinis simples, dans cette supposition, seraient les parties : l'infinité d'infinis serait le tout; et le tout ne serait point plus que chaque partie. Donc il est absurde et extravagant de vouloir imaginer ni [1] une infinité d'infinis, ni même aucun nombre d'infinis.

2° J'ajoute que plusieurs infinis seraient infiniment moins qu'un; un infini véritablement un est véritablement infini. Ce qui est parfaitement et souverainement un est parfait, est l'être souverain, est l'être infini, parce que l'unité et l'être sont synonymes. Un nombre pluriel ou une infinité d'infinis seraient infiniment moins qu'un seul infini. Ce qui est composé consiste en des parties, dont l'une réellement n'est point l'autre, dont l'une est la borne de l'autre. Tout ce qui est composé de parties bornées est un nombre borné, et ne peut jamais faire la suprême unité, qui est l'être suprême et le vrai infini. Ce qui n'est pas véritablement infini est infiniment moindre que l'infini véritable. Donc plusieurs infinis ou une infinité d'infinis seraient infiniment moins qu'un seul véritable infini; Dieu est l'infini : donc il est évident qu'il est un, et que plusieurs dieux ne seraient pas dieux. Cette supposition se détruit elle-même. En multipliant l'unité infinie, on la diminue, parce qu'on lui ôte son unité, dans laquelle seule peut se trouver le vrai infini.

Le vrai infini est l'être le plus être que nous puissions concevoir. Il faut remplir entièrement cette idée de l'infini pour trouver l'être infiniment parfait. Cette idée épuise d'abord tout l'être, et ne laisse rien pour la multiplication. Un seul être qui est par lui seul, qui a en soi la totalité de l'être, avec une fécondité unique et universelle, en sorte qu'il fait être tout ce qui lui plaît, et que rien ne peut être hors de lui que par lui seul, est sans doute infiniment supérieur à un être qu'on suppose par soi indépendant et

---

1. Au lieu de *ni*, il faudrait *soit*.

fécond, mais qui a un égal indépendant et fécond comme lui. Outre que ces deux prétendus infinis seraient la borne l'un de l'autre, et par conséquent ne seraient ni l'un ni l'autre rien moins qu'infinis; de plus chacun d'eux serait moins qu'un seul infini qui n'aurait point d'égal. La simple égalité est une dégradation par comparaison à l'être unique et supérieur à tout ce qui n'est pas lui.

Enfin, chacun de ces deux dieux connaîtrait ou ignorerait son égal. S'il l'ignorait, il aurait une intelligence défectueuse; il serait ignorant d'une vérité infinie. S'il connaissait parfaitement son égal, son intelligence surpasserait infiniment son intelligibilité. Son intelligibilité serait la vérité au delà de laquelle son intelligence apercevrait une autre intelligibilité infinie, je veux dire celle de son égal; son intelligibilité et son intelligence seraient pourtant sa propre essence : donc il serait plus parfait et moins parfait que lui-même, ce qui est impossible.

De plus, voici une autre contradiction. Ou chacun de ces deux infinis pourrait produire des êtres à l'infini, ou il ne le pourrait pas. S'il ne le pouvait pas, il ne serait pas infini, contre la supposition. Si au contraire il le pouvait, indépendamment de l'autre, le premier qui commencerait à produire des êtres détruirait son égal; car cet égal ne pourrait point produire ce que le premier aurait produit : donc sa puissance serait bornée par cette restriction. Borner sa puissance, ce serait borner sa perfection, et par conséquent sa substance même. Donc il est clair que le premier des deux qui agirait librement sans l'autre détruirait l'infini de son égal. Que si on suppose qu'ils ne peuvent agir l'un sans l'autre, je conclus que ces deux puissances réciproquement dépendantes sont imparfaites et bornées l'une par l'autre, et qu'elles font un composé fini. Il faut donc revenir à une puissance véritablement une et indivisible pour trouver le véritable infini.

Il n'y aurait pas plus de raison à admettre deux êtres infinis qu'à en admettre cent mille et qu'à en admettre un nombre infini. On ne doit admettre l'infini qu'à cause de l'idée que nous en avons. Il n'est donc question que de trouver ce qui remplit cette idée. Or est-il qu'un seul infini la remplit tout entière, qu'une infinité d'infinis n'y ajoutent rien, qu'au contraire ils se détruiraient les uns les autres, et que leur collection ne ferait plus qu'un tout fini, par une contradiction manifeste. Donc il est évident qu'il ne peut y avoir qu'un seul infini.

Il faut même comprendre qu'il ne peut jamais y avoir dans la nature plusieurs infinis en divers genres. Les genres ne sont que des restrictions de l'être; toutes les diversités d'être ne peuvent consister que dans les divers degrés ou bornes d'être, suivant lesquelles l'être est distribué; mais enfin il n'y a en toutes choses que de l'être, et les différences ne sont que de pures bornes ou négations. Il n'y a rien de réel et de positif que l'être; car tout ce qui n'est pas l'être n'est rien : les natures ne sont point différentes les unes des autres par l'être; car c'est, au contraire, par l'être qu'elles sont communes : elles ne sont donc différentes que par leur degré d'être ou leur borne qui est une négation. Suivant que les natures sont plus ou moins bornées, suivant qu'elles ont plus ou moins d'être, elles sont plus ou moins parfaites. Comme les divers degrés du thermomètre marquent le plus ou le moins de chaleur dans l'air, les divers degrés de l'être font le plus ou le moins de perfection des natures. C'est ce qui constitue tous les genres et toutes les espèces. Enfin, on ne peut jamais concevoir dans aucune nature que l'être et sa restriction. Elle n'a rien de réel et de positif que l'être : et il n'y a jamais rien d'ajouté à l'être que sa restriction ou borne qui n'est qu'une négation d'être ultérieur. Un genre n'étant donc qu'une certaine borne précise de l'être, il serait ridicule de supposer jamais aucun infini en aucun genre particulier; ce serait faire des infinis dans des bornes précises. Le vrai infini exclut tout genre et toute notion limitée; le vrai infini épuise tous les degrés d'être, et par conséquent tous les genres qui ne consistent que dans ces degrés précis : ce qui est tout être n'est d'aucun genre d'être. Il est donc évidemment absurde de s'imaginer des infinis en divers genres; c'est n'avoir l'idée ni des genres ni de l'infini. Qui dit infini dit tous les degrés d'être réunis dans une suprême indivisibilité, et un être qui épuise tous les genres sans se renfermer en aucun.

Il ne peut y avoir deux infinis qui soient en rien différents l'un de l'autre, parce que ce qui serait dans l'un et qui ne serait pas dans l'autre serait à l'égard de cet autre une borne de son être, et une chose réelle qu'on pourrait y ajouter : par conséquent, il ne serait pas infini. Deux vrais infinis ne pourraient donc jamais être distingués l'un de l'autre, parce qu'on ne pourrait jamais trouver dans l'un aucune chose que l'autre n'eût pas précisément de même.

Il ne me reste qu'une difficulté; la voici : c'est que j'ai admis une extension, pour ainsi dire, de l'être qui est très-différente de son intension. L'intension consiste dans les degrés; l'extension, dans le nombre d'êtres distingués les uns des autres qui ont le même degré d'être[1]. Puisqu'il peut y avoir, outre un être infini, plusieurs êtres bornés qui ont tous certains degrés d'être correspondants aux divers degrés qui sont tous réunis indivisiblement dans cet être infini, il s'ensuit que cet être infini n'épuise tout l'être qu'intensivement, c'est-à-dire qu'il en a en lui tous les degrés, en remontant toujours à l'infini. Mais il n'épuise point l'être extensivement, puisqu'il peut y avoir d'autres êtres réellement distingués de lui, et possédant d'une manière bornée des degrés d'être qui sont en lui sans bornes[2]. Puisqu'un être infini n'épuise pas l'être extensivement, il peut y avoir deux êtres infinis : chacun d'eux épuisera l'être intensivement, car chacun aura tous les degrés d'être mais ils ne l'épuiseront pas extensivement, car il sera vrai de dire qu'extensivement ils ne seront que deux, ce qui est beaucoup au-dessous de la multitude des êtres que nous

---

1. Il faut bien saisir cette distinction, qui est empruntée à l'Ecole. L'*intension* marque le plus haut degré d'une qualité; l'*extension* désigne le nombre des êtres qui ont cette qualité à un degré moindre. *Intensivement*, au point de vue de l'être, il n'y a qu'un être qui ait la plénitude de l'être, et nous l'appelons Dieu. *Extensivement*, il peut y avoir, comme il est dit plus bas, d'autres êtres réellement distingués de Dieu, et possédant d'une manière bornée des degrés d'être qui sont en lui sans bornes : telles sont les créatures.

2. Ainsi se concilient l'existence de l'être parfait et celle de la créature, sans que l'une absorbe l'autre.

reconnaissons déjà extensivement. Voilà, ce me semble, l'objection dans toute sa force.

Elle a quelque chose de vrai. Je conçois qu'un infini ni cent infinis intensifs ne peuvent épuiser l'être extensivement : il n'y aurait qu'une extension ou multiplication infinie d'êtres distingués les uns des autres qui épuiserait l'être pris extensivement; en un mot, un seul infini intensif épuise l'être intensivement, et il faudrait de même un infini extensif, c'est-à-dire une infinité d'êtres réellement distingués les uns des autres, pour épuiser l'être pris extensivement. Mais le nombre infini d'êtres distingués les uns des autres est impossible, parce qu'il est essentiel à l'infini d'être indivisible, et par conséquent sans aucun nombre. Dès qu'on mettrait la moindre distinction ou divisibilité, c'est-à-dire le moindre nombre ou répétition d'unités dans l'infini, on le détruirait : car on pourrait retrancher une unité après laquelle l'infini amoindri ne serait plus infini, et par conséquent il ne l'aurait jamais été; car un tout qui est fini après le retranchement d'une partie bornée ne pouvait être infini quand cette partie bornée y était. Deux finis ne peuvent jamais faire un infini. De là il faut conclure que tout être composé de parties, et qui renferme un vrai nombre, ne peut jamais être que fini.

Ce principe évident posé, je conclus trois choses. 1° S'il y avait plusieurs infinis, ils n'en pourraient jamais faire qu'un seul. 2° Ils feraient moins qu'un seul infini; car le total de ces infinis rassemblés serait une composition et un nombre : donc le tout serait fini. 3° Un seul infini est conçu plus parfait que plusieurs infinis distingués ne peuvent l'être : donc plusieurs sont impossibles; car ils ne seraient pas dans la plus haute perfection qu'on puisse concevoir.

J'avoue qu'un seul infini, ni cent mille infinis n'épuisent pas l'être extensivement; car, en tant que distingués les uns des autres, ils ne sont que le nombre de cent mille, qui est un nombre borné en eux, comme il le serait dans des hommes. Mais je trouve que la nature de l'infini est d'être essentiellement un, et incompatible avec un autre infini. Je ne puis admettre l'infini que par l'idée que j'en ai, et l'idée que j'en ai exclut évidemment toute multiplication, même extensive, de l'infini. Cette multiplication qui semble d'abord possible du côté par où l'infini semble fini, qui est le nombre, se trouve néanmoins absolument impossible par la véritable nature de l'infini, qui est essentiellement sans bornes en tout genre réel. Qui dit infini dit ce qui n'a aucune borne en aucun sens concevable : l'infini est donc infini par son unité même. Cette unité n'est pas, comme les unités bornées, un commencement de nombre auquel on peut ajouter : c'est une unité pleine et infinie, à laquelle vous ne pouvez ajouter qu'en la détruisant par une contradiction grossière. C'est se tromper à plaisir que de s'imaginer Dieu un, comme chaque individu créé est un. De telles unités sont les derniers êtres ; car un est le plus bas degré des nombres : tout pluriel est au-dessus de telles unités. Concevoir Dieu comme étant un de cette façon, c'est n'en avoir aucune idée. L'un infini épuise tous les nombres et n'en admet aucun, comme l'immensité renferme toutes les étendues sans en admettre aucune, et comme l'éternité renferme toutes les successions[1] sans en admettre jamais l'ombre. Cette unité, qui est infinie et infiniment une, ne peut être plus une qu'elle l'est.

Voici donc la contradiction qui se trouve à admettre plusieurs infinis. D'un côté, le total de ces infinis ne serait pas souverainement un ; il ne serait rien moins que la suprême unité que je cherche, et qui seule remplit mon idée. D'un autre côté, chacune de ces unités ne serait pas aussi infinie qu'elle pourrait l'être ; car une unité qui en exclut toute autre en tout genre est encore plus infinie que celle qui peut avoir une égale : or, ce qui nous paraît le plus infini est le seul infini véritable : il n'y aurait donc ni unité pleinement infinie en tout genre, qui est le seul véritable infini, ni infini souverainement un, en sorte qu'on ne pût rien concevoir de plus un, de plus simple, de plus

1. C'est-à-dire tout ce que nous appelons temps ou durée. L'éternité est à Dieu ce que le temps est à la créature. Il n'y a aucune mesure entre l'éternité et le temps : car l'éternité est infinie, une, indivisible et incommensurable. Le temps, au contraire, est successif, mobile, borné et divisible. Saint Thomas a marqué nettement cette différence. *Summa Theologiæ*, pars prima, quæst. x, de æternitate Dei.

indivisible, de moins composé par des nombres. Il faut donc conclure que cette objection, qui n'est rien dans son fond, n'est fortifiée que par une grossière habitude de mon imagination, qui, par la règle commune des nombres pour les choses finies, ajoute toujours de nouvelles unités à la première unité conçue. L'un infini est plus que toutes les pluralités; il ne souffre aucune addition; il n'est point un à notre mode pour n'être qu'un : il est un pour être tout. Cet un infini et infiniment un peut faire des êtres distingués de lui et bornés; mais ces êtres ne sont point une addition à son infini; car le fini joint à l'infini ne fait rien : il ne peut y avoir entre eux aucune mesure; c'est un être d'un autre ordre, qui ne peut faire avec lui ni composition, ni addition, ni nombre. Mais deux infinis seraient égaux; ils feraient un nombre véritable, et par conséquent fini : ils seraient parties de ce tout dont l'idée est présente à mon esprit quand je prononce le mot d'infini. Les deux ensemble ne seraient réellement qu'un seul infini; il faudrait ou qu'on ne pût ni les diviser ni les distinguer par l'idée, auquel cas ce ne serait plus qu'un seul et même être infiniment simple, ou qu'ils fissent une composition d'un seul infini dont ils seraient les parties, auquel cas se serait un tout divisible, nombrable et borné. Voilà la conclusion où je retombe toujours invinciblement. Donc il n'y a et il ne peut y avoir qu'un seul infini, qui est une unité d'une autre nature que toutes les autres, et qui ne souffre d'addition en aucun genre[1].

Après cet examen, je n'ai pas besoin de raisonner sur la multitude des dieux, dont les poëtes ont fait divers degrés[2]. Il ne peut y avoir qu'un seul infini : tout ce qui n'est pas cet unique infini est fini; tout ce qui est fini est infiniment au-dessous de l'infini. Donc il y a la plus essentielle des différences entre le plus parfait des êtres finis qui sont possibles et concevables et cet unique infini par qui seul tous ces êtres peuvent être possibles. Donc tous ces êtres,

1. Cette démonstration de l'unité de Dieu ne laisse pas d'être un peu prolixe. Quelques traits fermes et précis toucheraient et éclaireraient davantage.
2. Il y a trois degrés dans la Théogonie païenne : 1° les grands dieux; 2° les dieux secondaires; 3° les demi-dieux. Le nombre des grands dieux et des dieux secondaires est limité; le nombre des demi-dieux est illimité. Mais au fond, il n'y a qu'un Dieu, le *Destin* (Voir nos Éléments de logique, ch. XVIII).

quoique inégaux entre eux, sont tous égaux par comparaison à l'infini, puisqu'ils lui sont tous infiniment inférieurs, et que toutes ces infériorités sont égales en tant qu'infinies; car il ne peut y avoir d'inégalité entre des infinis. Donc tout être, si parfait qu'on le conçoive, s'il n'est point l'unique infini, n'est devant lui que comme un néant, et, loin de mériter un nom et un honneur commun avec lui, ne peut servir qu'à être devant lui comme s'il n'était pas.

Quelle folie donc d'adorer plusieurs dieux! Pourquoi en croirais-je plus d'un? L'idée de la souveraine perfection ne souffre que l'unité. O vous, Être infini qui vous montrez à moi, vous êtes tout, et il ne faut plus rien chercher après vous. Vous remplissez toutes choses, et il ne reste plus de place, ni dans l'univers ni dans mon esprit même, pour une autre perfection égale à la vôtre. Vous épuisez toute ma pensée. Tout ce qui n'est pas vous est infiniment moins que vous. Tout ce qui n'est pas vous-même n'est qu'une ombre de l'être, un être à demi tiré du néant, un rien dont il vous plaît de faire quelque chose pour quelques moments.

O être seul digne de ce nom! qui est semblable à vous? Où sont donc ces vains fantômes de divinité que l'on a osé comparer à vous? Vous êtes, et tout le reste n'est point devant vous. Vous êtes, et tout le reste, qui n'est que par vous, est comme s'il n'était pas. C'est vous qui avez fait ma pensée : c'est vous seul qu'elle cherche et qu'elle admire. Si je suis quelque chose, ce quelque chose sort de vos mains. Il n'était point, et par vous il a commencé à être. Il sort de vous, et il veut retourner à vous. Recevez donc ce que vous avez fait; reconnaissez votre ouvrage. Périssent tous les faux dieux qui sont les vaines images de votre grandeur! Périsse tout être qui veut être pour soi-même, ou qui veut que quelque autre être soit pour lui! Périsse, périsse tout ce qui n'est point à celui qui a tout fait par lui-même! Périsse toute volonté monstrueuse [1] et égarée qui n'aime point l'unique bien pour l'amour duquel tout ce qui est a reçu l'être!

---

1. C'est-à-dire contre nature, car elle n'aspire point à Dieu qui est la vraie fin de l'homme.

Art. II. — *Simplicité de Dieu*[1].

Je conçois clairement, par toutes les réflexions que j'ai déjà faites, que le premier être est souverainement un et simple ; d'où il faut conclure que toutes ces perfections n'en font qu'une, et que si je les multiplie, c'est par la faiblesse de mon esprit, qui, ne pouvant d'une seule vue embrasser le tout qui est infini et parfaitement un, le multiplie pour se soulager, et le divise en autant de parties qu'il a de rapports à diverses choses hors de lui. Ainsi je me représente en lui autant de degrés d'être qu'il en a communiqué aux créatures qu'il a produites, et une infinité d'autres qui correspondent aux créatures plus parfaites, en remontant jusqu'à l'infini, qu'il pourrait tirer du néant.

Tout de même je me représente cet être unique par diverses faces, pour ainsi dire, suivant les divers rapports qu'il a à ses ouvrages : c'est ce qu'on nomme perfections ou attributs. Je donne à la même chose divers noms, suivant ses divers rapports extérieurs ; mais je ne prétends point, par ces divers noms, exprimer des choses réellement diverses[2].

Dieu est infiniment intelligent, infiniment puissant, infiniment bon : son intelligence, sa volonté, sa bonté, sa puissance, ne sont qu'une même chose. Ce qui pense en lui est la même chose qui veut ; ce qui agit, ce qui peut et qui fait tout est précisément la même chose qui pense et qui veut ; ce qui prépare, ce qui arrange et qui conserve tout est la même chose qui détruit ; ce qui punit est la même chose qui pardonne et qui redresse ; en un mot, en lui tout est un d'une suprême unité.

Il est vrai que, malgré cette unité suprême, j'ai un fondement de distinguer ces perfections et de les considérer

---

1. A rigoureusement parler, la simplicité n'est pas un attribut distinct de l'unité. Un être infini est un, partant simple et indivisible. Ce chapitre n'est donc, en grande partie, qu'un développement du précédent.

2. Il en est de même pour l'âme humaine (Voir nos Eléments de logique, ch. xvii, *De la liberté et de la spiritualité de l'âme*).

l'une sans l'autre, quoique l'une soit l'autre réellement. C'est qu'en lui, comme je l'ai remarqué, l'unité est équivalente et infiniment supérieure à la multitude. Ainsi je distingue ces perfections, non pour me représenter qu'elles ont quelque ombre de distinction entre elles, mais pour les considérer par rapport à cette multitude de choses créées que l'unité souveraine surpasse infiniment. Cette distinction des perfections divines, que j'admets en considérant Dieu, n'est donc rien de vrai en lui[1] ; et je n'aurais aucune idée de lui, dès que je cesserais de le croire souverainement un. Mais c'est un ordre et une méthode que je mets par nécessité dans les opérations bornées et successives de mon esprit, pour me faire des espèces d'entrepôts dans ce travail, et pour contempler l'infini à diverses reprises, en le regardant par rapport aux diverses choses qu'il fait hors de lui.

Il ne faut point s'étonner que, quand je contemple la Divinité, mon opération ne puisse point être aussi une que mon objet. Mon objet est infini et infiniment un ; mon esprit et mon opération ne sont ni infinis, ni infiniment uns : au contraire, ils sont infiniment bornés et multipliés.

O unité infinie ! je vous entrevois, mais c'est toujours en me multipliant. Universelle et indivisible vérité ! ce n'est pas vous que je divise ; car vous demeurez toujours une et tout entière, et je croirais faire un blasphème que de croire en vous quelque composition. Mais c'est moi, ombre de l'unité, qui ne suis jamais entièrement un. Non, je ne suis qu'un amas et un tissu de pensées et successives et imparfaites[2]. La distinction qui ne peut se trouver dans vos perfections se trouve réellement dans mes pensées, qui tendent vers vous, et dont aucune ne peut atteindre jusqu'à la suprême unité. Il faudrait être un autant que vous, pour vous voir d'un seul regard indivisible dans votre unité infinie[3].

O multiplicité créée, que tu es pauvre dans ton abon-

---

1. Cette opération intellectuelle est ce que nous appelons l'*abstraction*.

2. Cependant mon âme est une ; et toute bornée et changeante qu'elle est, elle est une image de l'unité infinie et immuable.

3. Intelligamus Deum, quantum possumus, sine qualitate bonum, sine

dance apparente! Tout nombre est bientôt épuisé; toute composition a des bornes étroites; tout ce qui est plus d'un est infiniment moins qu'un. Il n'y a que l'unité; elle seule est tout, et après elle il n'y a plus rien. Tout le reste paraît exister, et on ne sait précisément où il existe, ni quand il existe. En divisant toujours, on cherche toujours l'être qui est l'unité, et on le cherche sans le trouver jamais. La composition n'est qu'une représentation et une image trompeuse de l'être. C'est un je ne sais quoi, qui fond dans mes mains dès que je le presse. Lorsque j'y pense le moins, il se présente à moi, je n'en puis douter: je le tiens; je dis: Le voilà. Veux-je le saisir encore de plus près et l'approfondir, je ne sais plus ce qu'il devient; et je ne puis me prouver à moi-même que ce que je tiens a quelque chose de certain, de précis et de consistant. Ce qui est réel n'est point plusieurs; il est singulier, et n'est qu'une seule chose. Ce qui est vrai et réel doit sans doute être précisément soi-même et rien au delà. Mais où trouverons-nous cet être réel et précis de chaque chose, qui la distingue de toute autre? pour y parvenir, il faut arriver jusqu'à la réelle et véritable unité. Cette unité, où est-elle? Par conséquent, où sera donc l'être et la réalité des choses?

O Dieu! il n'y a que vous. Moi-même, je ne suis point, je ne puis me trouver dans cette multitude de pensées successives, qui sont tout ce que je puis trouver de moi. L'unité, qui est la vérité même, se trouve si peu en moi, que je ne puis concevoir l'unité suprême qu'en la divisant et en la multipliant, comme je suis moi-même multiplié. A force d'être plusieurs pensées, dont l'une n'est point l'autre, je ne suis plus rien, et je ne puis pas même voir d'une seule vue celui qui est un, parce qu'il est un, et que je ne le suis pas. Oh! qui me tirera des nombres, des compositions et des successions, qui sentent si fort le néant? Plus on multiplie les nombres, plus on s'éloigne de l'être précis et réel qui n'est que dans l'unité.

---

quantitate magnum, sine indigentia creatorem, sine situ præcidentem, sine habitu omnia continentem, sine loco ubique totum, sine tempore sempiternum, sine nulla sui mutatione mutabilia facientem. (S. Aug., *De Trinit.*, l. V, c. 2.)

Les compositions ne sont que des assemblages de bornes ; tout y porte le caractère du néant ; c'est un je ne sais quoi qui n'a aucune consistance, qui échappe de plus en plus à mesure que l'on s'y enfonce et qu'on y veut regarder de plus près. Ce sont des nombres magnifiques, et qui semblent promettre les unités qui les composent ; mais ces unités ne se trouvent point. Plus on presse pour les saisir, plus elles s'évanouissent. La multitude augmente toujours, et les unités, seuls véritables fondements de la multitude, semblent fuir et se jouer de notre recherche. Les nombres successifs s'enfuient aussi toujours : celui dont nous parlons, pendant que nous en parlons, n'est déjà plus : celui qui le touche, à peine est-il et il finit ; trouvez-le si vous pouvez : le chercher, c'est l'avoir déjà perdu. L'autre qui vient n'est pas encore : il sera, mais il n'est rien ; et il fera néanmoins un tout avec les autres qui ne sont plus rien. Quel assemblage de ce qui n'est plus, de ce qui cesse actuellement d'être et de ce qui n'est pas encore ! C'est pourtant cette multitude de néants qui est ce que j'appelle moi [1] : elle contemple l'être ; elle le divise pour le contempler ; et en le divisant elle confesse que la multitude ne peut contempler l'unité indivisible.

Art. III. — *Immutabilité et éternité de Dieu* [2].

Quoique je ne puisse voir d'une vue assez simple la souveraine simplicité de Dieu, je conçois néanmoins comment toute la variété des perfections que je lui attribue se réunit dans un seul point essentiel. Je conçois en lui une première chose, qui est lui-même tout entier, si je l'ose dire, et dont toutes les autres résultent. Posez ce premier point, tout le reste s'ensuit clairement et immédiatement. Mais quel est-il, ce premier point ? C'est celui-là même par lequel nous avons commencé, et qui m'a découvert la nécessité d'un premier être.

Être par soi-même, c'est la source de tout ce que je trouve en Dieu : c'est par là que j'ai reconnu qu'il est infi-

1. Voir la note 2, p. 172. | 2. Voir la note 1, p. 184.

niment parfait. Ce qui a l'être par soi existe au suprême degré, et par conséquent possède la plénitude de l'être. On ne peut atteindre au suprême degré et à la plénitude de l'être que par l'infini ; car aucun fini n'est jamais ni plein ni suprême, puisqu'il y a toujours quelque chose de possible au-dessus. Donc il faut que l'être par soi-même soit un être infini.

S'il est un être infini, il est infiniment parfait ; car l'être, la bonté et la perfection sont la même chose. D'ailleurs, on ne peut rien concevoir de plus parfait que d'être par soi ; et toute perfection d'un être qui n'est point par soi, quelque haute qu'on se la représente, est infiniment au-dessous de celle d'un être qui est par lui-même : donc l'être qui est par lui-même, et par qui tout ce qui n'est point lui existe, est infiniment parfait.

Il faut même, pour faciliter cette discussion en réglant les termes dont je suis obligé de me servir, arrêter, une fois pour toutes, qu'à l'avenir ces manières de m'exprimer, *être par soi-même, être nécessaire, être infiniment parfait, premier être, première cause, et Dieu,* sont des termes absolument synonymes.

De cette idée de l'être nécessaire j'ai tiré la simplicité et l'unité de Dieu : sa simplicité, parce que rien de composé ne peut être ni infiniment parfait ni même infini ; son unité, puisque, s'il y avait deux êtres nécessaires et indépendants l'un de l'autre, chacun d'eux serait moins parfait dans cette puissance partagée qu'un seul qui la réunit tout entière. Maintenant examinons les autres perfections que je dois lui attribuer.

Il est immuable[1]. Ce qui est par soi ne peut jamais être conçu autrement : il a toujours la même raison d'exister, et la même cause de son existence, qui est son essence même : il est donc immuable dans son existence. Il n'est pas moins incapable de changement pour les manières

---

[1]. Dieu est tout à la fois immuable et actif. Il pense, il crée, il veille sur sa créature et la dirige. « A qui persuaderez-vous, dit Platon, que le mouvement, la vie, la pensée, l'intelligence ne conviennent pas à l'être absolu ? que cet être ne vit, ni ne pense, et qu'il demeure immobile sans participer à l'auguste et sainte intelligence ? »

d'être que pour le fond de l'être. Dès qu'on le conçoit infini et infiniment simple, on ne peut plus lui attribuer aucune modification ; car les modifications sont des bornes de l'être. Être modifié d'une telle façon, c'est être de cette façon, à l'exclusion de toutes les autres. L'infini parfait ne peut donc avoir aucune modification, et par conséquent n'en saurait changer ; il n'en peut avoir non plus pour ses parties que pour son tout, puisqu'il n'a aucune partie : donc il est simplement et absolument immuable[1].

Ce qu'il produit hors de lui est toujours fini. La créature ayant des bornes dans son être, elle a par conséquent des modifications : n'étant pas tout être, il faut qu'elle soit quelque être particulier ; il faut qu'elle soit resserrée dans les bornes étroites de quelque manière précise d'être. Il n'y a que celui qui est tout qui n'est jamais rien de singulier, et qui efface toutes les distinctions : il est l'être simple et sans restriction.

Quoique chaque modification prise en particulier ne soit pas essentielle à la créature, parce qu'elle n'a rien en soi de nécessaire, rien qui ne soit contingent et variable au gré de celui qui l'a produite, il lui est néanmoins essentiel d'avoir toujours quelque modification. Ce qui n'est point par soi ne peut jamais être tout être, ce qui n'est point tout être ne peut exister qu'avec une borne ; vous pouvez changer sa borne, mais il lui en faut toujours une nécessairement.

Aussitôt que j'ai reconnu que la créature est essentiellement bornée, et changeante par la mutabilité de ses bornes, je trouve ce que c'est que le temps. Le temps, sans en chercher une définition plus exacte, est le changement de la créature[2]. Qui dit changement dit succession ; car, ce qui change passe nécessairement d'un état à un autre : l'état d'où l'on sort précède, et celui où l'on entre suit. Le temps est le changement de l'être créé : le temps est la négation d'une chose très-réelle et souverainement posi-

---

[1]. Substantiam Dei sine ulla sui commutatione mutabilia facientem, et sine ullo protemporali motu temporalia creantem, intueri et nosse, licet sit difficile, oportet. (PETRI LOMBARDI *de Mysterio Trinitatis*, l. I, distinct. VIII.)

[2]. Cette définition rappelle celle d'Aristote : « Le temps est la mesure du mouvement. » Voir la note 1, p. 182.

tive, qui est la permanence de l'être : ce qui est permanent d'une absolue permanence n'a en soi ni avant ni après, ni plus tôt, ni plus tard. La non-permanence est le changement ; c'est la défaillance de l'être, ou la mutation d'une manière en une autre : mais enfin toute mutation renferme une succession et toute existence bornée emporte une durée divisible et plus ou moins longue.

Il y a des changements incertains, que l'on mesure par d'autres qui sont certains et réglés : comme on peut mesurer une promenade ou un travail qu'on fait, ou une conversation dont on s'occupe, par le cours des astres, par une pendule, ou par une horloge de sable. C'est un changement ou un mouvement incertain d'un être qu'on mesure par un autre mouvement plus précis et plus uniforme. Quand même les êtres créés ne changeraient point de modifications, il ne laisserait pas d'y avoir, quant au fond de la substance, une mutation continuelle. Voici comment :

C'est que la création de l'être qui ne l'est point par lui-même n'est pas absolue et permanente : l'être qui l'est par lui-même ne tire point du néant des êtres qui ensuite subsistent par eux-mêmes hors du néant d'une manière fixe ; ils ne peuvent continuer à exister qu'autant que l'être nécessaire les soutient hors du néant ; ils n'en sont jamais dehors par eux-mêmes : donc ils n'en sont dehors que par un don actuel de l'être. Ce don actuel est libre, et par conséquent révocable : s'il est libre et révocable, il peut être plus ou moins long, il est divisible ; dès qu'il est divisible, il renferme une succession ; dès qu'on y met une succession, voilà un tissu de créations successives. Ainsi, ce n'est point une existence fixe et permanente ; ce sont des existences bornées et divisibles qui se renouvellent sans cesse par de nouvelles créations [1].

[1] « L'auteur et le père du monde voyant cette image des dieux éternels (c'est-à-dire le monde, image des idées), en mouvement et vivante, se réjouit, et dans sa joie, il pensa à la rendre encore plus semblable à son modèle ; et celui-ci étant un animal éternel, il chercha à donner à l'univers toute la perfection possible. La nature du modèle étant éternelle, et le caractère d'éternité ne pouvant s'adapter entièrement à ce qui a commencé, Dieu résolut donc de faire *une image mobile de l'éternité* ; et par la disposition qu'il mit entre toutes les parties de l'univers, il fit de l'éternité qui repose dans l'unité cette image éternelle, mais divisible, que nous appelons le temps. Avec le

Il est donc certain que tout est successif dans la créature, non-seulement la variété des modifications, mais encore le renouvellement continuel d'une existence bornée. Cette non-permanence de l'être créé est ce que j'appelle le temps. Ainsi, loin de vouloir connaître l'éternité par le temps, comme je suis tenté de le faire, il faut au contraire connaître le temps par l'éternité : car on peut connaître le fini par l'infini, en y mettant une borne ou une négation; mais on ne peut jamais connaître l'infini par le fini, car une borne ou négation ne donne aucune idée de ce qui est souverainement positif.

Cette non-permanence de la créature est donc ce que je nomme le temps; par conséquent la parfaite et absolue permanence de l'être nécessaire et immuable est ce que je dois nommer l'éternité. Dieu ne peut changer de modifications puisqu'il n'en peut jamais avoir aucune, le vrai infini ne souffrant point de bornes dans son être. Il ne peut avoir aucune borne dans son existence, par conséquent il ne peut avoir aucun temps ni durée : car ce que j'appelle durée, c'est une existence divisible et bornée; c'est ce qui est précisément opposé à la permanence. Il est donc permanent et fixe dans son existence.

J'ai déjà remarqué que comme tout être divisible est borné, aussi tout véritable infini est indivisible. L'existence divine qui est infinie est donc indivisible. Si elle n'est point divisible comme l'existence bornée des créatures dans lesquelles il y a ce qu'on appelle la partie antérieure et la partie postérieure [1], il s'ensuit donc que cette existence infinie est toujours tout entière. Celle des créatures

---

monde naquirent les jours, les nuits, les mois et les années qui n'existaient point auparavant. Ce ne sont là que des parties du temps; le passé, le futur en sont des formes passagères que, dans notre ignorance, nous transportons mal à propos à la substance éternelle; car nous avons l'habitude de dire : elle fut, elle est et sera; *elle est*, voilà ce qu'il faut dire en vérité. Le passé et le futur ne conviennent qu'à la génération qui se succède dans le temps, car ce sont des mouvements. Mais la substance éternelle, toujours la même et immuable, ne peut devenir ici plus vieille, ni plus jeune, de même qu'elle n'est, ni ne fut, ni ne sera jamais que dans le temps. Elle n'est sujette à aucun des accidents que la génération impose aux choses sensibles, à ces formes du temps qui imite l'éternité et se meut dans un cercle mesuré par le nombre. » PLATON, *Timée*.

1. La partie *antérieure* est ce qui précède le moment actuel; la partie *postérieure* est la durée qui succède au présent.

n'est jamais toute à la fois, ses parties ne peuvent se réunir ; l'une exclut l'autre, et il faut que l'une finisse afin que l'autre commence.

La raison de cette incompatibilité entre ces parties d'existence est que le Créateur ne donne qu'avec mesure l'existence à sa créature : dès qu'il la lui donne bornée, il la lui donne divisible en parties, dont l'une n'est pas l'autre. Mais pour l'être nécessaire, infini et immuable, c'est tout le contraire ; son existence est infinie et indivisible. Ainsi, non-seulement il n'y a point d'incompatibilité dans les parties de son existence, comme dans celles de l'existence de la créature ; mais, pour parler correctement [1], il faut dire que son existence n'a aucunes parties : elle est essentiellement toujours tout entière.

C'est donc retomber dans l'idée du temps et confondre tout, que de vouloir encore imaginer en Dieu rien qui ait rapport à aucune succession. En lui rien ne dure, parce que rien ne passe ; tout est fixe, tout est à la fois, tout est immobile. En Dieu rien n'a été, rien ne sera ; mais tout est. Supprimons donc pour lui toutes les questions que l'habitude et la faiblesse de l'esprit fini, qui veut embrasser l'infini à sa mode étroite et raccourcie, me tenterait de faire. Dirai-je, ô mon Dieu ! que vous aviez déjà eu une éternité d'existence en vous-même avant que vous m'eussiez créé, et qu'il vous reste encore une autre éternité, après ma création, où vous existez toujours ? Ces mots de déjà et d'après sont indignes de *Celui qui est* [2]. Vous ne pouvez souffrir aucun passé et aucun avenir en vous. C'est une folie que de vouloir diviser votre éternité, qui est une permanence indivisible : c'est vouloir que le rivage s'enfuie, parce qu'en descendant le long d'un fleuve je m'éloigne toujours de ce rivage qui est immobile. Insensé que je suis ! je veux, ô immobile vérité ! vous attribuer l'être borné, changeant et successif de votre créature ! Vous n'avez en vous aucune mesure dont on puisse mesurer votre existence, car elle n'a ni bornes ni parties, vous n'avez rien de

---

1. C'est-à-dire exactement, ou conformément à la vérité.

1. Expression de l'Ecriture sainte, où parlant de lui-même, Dieu dit : *Ego sum qui sum*, je suis celui qui suis.

mesurable; les mesures mêmes qu'on peut tirer des êtres bornés, changeants, divisibles et successifs, ne peuvent servir à vous mesurer, vous qui êtes infini, indivisible, immuable et permanent.

Comment dirai-je donc que la courte durée de la créature est par rapport à votre éternité? N'étiez-vous pas avant moi? Ne serez-vous pas après moi? Ces paroles tendent à signifier quelque vérité; mais elles sont, à la rigueur, indignes et impropres : ce qu'elles ont de vrai, c'est que l'infini surpasse infiniment le fini, qu'ainsi votre existence infinie surpasse infiniment en tout sens mon existence, qui, étant bornée, a un commencement, un milieu et une fin.

Mais il est faux que la création de votre ouvrage partage votre éternité en deux éternités. Deux éternités ne feraient pas plus qu'une seule : une éternité partagée qui aurait une partie antérieure et une partie postérieure ne serait plus une véritable éternité; en voulant la multiplier on la détruirait, parce qu'une partie serait nécessairement la borne de l'autre par le bout où elles se toucheraient. Qui dit éternité, s'il entend ce qu'il dit, ne dit que ce qui est, rien au delà; car tout ce qu'on ajoute à cette infinie simplicité l'anéantit : qui dit éternité ne souffre plus le langage du temps. Le temps et l'éternité sont incommensurables : ils ne peuvent être comparés; et on est séduit par sa propre faiblesse toutes les fois qu'on imagine quelque rapport entre des choses si disproportionnées.

Vous avez néanmoins, ô mon Dieu! fait quelque chose hors de vous; car je ne suis pas vous, et il s'en faut infiniment. Quand est-ce donc que vous m'avez fait? Est-ce que vous n'étiez pas avant que de me faire? Mais que dis-je, me voilà déjà retombé dans mon illusion, et dans les questions du temps : je parle de vous comme de moi, ou comme de quelque autre être passager que je pourrais mesurer avec moi. Ce qui passe peut être mesuré avec ce qui passe; mais ce qui ne passe point est hors de toute mesure et de toute comparaison avec ce qui passe : il n'est permis de demander ni quand il a été, ni s'il était avant ce qui n'est pas ou qui n'est qu'en passant. Vous êtes, et c'est tout. Oh! que j'aime cette parole, et qu'elle me remplit pour tout ce que j'ai à connaître de vous. Vous êtes *Celui qui est*. Tout ce qui n'est point cette parole vous dégrade : il n'y a qu'elle qui vous ressemble : en n'ajoutant au mot d'*être*, elle ne diminue en rien votre grandeur. Elle est, je l'ose dire, cette parole, infiniment parfaite comme vous : il n'y a que vous qui puissiez parler ainsi, et renfermer votre infini dans trois mots si simples.

Je ne suis pas, ô mon Dieu, ce qui est : hélas! je suis presque ce qui n'est pas. Je me vois comme un milieu incompréhensible entre le néant et l'être : je suis celui qui a été; je suis celui qui sera; je suis celui qui n'est plus ce qu'il a été; je suis celui qui n'est pas encore ce qu'il sera : et dans cet entre-deux que suis-je? Un je ne sais quoi qui ne peut s'arrêter en soi, qui n'a aucune consistance, qui s'écoule rapidement comme l'eau; un je ne sais quoi que je ne puis saisir, qui s'enfuie de mes propres mains, qui n'est plus dès que je veux le saisir ou l'apercevoir; un je ne sais quoi qui finit dans l'instant même où il commence; en sorte que je ne puis jamais un seul moment me trouver moi-même fixe et présent à moi-même pour me dire simplement, *Je suis*. Ainsi ma durée n'est qu'une défaillance perpétuelle[1].

Oh! que je suis loin de votre éternité, qui est indivisible, infinie, et toujours présente tout entière! que je suis même bien éloigné de la comprendre! elle m'échappe à force d'être vraie, simple et immense; comme mon être m'échappe à force d'être composé de parties, mêlé de vérité et de mensonge, d'être et de néant. C'est trop peu que de dire de vous que vous étiez des siècles infinis avant que je fusse. J'aurais honte de parler ainsi; car c'est mesurer l'infini avec le fini, qui est un demi-néant. Quand je crains de dire que vous étiez avant que je fusse, ce n'est pas pour douter que, vous existant, vous ne m'ayez créé, moi qui

---

[1]. Il ne faut voir dans ce passage qu'une vive peinture de notre instabilité. A rigoureusement parler, je me trouve, à chaque moment de la durée, identique à moi-même, c'est-à-dire persistant dans l'unité. — Voir nos Eléments de Logique, ch. XVII, *Démonstration de la spiritualité de l'âme*.

n'existais pas; mais c'est pour éloigner de moi toutes les idées imparfaites qui sont indignes de vous. Dirai-je que vous étiez avant moi? Non, car voilà deux termes que je ne puis souffrir. Il ne faut pas dire, *vous étiez;* car *vous étiez* marque un temps passé et une succession. Vous êtes; et il n'y a qu'un présent immobile, indivisible et infini, que l'on puisse vous attribuer. Pour parler dans la rigueur des termes, il ne faut point dire que vous avez toujours été; il faut dire que vous êtes; et ce terme de *toujours,* qui est si fort pour la créature, est trop faible pour vous; car il marque une continuité, et non pas une permanence: il vaut mieux dire simplement et sans restriction que vous êtes.

O Être! ô Être! votre éternité, qui n'est que votre être même, m'étonne; mais elle me console. Je me trouve devant vous comme si je n'étais pas; je m'abîme dans votre infini: loin de mesurer votre permanence par rapport à ma fluidité[1] continuelle, je commence à me perdre de vue, à ne me trouver plus, et à ne voir en tout que ce qui est, je veux dire vous-même.

Ce que j'ai dit du passé, je le dis de même de l'avenir. On ne peut point dire que vous serez après ce qui se passe; car vous ne passez point: ainsi vous ne serez pas, mais vous êtes, et je me trompe toutes les fois que je sors du présent en parlant de vous. On ne dit point d'un rivage immobile qu'il devance ou qu'il suit les flots d'une rivière: il ne devance ni ne suit, car il ne marche point. Ce que je remarque de ce rivage par rapport à l'immobilité locale, je le dois dire de l'être infini par rapport à l'immobilité d'existence. Ce qui passe a été et sera, et passe du prétérit au futur par un présent imperceptible qu'on ne peut jamais assigner. Mais ce qui ne passe point existe absolument, et n'a qu'un présent infini. Il est, et c'est tout ce qu'il est permis d'en dire: il est sans temps dans tous les temps de la créature. Quiconque sort de cette simplicité tombe de l'éternité dans le temps.

Il n'y a donc en vous, ô vérité infinie! qu'une existence

1. De *fluere,* couler, passer.

indivisible et permanente. Ce qu'on appelle éternité *a parte post*, et éternité *a parte ante* [1], n'est qu'une illusion grossière : il n'y a en vous non plus de milieu que de commencement et de fin. Ce n'est donc point au milieu de votre éternité que vous avez produit quelque chose hors de vous.

Je le dirai trois fois, mais ces trois fois n'en font qu'une; les voici : O permanente et infinie vérité ! *vous êtes,* et rien n'est hors de vous : *vous êtes,* et ce qui n'était pas commence à être hors de vous : *vous êtes,* et ce qui était hors de vous cesse d'être. Mais ces trois répétitions de ces termes *vous êtes,* ne font qu'un seul infini qui est indivisible [2]. C'est cette éternité même qui reste encore toute entière; il n'en est point écoulé une moitié, car elle n'a aucune partie : ce qui est essentiellement toujours tout présent ne peut jamais être passé. O éternité ! je ne puis vous comprendre, car vous êtes infinie: mais je conçois tout ce que je dois exclure de vous pour ne vous méconnaître jamais.

Cependant, ô mon Dieu ! quelque effort que je fasse pour ne point multiplier votre éternité par la multitude de mes pensées bornées, il m'échappe toujours de vous faire semblable à moi, et de diviser votre existence indivisible. Souffrez donc que j'entre encore une fois dans votre lumière inaccessible, dont je suis ébloui.

N'est-il pas vrai que vous avez pu créer une chose avant que d'en créer une autre? Puisque cela est possible, je suis en droit de le supposer. Ce que vous n'avez pas fait encore ne viendra sans doute qu'après ce que vous avez déjà fait. La création n'est pas seulement la créature produite hors de vous; elle renferme aussi l'action par la-

---

1. L'éternité est indivisible. Ce qu'on appelle dans l'école éternité *a parte post* ou éternité postérieure, et ce qu'on appelle éternité *a parte ante* ou éternité antérieure, sont des mots vides de sens ou des idées qui ne se peuvent concilier avec la conception d'un être infini et parfait.
2. « L'idée de l'éternité et celle de l'existence par soi-même ont entre elles une connexion si intime, que si vous posez l'éternité d'un être indépendant, qui n'a aucune cause extérieure de son existence, vous posez par le même moyen son existence par lui-même; et si vous établissez la nécessité d'un être existant par lui-même, vous établissez aussi qu'il doit être nécessairement éternel. » CLARKE, *de l'existence de Dieu,* c. VI.

quelle vous produisez cette créature. Si vos créations sont les unes plus tôt que les autres, elles sont successives : si vos actions sont successives, voilà une succession en vous; et par conséquent voilà le temps dans l'éternité même.

Pour démêler cette difficulté, je remarque qu'il y a entre vous et vos ouvrages toute la différence qui doit être entre l'infini et le fini, entre le permanent et le fluide ou successif. Ce qui est fini et divisible peut-être comparé et mesuré avec ce qui est fini et divisible : ainsi vous avez mis un ordre et un arrangement dans vos créatures par le rapport de leurs bornes; mais cet ordre, cet arrangement, ce rapport qui résulte des bornes, ne peut jamais être en vous, qui n'êtes ni divisible ni borné. Une créature peut donc être plus tôt que l'autre, parce que chacune d'elles n'a qu'une existence bornée; mais il est faux et absurde de penser que vous soyez créant plutôt l'une que l'autre. Votre action par laquelle vous créez est vous-même; autrement vous ne pourriez agir sans cesser d'être simple et indivisible. Il faut donc concevoir que vous êtes éternellement créant tout ce qu'il vous plaît de créer[1].

De votre part, vous créez éternellement par une action simple, infinie et permanente, qui est vous-même : de sa part, la créature n'est pas créée éternellement; la borne est en elle, et point dans votre action. Ce que vous créez éternellement n'est que dans un temps : c'est que l'existence infinie et indivisible ne communique au dehors qu'une existence divisible et bornée. Vous ne créez donc point une chose plus tôt que l'autre, quoiqu'elle doive exister deux mille ans plus tôt. Ces rapports sont entre vos ouvrages; mais ces rapports de bornes ne peuvent aller jusqu'à vous. Vous connaissez ces rapports que vous avez faits; mais la connaissance des bornes de votre ouvrage ne met aucune borne en vous. Vous voyez dans ce cours d'existences divisibles et bornées ce que j'appelle le présent, le passé, l'avenir : mais vous voyez ces choses hors de vous; il n'y en a aucune

---

1. Voir les *Lettres de Fénelon sur divers sujets de métaphysique et de religion*, IV. Voir aussi la *Réfutation du système de Malebranche*.

qui vous soit plus présente qu'une autre. Vous embrassez tout également par votre infini indivisible : ce qui n'est plus n'est plus, et sa cessation est réelle ; mais la même existence permanente à laquelle ce qui n'est plus était présent pendant qu'il était, est encore la même lorsqu'une autre chose passagère a pris la place de celle qui est anéantie [1].

Comme votre existence n'a aucune partie, une chose qui passe ne peut dans son passage répondre à une partie plutôt qu'à une autre ; ou, pour mieux dire, elle ne peut répondre à rien, car il n'y a nulle proportion concevable entre l'infini indivisible et ce qui est divisible et passager.

Il faut néanmoins qu'il y ait quelque rapport entre l'ouvrier et l'ouvrage ; mais il faut bien se garder d'imaginer un rapport de successions et de bornes : l'unique rapport qu'il faut y concevoir est que ce qui est, et qui ne peut cesser d'être, fait que ce qui n'est point reçoit de lui une existence bornée qui commence pour finir. Tout autre rapport, ô mon Dieu ! détruit votre permanence et votre simplicité infinie. Vous êtes si grand et si pur dans votre perfection, que tout ce que je mêle du mien dans l'idée que j'ai de vous fait qu'aussitôt ce n'est plus vous-même. Je passe ma vie à contempler votre infini et à le détruire. Je le vois et je ne saurais en douter ; mais dès que je veux le comprendre, il m'échappe : ce n'est plus lui ; je retombe dans le fini. J'en vois assez pour me contredire et pour me reprendre toutes les fois que j'ai conçu ce qui est moins que vous-même ; mais à peine me suis-je relevé que je retombe de mon propre poids.

Ainsi c'est un mélange perpétuel de ce que vous êtes et de ce que je suis. Je ne puis ni me tromper entièrement, ni posséder d'une manière fixe votre vérité : c'est que je vous vois de la même manière que j'existe ; en moi tout est fini et passager ; je vois par des pensées courtes et fluides l'infini qui ne s'écoule jamais. Bien loin de vous méconnaître dans cet embarras, je vous reconnais à ce carac-

---

1. Aucun philosophe que nous sachions, n'a exposé plus clairement et plus fortement l'action créatrice de Dieu, et la différence qui sépare le créateur de son œuvre, l'éternité du temps, l'immensité de l'étendue.

tère nécessaire de l'infini, qui ne serait plus l'infini si le fini pouvait y atteindre. Ce n'est pas un nuage qui couvre votre vérité, c'est la lumière de cette vérité même qui me surpasse; c'est parce que vous êtes trop clair et trop lumineux, que mon regard ne peut se fixer sur vous. Je ne m'étonne point que je ne puisse vous comprendre; mais je ne saurais assez m'étonner de ce que je puis même vous entrevoir, et de ce que je m'aperçois de mon erreur lorsque je prends quelque autre chose pour vous ou que je vous attribue ce qui ne vous convient pas.

Art. IV. — *Immensité de Dieu*[1].

Après avoir considéré l'éternité et l'immutabilité de Dieu, qui sont la même chose, je dois examiner son immensité. Puisqu'il est par lui-même, il est souverainement; puisqu'il est souverainement, il a tout l'être en lui; puisqu'il a tout l'être en lui, il a sans doute l'étendue : l'étendue est une manière d'être dont j'ai l'idée. J'ai déjà vu que mes idées sur l'essence des choses sont des degrés réels de l'être, qui sont actuellement existants en Dieu, et possibles hors de lui, parce qu'il peut les produire. L'étendue est donc en lui; et il ne peut la produire au dehors qu'à cause qu'elle est renfermée dans la plénitude de son être.

D'où vient donc que je ne le nomme point étendu et corporel? C'est qu'il y a une extrême différence, comme je l'ai déjà remarqué, entre attribuer à Dieu tout le positif de l'étendue, ou lui attribuer l'étendue avec une borne ou négation. Qui met l'étendue sans bornes change l'étendue en l'immensité; qui met l'étendue avec une borne fait la na-

---

[1]. Les idées d'immensité et d'éternité sont tellement inséparables de la conception d'un être infini et parfait, que Newton se fonde sur elles pour établir l'existence de Dieu. Voici le résumé de ce célèbre argument : « Deus non est æternitas vel infinitas, sed æternus et infinitus; non est duratio vel spatium, sed durat et adest. Durat semper et adest ubique, et existendo semper et ubique, durationem et spatium, æternitatem et infinitatem constituit. Cum unaquæque spatii particula sit semper; et unum quodque durationis indivisible momentum, ubique; certe rerum omnium fabricator ac Dominus non erit, nunquam nusquam. Omnipræsens est, non per virtutem solam, sed etiam per substantiam, nam virtus sine substantia subsistere non potest. » Newton, *Princ. Math.*, schol. gen. sub fin.

ture corporelle. Dès que vous ne mettez aucune borne à l'étendue, vous lui ôtez la figure, la divisibilité, le mouvement, l'impénétrabilité : la figure, parce qu'elle n'est que la manière d'être bornée par une superficie; la divisibilité, parce que ce qui est infini, comme nous l'avons vu, ne peut être diminué, ni par conséquent divisé, ni par conséquent composé et divisible; le mouvement, parce que si vous supposez un tout qui n'a ni parties ni bornes, il ne peut ni se mouvoir au delà de sa place, puisqu'il ne peut y avoir de place au delà du vrai infini, ni changer l'arrangement et la situation de ses parties, puisqu'il n'a aucunes parties dont il soit composé; enfin l'impénétrabilité, puisqu'on ne peut concevoir l'impénétrabilité qu'en concevant deux corps bornés, dont l'un n'est point l'autre, et dont l'un ne peut occuper le même espace que l'autre. Il n'y a point deux corps de la sorte dans l'étendue infinie et indivisible : donc il n'y a point en elle d'impénétrabilité.

Ces principes posés, il s'ensuit que tout le positif de l'étendue se trouve en Dieu, sans que Dieu soit ni figuré, ni capable de mouvement, ni divisible, ni impénétrable, ni par conséquent palpable, ni par conséquent mesurable. Il n'est en aucun lieu, non plus qu'il n'est en aucun temps; car il n'a, par son être absolu et infini, aucun rapport aux lieux et aux temps, qui ne sont que des bornes et des restrictions de l'être. Demander s'il est au delà de l'univers, s'il en surpasse les extrémités en longueur, largeur, profondeur, c'est faire une question aussi absurde que de demander s'il était avant que le monde fût et s'il sera encore après que le monde ne sera plus.

Comme il ne peut y avoir en Dieu ni passé ni futur, il ne peut y avoir aussi en lui au delà ni en deçà. Comme la permanence absolue exclut toute mesure de succession, l'immensité n'exclut pas moins toute mesure d'étendue. Il n'a point été, il ne sera point; mais il est. Tout de même, à proprement parler, il n'est point ici, il n'est point là, il n'est point au delà d'une telle borne; mais il est absolument. Toutes ces expressions qui le rapportent à quelque terme, qui le fixent à un certain lieu, sont impropres et indécentes[1].

Où est-il donc? Il est; et il est tellement, qu'il faut bien se garder de demander où. Ce qui n'est qu'à demi, ce qui n'est qu'avec des bornes, est tellement une certaine chose, qu'il n'est que cette chose précisément. Pour lui, il n'est précisément aucune chose singulière et restreinte, il est tout; il est l'être; ou, pour dire encore mieux en disant plus simplement, il est : car moins on dit de paroles de lui, et plus on dit de choses. Il est : gardez-vous bien d'y rien ajouter. Les autres êtres, qui ne sont que des demi-êtres, des êtres estropiés[2], des portions imperceptibles de l'être, ne sont point simplement : on est réduit à demander quand et où est-ce qu'ils sont. S'ils sont, ils n'ont pas été : s'ils sont ici, ils ne sont pas là. Ces deux questions *quand* et *où* épuisent leur être. Mais pour celui qui est, tout est dit quand on a dit qu'il est. Celui qui demande encore quelque chose n'a rien compris dans l'unique chose qu'il faut concevoir, l'infini indivisible ne peut répondre à aucun être divisible et fini que l'on nomme un corps.

Mais refuserai-je de dire qu'il est partout? Non je ne refuserai point de le dire, s'il le faut, pour m'accommoder aux notions populaires et imparfaites. Je ne lui attribuerai point une présence corporelle en chaque lieu, car il n'a point une superficie contiguë à la superficie des autres corps; mais je lui attribuerai, par condescendance, une présence d'immensité : c'est-à-dire que comme en chaque temps on doit toujours dire de Dieu : Il est, sans le restreindre en disant : Il est aujourd'hui, de même en chaque lieu on doit dire : Il est, sans le restreindre en disant : Il est ici.

Mais, encore une fois, n'est-ce pas lui ôter une perfection, et à moi une consolation merveilleuse, que de n'oser pas dire qu'il est ici? Eh bien! je le dirai tant qu'on voudra, pourvu que je l'entende comme je le dois. Quand je crains de dire qu'il est présent ici, ce n'est pas pour lui attribuer

---

1. Indécent (in-decens), non convenable ou inconvenant.

2. C'est-à-dire *incomplets* et *imparfaits*.

quelque chose de moins réel et de moins grand que la présence ; c'est au contraire pour m'élever à une manière plus pure de le concevoir dans sa simplicité universelle, c'est pour reconnaître qu'il est infiniment plus que présent.

Je soutiens qu'être simplement et absolument est infiniment plus que d'être partout ; car être partout est une chose bornée, puisque les lieux, qui sont des superficies de corps, et par conséquent des corps véritables, sont divisibles, et ont nécessairement des bornes. Il est vrai que je ne puis concevoir aucun lieu où Dieu n'agisse, c'est-à-dire aucun être que Dieu ne produise sans cesse. Tout lieu est corps : il n'y a aucun corps sur lequel Dieu n'agisse, et qui ne subsiste par l'actuelle opération de Dieu. Il est donc clair qu'il n'y a aucun lieu où Dieu n'opère ; mais il y a une grande différence entre opérer sur un corps ou être par sa propre substance dans ce corps. Je ne puis concevoir la présence locale que par un rapport local de substance à substance ; il n'y a aucun rapport local entre une substance qui n'a ni borne ni lieu et une substance bornée et figurée : il est donc manifeste que Dieu, à proprement parler, n'est en aucun lieu, quoiqu'il agisse sur tous les lieux ; car il ne peut avoir aucun rapport local par sa substance avec aucun corps.

Mais où est-il donc ? n'est-il nulle part ? Non, il n'est en aucun lieu : il existe trop pour exister avec quelque borne, et par conséquent pour être présent par sa substance dans un certain lieu[1]. Ces sortes de questions, qui paraissent si embarrassantes, ne le sont qu'à cause qu'on s'engage mal à propos à y répondre : au lieu d'y répondre, il faut les supprimer. C'est comme qui demanderait de quel bois est une statue de marbre ; de quelle couleur est l'eau pure, qui n'en a aucune ; de quel âge est l'enfant qui n'est pas encore né[2].

Que deviennent donc toutes ces idées d'immensité qui

---

1. Dieu est partout et n'est nulle part, c'est-à-dire il est présent en tous lieux et n'est enfermé dans aucun lieu.

2. Voilà une bonne règle à suivre.

On ne doit pas répondre aux questions absurdes. Que diriez-vous, par exemple, au matérialiste qui demande la preuve *physique* de l'immortalité de l'âme ?

représentent Dieu comme remplissant tous les espaces de l'univers et débordant infiniment au delà? Ce ne sont point des idées de mon esprit attentif sur lui-même; ce sont, au contraire, des imaginations ridicules. A proprement parler, Dieu n'est ni dedans ni dehors le monde; car il n'y a pour l'être infini ni dedans ni dehors, qui sont des termes de mesure.

Toute cette erreur grossière vient de ce que les idées d'éternité et d'immensité nous surmontent par leur caractère d'infini et nous échappent par leur simplicité. On veut toujours rentrer dans le composé, dans le fini, dans le nombre et dans la mesure. Ainsi on imagine, contre ses propres idées, une fausse éternité qui n'est qu'une suite ou succession confuse de siècles à l'infini, et une fausse immensité qui n'est qu'une composition confuse d'espaces et de substances à l'infini; mais tout cela n'a aucun rapport à l'éternité et à l'immensité véritable. Ces successions de siècles, ces assemblages d'espaces remplis par des substances, sont divisibles, et par conséquent ont essentiellement des bornes, quoique je ne me représente pas actuellement et distinctement ces bornes, en considérant ces deux objets. Ainsi, quand je leur attribue l'infini, je me contredis moi-même par distraction, et je dis une chose qui ne peut avoir aucun sens.

La seule véritable manière de contempler l'éternité et l'immensité de Dieu, c'est de bien croire qu'il ne peut être en aucun temps ni en aucun lieu, que toutes les questions du temps et du lieu sont impertinentes à son égard, qu'il y faut répondre, non par une réponse catégorique et sérieuse, mais en se rappelant leur absurdité, et leur imposant silence pour toujours. Ces deux choses, savoir, l'éternité et l'immensité, ont entre elles un merveilleux rapport : aussi ne sont-elles que la même chose, c'est-à-dire l'être simple et sans bornes. Ecartez scrupuleusement toute idée de bornes, et vous n'hésiterez plus par de vaines questions[1].

Dieu est : tout ce que vous ajouterez à ces deux mots,

---

1. Voir la note 2 de la page précédente.

sous les plus beaux prétextes, obscurcit au lieu d'éclaircir. Dire qu'il est *toujours*, c'est tomber dans une équivoque et se préparer une illusion : *toujours* peut vouloir dire une succession qui ne finit point, et Dieu n'a point une succession de siècles qui ne finisse jamais. Ainsi, dire qu'il est, dit plus que dire qu'il est *toujours*. Tout de même dire qu'il est *partout*, dit moins que de dire qu'il est ; car dire qu'il est *partout*, c'est vouloir persuader que la substance de Dieu s'étend et se rapporte localement à tous les espaces divisibles : or, l'infini ne peut avoir ce rapport local de substance avec les corps divisibles et mesurables.

Il est donc vrai qu'à parler en rigueur, il ne faut pas dire que Dieu est toujours et partout. Si Dieu agit sur un corps, il ne s'ensuit pas pour cela qu'il soit par une présence substantielle dans ce corps : l'infini indivisible, sans rapport de sa part au fini divisible, ne laisse pas d'agir sur lui. Tout de même, quoique Dieu agisse sur les temps ou successions de créatures, il ne s'ensuit pas qu'il soit dans aucun temps ou mutation de créatures[1]. L'immense borne et arrange tout ; l'immobile meut tout. Celui qui est, fait que chaque chose est avec mesure pour l'étendue et pour la durée.

Les choses bornées peuvent se comparer et se rapporter par leurs bornes les unes aux autres. L'infini indivisible ne peut être ni comparé, ni rapporté, ni mesuré. En lui tout est absolu ; nul terme relatif ne peut lui convenir. Il n'est pas plus dans le monde qu'il a créé que hors du monde dans les espaces qu'il n'a pas créés ; car il n'est ni dans l'un ni dans l'autre.

Il n'a point été créant certaines choses plus tôt que d'autres, quoiqu'il ait mis une succession à l'existence bornée

1. « Il est de la dernière évidence que l'Être existant par lui-même doit être infini dans le sens propre et le plus parfait qu'on puisse donner à ce terme. Mais s'agit-il de déterminer la manière de son infinité et comment il peut être présent partout, c'est ce que nos entendements bornés ne sauraient ni expliquer ni comprendre. La chose est cependant très-véritable. Il est actuellement présent partout, et la certitude que nous avons de sa toute présence va de pair avec celle de son infinité qui ne peut être niée par ceux qui font usage de leur raison et qui ont médité sur ces choses. » Clarke, *de l'Existence de Dieu*, c. vii.

de ses créatures ; car il est éternellement créant tout ce qui doit être créé et exister successivement. Tout de même, il n'y a point en lui des rapports différents aux parties les plus éloignées entre elles, qui composent l'univers. La borne étant dans la créature et point dans lui, il s'ensuit que les rapports, les successions et les mesures sont uniquement dans les créatures, sans qu'il soit permis de lui en rien donner.

Il est éternellement créant ce qui est créé aujourd'hui, comme il est éternellement créant ce qui fut créé au premier jour de l'univers : de même il est immense dans les plus petites créatures comme dans les plus grandes. L'ordre et les relations sont dans les créatures entre elles. Comparez-les entre elles : il est vrai de dire qu'une créature est plus ancienne que l'autre, que l'une est plus étendue ou plus éloignée que l'autre. La borne fait cet ordre et ce rapport. Il est vrai aussi que Dieu voit cet ordre et ce rapport qu'il a fait dans ses ouvrages ; mais ce qu'il voit dans le fini divisible n'est pas en lui, puisqu'il est indivisible et infini ; car il ne se divise ni ne se borne en faisant hors de soi des êtres divisibles et bornés. Loin donc, loin de moi, toutes ces questions importunes où je trouve que mon Dieu est méconnu : il est plus que toujours, car il est : il est plus que partout, car il est. En lui il n'y a ni présence ni absence locale, puisqu'il n'y a point de lieu ni de bornes : il n'y a ni au delà, ni au deçà, ni dedans, ni dehors. Il est, et toutes choses sont par lui : on peut dire même qu'elles sont en lui, non pour signifier qu'il est leur lieu et leur superficie, mais pour représenter plus sensiblement qu'il agit sur tout ce qui est, et qu'il peut, outre ces êtres bornés, en produire d'autres plus étendus sur lesquels il agirait avec la même puissance.

O mon Dieu, que vous êtes grand! Peu de pensées atteignent jusqu'à vous, et quand on commence à vous concevoir, on ne peut vous exprimer : les termes manquent : les plus simples sont les meilleurs, les plus figurés et les plus multipliés sont les plus impropres. Si on a la sobriété de la sagesse, après avoir dit que vous êtes, on n'ose plus rien ajouter. Plus on vous contemple, plus on aime à se taire, en considérant ce que c'est que cet être qui n'est qu'être, qui est le plus être de tous les êtres, et qui est si souverainement être, qu'il fait lui seul comme il lui plaît être tout ce qu'il est. En vous voyant, ô simple et infinie vérité! je deviens muet; mais je deviens, si je l'ose dire, semblable à vous; ma vue devient simple et indivisible comme vous. Ce n'est point en parcourant la multitude de vos perfections que je vous conçois bien; au contraire, en les multipliant pour les considérer par divers rapports et diverses faces, je vous affaiblis, je vous diminue, je me diminue, je m'affaiblis, je me confonds; cet amas de parcelles divines n'est plus parfaitement mon Dieu; ces infinis partagés et distingués ne sont plus ce simple infini qui est le seul infini véritable.

Oh! que j'aime bien mieux vous voir tout réuni en vous-même d'un seul regard! Je vois l'être et j'ai tout vu; j'ai puisé dans la source, je vous ai presque vu face à face. C'est vous-même; car qu'êtes-vous, sinon l'être? et qu'y pourrait-on ajouter qui fût au delà?

Hélas! comment cela se peut-il faire? Moi qui suis celui qui n'est point, ou tout au plus, qui est un je ne sais quoi qu'on ne peut trouver ni nommer, et qui dans le moment n'est déjà plus, moi, néant, moi, ombre de l'être, je vois Celui qui est; et en le nommant *Celui qui est,* j'ai tout dit, je ne crains point d'en dire trop peu. Dès lors il n'est plus resserré ni dans les temps ni dans les espaces. Des mondes infinis tels que je puis me les figurer, des siècles infinis imaginés de même, ne sont rien en présence de Celui qui est. Il m'étonne et j'en suis ravi; je succombe en le voyant, et c'est ma joie; je bégaye, et c'est tant mieux de ce qu'il ne me reste aucune parole pour dire, ni ce qu'il est, ni ce que je ne suis pas, ni ce qu'il fait en moi, ni ce que je conçois de lui.

Mais, ô mon Dieu! craindrai-je que vous ne m'entendiez pas, que vous soyez absent de moi, parce que j'ai reconnu qu'il est indigne de vous de vous attribuer une présence substantielle en chaque partie de l'univers? Non, mon Dieu, non, je ne le crains point : je vous entends, et vous m'entendez mieux que toutes vos créatures ne m'entendront : vous êtes plus que présent ici : vous êtes au dedans de moi plus que moi-même : je ne suis dans le lieu même où je suis que d'une manière finie : vous êtes infiniment, et votre action infinie est sur moi : vous n'êtes borné nulle part, et je vous trouve partout : vous y êtes avant que j'y sois, et je n'y vais qu'à cause que vous m'y portez : je vous laisse au lieu que je quitte, je vous trouve partout où je passe ; vous m'attendez au lieu où j'arrive. Voilà, ô mon Dieu, ce que ma tendresse grossière me fait dire, ou plutôt bégayer !

Ces paroles impropres et imparfaites sont le langage d'un amour faible et grossier : je les dis pour moi, et non pas pour vous ; pour contenter mon cœur, non pour m'instruire ni pour vous louer dignement. Quand je parle pour vous, je trouve toutes mes expressions basses et impures ; je reviens à l'être ; je m'envole jusqu'à Celui qui est ; je ne suis plus en moi ni moi-même : je deviens celui qui voit, celui qui est : je le vois, je le perds, je m'entends, mais je ne saurais me faire entendre : ce que je vois éteint toute curiosité ; sans raisonner, je vois la vérité universelle : je vois, et c'est ma vie ; je vois ce qui est, et ne veux plus voir ce qui n'est pas. Quand sera-ce que je verrai ce qui est, pour n'avoir plus d'autre vie que cette vue fixe ? Quand serai-je, par ce regard simple et permanent, une même chose avec lui ? Quand est-ce que tout moi-même sera réduit à cette seule parole immuable : IL EST, IL EST, IL EST ? Si j'ajoute, IL SERA AU SIÈCLE DES SIÈCLES[1], c'est pour parler selon ma faiblesse, et non pour mieux exprimer sa perfection.

ART. V. — *Science de Dieu.*

Je ne puis concevoir Dieu comme étant par lui-même, sans le concevoir comme ayant en lui-même la plénitude de l'être, et par conséquent toutes les manières d'être à l'infini. Ce fondement posé, il s'ensuit que l'intelligence

---

1. Selon l'expression de l'Écriture : *in sæcula sæculorum.*

ou pensée, qui est une manière d'être, est en lui. Moi qui pense, je ne suis point par moi-même : c'est ce que j'ai déjà clairement reconnu par mon imperfection. Puisque je ne suis point par moi-même, il faut que je sois par un autre. Cet autre que je cherche est Dieu. Ce Dieu qui m'a fait, et qui m'a donné l'être pensant, n'aurait pu me le donner, s'il ne l'avait pas. Il pense donc, et il pense infiniment : puisqu'il a la plénitude de l'être, il faut qu'il ait la plénitude de l'intelligence, qui est une sorte d'être[1].

La première chose qui se présente à examiner est de savoir ce que c'est que pensée et intelligence ; mais c'est une question à laquelle je ne puis répondre. Penser, concevoir, connaître, apercevoir, sont les termes les plus simples et les plus clairs dont je puisse me servir ; je ne puis donc expliquer ni définir ces termes ; d'autres les obscurciraient, loin de les éclaircir. Si je ne conçois pas clairement ce que c'est que concevoir et connaître, je ne conçois rien. Il y a certaines premières notions qui développent toutes les autres, et qui ne peuvent être développées à leur tour ; et il n'y en a aucune qui soit plus dans ce premier rang que la notion de la pensée.

La seconde question à faire est de savoir quelle est la science ou intelligence que Dieu a en lui-même. Je ne puis douter qu'il ne se connaisse. Puisqu'il est infiniment intelligent, il faut qu'il connaisse l'universelle et infinie intelligibilité, qui est lui-même. S'il ne connaissait pas sa propre essence, il ne connaîtrait rien[2]. On ne peut connaître les êtres participés et créés que par l'être nécessaire et créateur, dans la puissance duquel on trouve leur possibilité ou essence, et dans la volonté duquel on voit leur existence actuelle : car cette existence actuelle n'étant point par soi-même, et ne portant point sa cause dans son propre fond, ne peut être découverte que médiatement dans ce qui est précisément sa raison d'être, dans la cause qui

---

1. « Ceux qui ont dit qu'une fatalité aveugle a produit tous les effets que nous voyons dans le monde, ont dit une grande absurdité ; car quelle plus grande absurdité qu'une fatalité aveugle qui aurait produit des êtres intelligents ! » MONTESQUIEU, *Esprit des lois*.

2. « Il est évident, dit Clarke, qu'un

la tire actuellement de l'indifférence à être ou à n'être pas.

Si donc Dieu ne se connaissait pas lui-même, il ne pourrait rien connaître hors de lui, et par conséquent il ne connaîtrait rien du tout. S'il ne connaissait rien, il serait un néant d'intelligence. Comme au contraire je dois lui attribuer l'intelligence la plus parfaite, qui est l'infinie, il faut conclure qu'il connaît actuellement une intelligibilité infinie; il n'y en a qu'une seule qui soit véritablement infinie, je veux dire la sienne : car l'intelligibilité et l'être sont la même chose. La créature ne peut jamais être infinie, car elle ne peut jamais avoir un être infini, qui serait une infinie perfection. Dieu ne peut donc trouver qu'en lui seul l'infinie intelligibilité, qui doit être l'objet de son intelligence infinie.

D'ailleurs il est aisé de voir tout d'un coup que l'idée d'une intelligence qui se connaît tout entière parfaitement est plus parfaite que l'idée d'une intelligence qui ne se connaîtrait point ou qui se connaîtrait imparfaitement. Il faut toujours remplir cette idée de la plus haute perfection, pour juger de Dieu. Il est donc manifeste qu'il se connaît lui-même et qu'il se connaît parfaitement, c'est-à-dire qu'en se voyant il égale par son intelligence son intelligibilité; en un mot, il se comprend.

J'aperçois une extrême différence entre concevoir et comprendre. Concevoir un objet, c'est en avoir une connaissance qui suffit pour le distinguer de tout autre objet avec lequel on pourrait le confondre, et ne connaître pourtant pas tellement tout ce qui est en lui qu'on puisse s'assurer de connaître distinctement toutes ses perfections autant qu'elles sont en elles-mêmes intelligibles. Comprendre signifie connaître distinctement et avec évidence toutes les perfections de l'objet, autant qu'elles sont intelligibles [1]. Il n'y a que Dieu qui connaisse infiniment l'in-

être qui n'est pas intelligent, ne possède pas toutes les perfections de tous les êtres qui sont dans l'univers, puisque l'intelligence est une de ces perfections. Donc toutes choses n'ont pu tirer leur existence d'un être sans intelligence; et par conséquent, l'Être qui existe par lui-même, et à qui toutes choses doivent leur origine, doit nécessairement être intelligent. » *De l'existence de Dieu*, c. IX.

1. Cette distinction entre concevoir et comprendre est très-importante. Fini et imparfait, notre entendement *conçoit* l'être infini et parfait, mais il ne le *comprend* pas (comprehendere).

fini : nous ne connaissons l'infini que d'une manière finie. Il doit donc voir en lui-même une infinité de choses que nous ne pouvons y voir; et celles mêmes que nous y voyons, il les voit avec une évidence et une précision, pour les démêler et les accorder ensemble, qui surpasse infiniment la nôtre.

Dieu, qui se connaît de cette connaissance parfaite que je nomme compréhension, ne se contemple point successivement et par une suite de pensées réfléchies. Comme Dieu est souverainement un, sa pensée, qui est lui-même, est aussi souverainement une : comme il est infini, sa pensée est infinie : une pensée simple, indivisible et infinie, ne peut avoir aucune succession : il n'y a donc dans cette pensée aucune des propriétés du temps qui est une existence bornée, divisible et changeante.

On ne peut point dire que Dieu commence à connaître ce qu'il n'a pas connu, ni qu'il cesse de connaître et de penser ce qu'il pensait. On ne peut mettre aucun ordre ni arrangement dans ses pensées, en sorte que l'une précède et que l'autre suive; car cet ordre, cette méthode et cet arrangement ne peut se trouver que dans les pensées bornées et divisibles qui font une succession.

L'infinie intelligence connaît l'infinie et universelle intelligibilité ou vérité par un seul regard, qui est lui-même, et qui par conséquent n'a ni variété, ni progrès, ni succession, ni distinction, ni divisibilité. Ce regard unique épuise toute vérité, et ne s'épuise jamais lui-même : car il est toujours tout entier; ou, pour mieux dire, il faut parler de lui comme de Dieu, puisqu'il n'est avec lui qu'une même chose. Il n'a point été, il ne sera point; mais il est, et il est toujours toute pensée réduite à une[1].

Si l'intelligence divine n'a point de succession et de progrès, ce n'est pas que Dieu ne voie la liaison et l'enchaîne-

---

[1]. Quelques philosophes allemands, et à leur suite, quelques philosophes français, ont fait de Dieu une imagination de l'esprit, un *idéal* qui ne correspond à rien de réel. Selon eux, le Dieu du Christianisme implique contradiction : il est intelligent, il a conscience de lui-même. Or, tout fait de conscience présuppose la distinction du sujet qui connaît et de l'objet connu, et, par conséquent, une limite. — Fénelon semble avoir prévu cette objection des panthéistes modernes. Il y répond victorieusement.

ment des vérités entre elles. Mais il y a une extrême différence entre voir toutes ces liaisons des vérités, ou ne les voir que successivement, en tirant peu à peu l'une de l'autre par la liaison qu'elles ont entre elles. Il voit sans doute toutes ces liaisons des vérités ; il voit comment l'une prouve l'autre ; il voit tous les différents ordres que les intelligences bornées peuvent suivre pour démontrer ces vérités ; mais il voit et les vérités et leurs liaisons, et l'ordre pour les tirer les unes des autres, par une vue simple, unique, permanente, infinie, et incapable de toute division. Telle est l'intelligence par laquelle Dieu connaît toute vérité en lui-même.

Il faut maintenant examiner comment il connaît ce qui est hors de lui.

Il ne faut point regarder ce qui est purement possible comme étant hors de lui. Nous avons déjà reconnu, en parlant des idées et des divers degrés de l'être en remontant à l'infini, que Dieu voit en lui-même tous les différents dégrés auxquels il peut communiquer l'être à ce qui n'est pas, et que ces divers degrés de possibilité constituent toutes les essences de natures possibles. Elles n'ont de différence entre elles que par le plus ou moins d'être : Dieu les voit donc dans sa puissance, qui est lui-même ; et comme ce qui est purement possible n'est rien de réel hors de sa puissance et des degrés infinis d'êtres qui sont communicables à son choix, cette possibilité n'est rien qui soit hors de lui, ni qu'on en puisse distinguer.

Pour les êtres futurs, ils ne sont jamais futurs à son égard, et ils ne seront jamais passés pour lui ; car il n'y a, comme je l'ai remarqué, pas même l'ombre de passé ou d'avenir pour lui. Il voit bien que dans l'ordre qu'il met entre les existences bornées, qui par leurs bornes sont successives, les unes sont devant et les autres viennent après ; il voit que l'une est future, l'autre présente, et l'autre passée, par le rapport qu'elles ont entre elles. Mais cet ordre qu'il voit entre elles n'est point pour lui, tout lui est également présent. Le mot de *présent* même n'exprime qu'imparfaitement ce que je conçois, car le mot de présence signifie une chose contemporaine à l'autre; et en ce sens, il n'y a non plus de présent que de passé et de futur en Dieu [1]. A parler dans l'exactitude rigoureuse, il n'y a aucun rapport d'existence entre l'existence fluide, divisible et successible, et la permanence absolue de l'existence infinie et indivisible de Dieu. Mais enfin, quoiqu'on exprime imparfaitement la permanence absolue par le mot de présence continuelle, on peut dire, avec le correctif que je viens de marquer, que tout est toujours présent à Dieu.

Le futur qu'il voit dans cette sorte de présence est un objet qu'il trouve encore en lui-même. En voici deux raisons : 1° il voit les choses suivant qu'il convient à sa perfection de les voir; 2° il les voit telles qu'elles sont en elles-mêmes.

Il voit les choses suivant qu'il convient à sa perfection de les voir. Quand je vois une chose, je la vois parce qu'elle est. C'est la vérité de l'objet qui me donne la connaissance de l'objet même. Comme cette vérité de l'objet n'est point par elle-même, ce n'est point par elle, mais par celui qui l'a faite, que je suis rendu intelligent. Ainsi, c'est la vérité par elle-même qui reluit dans cette vérité particulière et communiquée : c'est cette vérité universelle, dis-je, qui m'éclaire. Mais enfin la vérité qui est mon objet est hors de moi, et c'est elle qui me donne la connaissance que je n'avais pas; et il est certain que ce que j'appelle *moi*, qui est un être pensant, reçoit une lumière ou connaissance de l'objet.

Il n'en est pas de même de Dieu. Comme il est par lui-même, il est aussi intelligent par lui-même. Être par soi, c'est être infiniment, sans rien recevoir d'autrui. Être intelligent par soi, c'est être infiniment intelligent, sans rien recevoir d'autrui. Dieu a donc l'intelligence infinie, sans pouvoir rien recevoir même de son objet : son objet ne peut donc lui rien donner.

Concluons-nous de là que Dieu ne voit point les choses parce qu'elles sont, mais qu'au contraire elles ne sont qu'à cause qu'il les voit [2] ? Non, je ne puis entrer dans cette

---

1. « Toute faculté intelligente, dit Boèce, connait les choses selon sa nature, et celle de Dieu est de jouir tout à la fois de l'éternité tout entière. »
2. Voir nos Eléments de Logique, c. XVIII, *Objections contre la liberté*.

pensée. Dieu ne pense une chose qu'autant qu'elle est vraie ou existante. Il la voit donc, parce qu'elle est réelle. Il est vrai qu'elle n'est réelle que par lui. Si on prend sa pensée et sa science pour lui-même, parce qu'en effet sa science n'est rien de distingué de lui, il faudrait avouer en ce sens que sa science est la cause des êtres qui en sont les objets. Mais si on considère sa science sous cette idée précise de science, et en tant qu'elle n'est qu'une simple vue des objets intelligibles, il faut conclure qu'elle ne fait point les choses en les voyant, mais qu'elle les voit parce qu'elles sont faites.

La raison qui me persuade est que l'idée de penser, de concevoir, de connaître, prise dans une entière précision, ne renferme que la simple perception d'un objet déjà existant, sans aucune action ni efficacité sur lui. Qui dit simplement connaissance dit une action qui suppose son objet, et qui ne le fait pas. C'est donc par autre chose que par la simple pensée prise dans cette précision de son idée, que Dieu agit sur les objets pour les rendre vrais et réels; et sa science ou pensée ne les fait point, mais elle les suppose.

Comment dirons-nous donc que Dieu ne reçoit rien de l'objet qu'il conçoit? Le voici : c'est que l'objet n'est vrai ou intelligible que par la puissance et par la volonté de Dieu. Cet objet, n'ayant point l'être par lui-même, est par lui-même indifférent à exister ou à n'exister pas : ce qui le détermine à l'existence est la volonté de Dieu, et c'est son unique raison d'être. Dieu voit donc la vérité de cet être, sans sortir de lui-même, et sans rien emprunter de dehors. Il en voit la possibilité ou essence dans ses propres degrés infinis d'être, comme nous l'avons expliqué plusieurs fois; il en voit l'existence ou vérité actuelle dans sa propre volonté, qui est l'unique raison ou cause de cette existence.

Il est inutile de demander si Dieu ne connaît pas les objets en eux-mêmes; il les connaît tels qu'ils sont. Ils ne sont point par eux-mêmes; ils ne sont que par lui, et par conséquent ce n'est que par lui qu'ils sont intelligibles : il ne peut donc les connaître que par soi-même et par sa volonté. S'il considère leur essence, il n'y trouvera nulle détermination à exister : il n'y trouvera même aucune possibilité par eux-mêmes ; il trouvera seulement qu'ils ne sont pas impossibles à sa puissance. Ainsi c'est dans sa seule puissance qu'il trouve leur possibilité, qui n'est rien par elle-même. C'est aussi dans sa volonté positive qu'il trouve leur existence ; car pour leur essence, elle ne renferme en soi aucune raison ou cause d'exister[1] ; au contraire, elle renferme par soi nécessairement la non-existence. Il n'y voit donc que néant ; et il ne peut jamais trouver l'existence de sa créature que dans sa pure volonté, hors de laquelle l'objet lui-même n'est plus que néant. Ainsi, Dieu n'est point éclairé comme moi par des objets extérieurs, il ne peut voir que ce qu'il fait ; car tout ce qu'il ne fait point actuellement n'est pas. L'intelligibilité de mon objet est indépendante de mon intelligence, et mon intelligence reçoit de cet objet intelligible une nouvelle perception. Il n'en est pas de même de Dieu ; l'objet n'est objet, n'est vrai et intelligible que par lui : ainsi c'est l'objet qui reçoit son intelligibilité, et l'intelligence infinie de Dieu ne peut en recevoir aucune nouvelle perception. Comme tout n'est vrai et intelligible que par lui, pour voir toutes choses comme elles sont, il faut qu'il les connaisse purement par lui-même et dans sa seule volonté, qui en est l'unique raison : car hors de cette volonté, et par elles-mêmes, elles n'ont rien de réel, ni par conséquent de véritable et d'intelligible.

Je ne saurais trop me remplir de cette vérité, parce que je prévois que, pourvu qu'elle me soit toujours bien présente dans toute sa force et son évidence, elle servira dans la suite à en démêler beaucoup d'autres.

Je viens de considérer comment Dieu voit les êtres purement possibles, et ceux qui doivent exister dans quelque partie du temps. Il me reste à examiner comment il connaît les êtres que je nomme futurs conditionnels, c'est-à-dire

---

1. De là leur contingence. Un être contingent, nous l'avons déjà dit, est celui dont on peut concevoir la non-existence.

qui doivent être, si certaines conditions arrivent, et non autrement. Les futurs conditionnels qui seront absolument, parce que la condition à laquelle ils sont attachés doit certainement arriver, retombent manifestement dans le rang des futurs absolus [1]. Ainsi je comprends sans peine que, comme ils arriveront absolument, Dieu voit leur futurition absolue, si je puis parler ainsi, dans la volonté absolue qu'il a formée de faire arriver la condition à laquelle ils sont attachés.

Pour les futurs conditionnels dont la condition ne doit point arriver, et qui par conséquent ne sont pas absolument futurs, Dieu ne les voit que dans la volonté qu'il avait de les faire exister, supposé que la condition à laquelle il les attachait fût arrivée. Ainsi, à leur égard, on peut dire qu'il n'a voulu ni la condition, ni l'effet qui était la suite de la condition : il a seulement voulu lier cette condition avec cet effet, en sorte que l'un devait arriver de l'autre ; et c'est dans sa propre volonté, laquelle liait ces deux événements possibles, qu'il voit la futurition du second. Mais enfin il ne peut rien voir dans sa propre volonté qui fait l'être, la vérité et par conséquent l'intelligibilité de tout ce qui existe hors de lui. S'il ne voit les êtres réels et actuellement existants que dans sa pure volonté, en laquelle ils existent, à plus forte raison ne voit-il que dans cette même volonté les êtres conditionnellement futurs, qui par défaut de la condition ne sont point absolument futurs, et qui, par conséquent, n'ont ni existence, ni réalité, ni vérité, ni intelligibilité propre. Que faut-il conclure de tout ceci? que Dieu ne se détermine point à certaines choses plutôt qu'à d'autres, parce qu'il voit ce qu'il doit résulter de la combinaison des futurs conditionnels. Ce serait attribuer à l'être parfait deux grandes imperfections : l'une, d'être éclairé par son propre ouvrage, qui est son objet, au lieu qu'il ne peut rien voir qu'en lui seul, lumière et vérité universelle ; l'autre de dépendre de son ouvrage, et de s'accommoder à ce qu'il

---

[1]. Boèce explique de la même manière les futurs conditionnels. Voir la *Consolation*, l. V, et nos Eléments de logique, c. XVII.

CHAPITRE V. 219

peut en tirer, après l'avoir tourné de toutes les façons pour voir celle qui lui donne plus de facilité. Je comprends donc que, loin de chercher bassement la cause de ses volontés dans la prévision qu'il a eue des futurs conditionnels dans les divers plans qu'il a formés de son ouvrage, tout au contraire, il n'est permis de chercher la cause de toutes ces futuritions conditionnelles, et de la prévision qu'il en a eue, que dans sa volonté seule, qui est l'unique raison de tout [1].

Non, mon Dieu, vous n'avez point consulté plusieurs plans auxquels vous fussiez contraint de vous assujettir. Qu'est-ce qui vous pouvait gêner? Vous ne préférez point une chose à une autre à cause que vous prévoyez ce qu'elle doit être; mais elle ne doit être ce qu'elle sera qu'à cause que vous voulez qu'elle le soit. Votre choix ne suit point servilement ce qui doit arriver; c'est au contraire ce choix souverain, fécond et tout-puissant, qui fait que chaque chose sera ce que vous lui ordonnez d'être. Oh! que vous êtes grand et éloigné d'avoir besoin de rien! votre volonté ne se mesure sur rien, parce qu'elle fait elle seule la mesure de toutes choses.

Il n'y a rien qui soit ni conditionnellement, ni absolument, si votre volonté ne l'appelle et ne le tire de l'absolu néant. Tout ce que vous voulez qui soit vient aussitôt à l'être, mais au degré précis d'être que vous lui marquez. Vous ne pouvez trouver aucune convenance dans les choses, puisque c'est vous qui les faites toutes : les objets que vous connaissez n'impriment rien en vous; au lieu que ceux que je commence à connaître impriment en moi et y font la perception de quelque vérité particulière qui augmente mon intelligence.

Pour vous, ô infinie Vérité! vous trouvez toute vérité en vous-même. Les objets créés, loin de vous donner quelque intelligence, reçoivent de vous toute leur intelligibilité; et comme cette intelligibilité n'est qu'en vous, ce n'est aussi qu'en vous que vous la pouvez voir. Vous ne pouvez les voir en eux-mêmes, puisqu'en eux-mêmes ils ne sont

---

1. Voir la *Réfutation du système de Malebranche*.

rien et que le néant n'est point intelligible; ainsi vous ne pouvez les voir qu'en vous, qui êtes leur unique raison d'existence.

A force d'être grand, vous êtes d'une simplicité qui échappe à mes regards successifs et bornés. Quand je supposerais que vous eussiez créé cent mille mondes durables pour une suite innombrable de siècles, il faudrait conclure que vous verriez le tout d'une seule vue dans votre volonté, comme vous voyez de la même vue toutes les créatures possibles dans votre puissance, qui est vous-même. C'est un étonnement de mon esprit, que l'habitude de vous contempler ne diminue point. Je ne puis m'accoutumer à vous voir, ô infini simple, au-dessus de toutes les mesures par lesquelles mon faible esprit est toujours tenté de vous mesurer! J'oublie toujours le point essentiel de votre grandeur, et par là je retombe à contre-temps dans l'étroite enceinte des choses finies. Pardonnez ces erreurs, ô bonté qui n'êtes pas moins infinie que toutes les autres perfections de mon Dieu! pardonnez les bégayements d'une langue qui ne peut s'abstenir de vous louer, et les défaillances d'un esprit que vous n'avez fait que pour admirer votre perfection.

FIN.

www.ingramcontent.com/pod-product-compliance
Lightning Source LLC
Chambersburg PA
CBHW071932160426
43198CB00011B/1367